寶光寺

BAOGUANG MONASTERY

《宝光寺》编委会 编著

四川博物院 四川大学博物馆科创中心 策划

中华书局

编委会
Editorial Committee

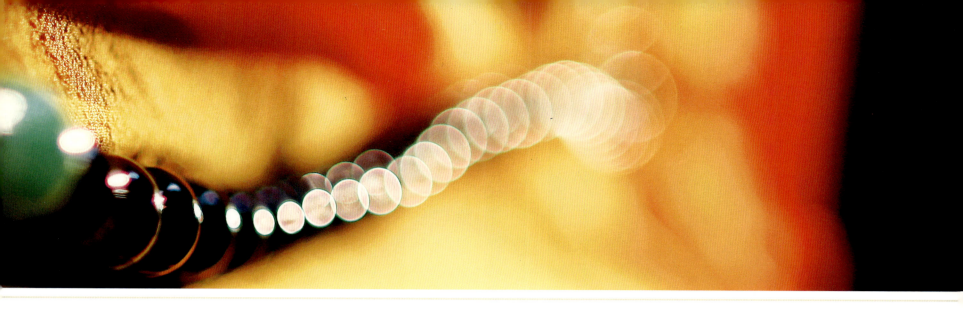

目录
Contents

序言
Preface

　　自释迦氏始启三宝而佛教兴焉，驰载万里，行于中土，历代贤圣仰而归之。东汉之际，佛教传入新都，乃启建寺院；唐开元间，宝光施衣救困，即挺秀岷峨。后虽屡遭兵燹，仍能于废墟中宝刹重兴，光华再现，寺貌焕然。寺中舍利宝塔，唐中和元年重建以来，千载巍然屹立，实为新都最古之地标。寺中殿堂，亦有近三百年历史。

　　宝光寺历会昌法难、唐末动荡、永乐火患、明末战乱之数劫，犹能清代中兴，恢复十方丛林，佛教文化交流远至海宇，并成为重要之博物收藏地，实为禅门之幸，文化之福。历岁月之久，经世事之艰，宝光寺始终佛光烜赫，文华焕然，证其因果，盖坚持修身弘法之志，方能于娑婆世界见宝相光明。宝光寺佛法弘通、人文鼎盛，乃僧俗大众不畏艰辛、虔心维护，努力造就之胜景也。

　　宝光寺为佛门重镇，奉有佛祖舍利，先后有悟达、圆悟两位国师住锡于此。寺内依律弘传三坛大戒，盛情接待十方宾朋，堪为历史文化胜地。杨升庵、岳钟琪、黄云鹄、于右任、张大千、徐悲鸿、丁肇中等无数才士贤达曾与宝光寺结缘，名人拜首，胜侣摩肩，万古风猷，薪火长传。

　　寺中文物煌煌然，乃宝光寺悠久文化传承所结之善果。其建筑、造像、法器、金石、匾联、书画，无不深具历史文化价值，素为各界所仰慕。大型画册《宝光寺》之编撰，既为宝光寺文物作传，更为宝光寺叙史。其间博考经纬，雅善篇章，由器物追思人事，由人事知晓精神，遂致丹青焕彩，翰墨流芳。宝光寺历代僧众之虔诚信仰，古城新都崇文礼佛之淳良风俗，历千年之岁月洗礼，凝宝刹之精神辉光，弥坚弥远，中外赞扬。

　　欣逢河清海晏，国泰民安，各方共襄盛举，繁荣文化大业，宝光寺亦迎来最佳之发展契机。阖寺僧众，立愿以文化兴寺，人才建寺，慈善誉寺，道风强寺。为使宝刹播美于天外而存金石之响，新都区政府会同各方贤达，乐为宝光寺编撰精品画册，以图文并茂、雅俗共赏之方式，全面展示宝光寺宗教文化之历史篇章。

　　大型画册《宝光寺》之圆满出版，深得各界善知识之殚精竭虑，倾力相助，诚为善缘初始，其福果可期也。

　　是为序。

宝光寺住持　意寂

癸巳年夏于问本堂

Since Sakyamuni established a religious system made of the Buddha, the sangha and the dharma (the three jewels), Buddhism began to thrive and then traveled far to reach China. The reputation of Baoguang Monastery has been the outcome of over a thousand years of Buddhist and cultural heritage. Early in the Eastern Han Dynasty, Buddhism was introduced into Xindu and Baoguang Monastery was founded here during the Kaiyuan Period (713-741A.D.) in the Tang Dynasty. Although it suffered damages and losses in many wars, like an immortal phoenix, it rose from the ruins again and again. The Sarira Pagoda inside the monastery has been standing majestically since the reconstruction in 881 and is undoubtedly the most ancient landmark in Xindu. Most of the halls visitors see today in the monastery have a history of about three hundred years.

Baoguang Monastery is an embodiment of the flourishing of Buddhism and culture as a result of the arduous efforts and careful maintenance of monks and devout lay people. Successively, Baoguang Monastery has experienced the Huichang Prosecution of Buddhism, the upheaval near the end of the Tang Dynasty, the fire in the Yongle Period of the Ming Dynasty and the chaos caused by war by the end of the Ming Dynasty. However, it was revived in the Qing Dynasty and developed into a public monastery and its Buddhist and cultural exchanges have been extended to many parts of the world.

Baoguang Monastery has been an important Buddhist temple, for the sariras of the Sakyamuni Buddha has been enshrined and worshipped here. Successively, two imperial preceptors Wuda and Yuanwu stayed in the monastery. The monastery preserves some imperial gifts such as the Tripitaka and is qualified to hold threefold Buddhist ordination. As a cultural resort, Baoguang Monastery has witnessed the visits of many social elites and literati, such as Yang Sheng'an, Zhang Daqian, Xu Beihong, Yu Youren and Ding Zhaozhong.

The monastery is also a museum with rich collection of cultural relics and its architecture, statues, dharma instruments, inscription boards, couplets, paintings and calligraphic works and metal and stone seals e.g. the Ten-thousand Buddha Tablet of the Liang Dynasty and the Tablet of Merits of Donating Clothes of the Tang Dynasty have been admired by all social circles in China. To enable the world to have a better knowledge of Baoguang Monastery, this picture album is published in the sincere hope to comprehensively introduce the religious and cultural history of the monastery with vivid illustrations which can suit both refined and popular tastes.

This album is a biography of the cultural relics of Baoguang Monastery as well as a history book for it. After the baptism of over a thousand years of time, the aspiration of generations of monks of Baoguang Monastery and Xindu's pure custom of promoting Buddhism and cultural cultivation have become the very soul of Baoguang Monastery.

In publishing this picture album, we are much indebted to the careful and generous help from many kind people. With such good karma, we are looking forward to an even brighter and more prosperous future for the monastery.

Yiji, Abbot of Baoguang Monastery
Summer 2013, Wenben Hall

菩提树下凝聚的慧心，
被丰沃的西蜀水土养出温润的灵光。
代代相承的信念，
将岁月的侵蚀和战火的劫难都化为乌有，
佛光普照之地终归于水静波平。
清风塔铃，鼓击钟鸣，
盛唐遗韵已凝固为永恒的音符。

廊前檐下翰墨流香，
讲述着历史烟尘中那些不曾褪色的传奇，
殿堂神龛宝相光明，
辉映着佛子万里求法的功德，皓首穷经的虔心。
曲径幽院暗通禅意，一花一叶离垢清心，
这一方红尘中的净土，
感召无数豪杰贤达与黎民百姓，
于此同领人生况味与天地玄机。

总论

辉映千年的异彩

天府之国，佛缘殊胜，宝光寺坐落于古城新都，已逾千年。世事沧桑，兴废几度，得历代修行者虔心护持，与蜀地良风美俗相发扬，宝光寺终成汉传佛教之重镇，位列长江流域四大禅宗丛林之一。千百年来，宝光寺吸引了一代又一代大德高僧循迹而至，在这里传承道业；激发出无数智慧才情，在这里留下文采风流；感召着无数豪杰贤士和黎民百姓，在这里同领人生况味与天地玄机。

——

"从那里来"，这是宝光寺云水堂前的一块匾额。生命，烦恼，一切皆有来历；与之相对的客堂，另有一块匾额："道这里入"，世事，佛法，凡事必有入处。

宝光寺的生缘何在？入处又在哪里？

远在古蜀王国时期，寻寻觅觅的开明王朝最终在丰饶的毗河边上停留下来，建立了都城。为区别于杜宇氏的旧都郫邑，他们将这里称为"新都"。秦灭巴蜀以后，时间的长河淹没了古蜀王国的历史，新都却由此展

蜀西佳处，古城新都，林木环绕着一片闹市之中的净土。始建于唐代的佛塔，至今安然屹立，见证了宝光寺如何走过千年的岁月。

Baoguang Monastery, a thousand-year-old world-famous temple, is located in the City of Xindu (lit. new capital), in Sichuan Province. Because of its fame, countless literati, calligraphers, eminent political figures and other celebrities have visited the monastery and contributed many beautiful poems, calligraphic works and paintings.

宝光寺的清代格局。（根据寺藏清代《益州新都县宝光寺全图》石刻碑图复制）

1

As early as in the period of the ancient Shu Kingdom, the Kaiming Dynasty (approx. 666 B.C.-316 B.C.) founded "Xindu" on the fertile land beside the Pihe River. After the Qin Kingdom defeated the Ba and Shu Kingdoms, Xindu became one of the richest areas in the Chengdu Plain.

With the opening of the "Silk Road" during the Eastern and Western Han Dynasties, Buddhism, one of the three major world religions, began to be introduced into China. In the Eastern Han Dynasty, Buddhism came to the Ba and Shu Kingdoms, and soon took root in the fertile land of Xindu. During the Northern and Southern Dynasties, Xindu was not only a fertile area, but also a place where Buddhism thrived. In May 1996, a stone tablet (carved in 741 A.D. or the 29th year of Kaiyuan Period) entitled "Tablet of Avatamsaka Triad and Inscription by Clothes Donating Society" was unearthed in Xindu, proving that Baoguang Monastery existed before the Prime Tang Period (705-781 A.D.).

In the first year of the Zhonghe Period (881 A.D.), Emperor Xizong of Tang Dynasty took refuge in Sichuan and moved into a temporary imperial palace situated on the ruins of a pagoda at the present site of Baoguang Monastery. Legend has it that, one night, as Emperor Xizong took a stroll in the monastery, he suddenly noticed an illuminant rosy glow above the ruins. He immediately asked people to dig in the ruins. They found a stone case containing 13 precious Buddha's sariras, crystal and glistening. Deeming this an auspicious sign, the emperor ordered the imperial Buddhist

现出迷人的魅力，成为成都平原上的富庶之地、文化之都。《华阳国志》称："蜀以成都、广都、新都为'三都'，号名城。"

两汉之际，随着"丝绸之路"的开通，世界三大宗教之一的佛教东渐中土。东汉时期，佛教传入巴蜀，在成都、什邡、绵阳、彭山等地陆续发现的佛像，为这一推测提供了佐证。至南北朝，烧身供佛的善妙、以医弘法的法进都是从新都走出来的一代高僧，富庶之地新都此时已成一片佛化之邦。1996年5月，施衣功德碑破土而出，这块镌刻于唐开元二十九年（741年）的碑石，证实了宝光寺在盛唐之前即已存在的事实。此后，天灾人祸的交侵，损毁了这座古寺的形貌，却无法湮灭此处凝聚的佛辉光华。

非常之地，必待非常之人而后显。

中和元年（881年），避难入蜀的唐僖宗驻跸设在宝光寺遗址之后的行宫。相传某夜僖宗漫步寺内，忽见古塔废墟之上霞光四射，令人挖掘，出一石函，内有佛舍利十三颗，晶莹剔透，光彩照人。僖宗以为祥瑞，即命人延请隐居于丹景山的悟达国师重修宝塔，再建佛寺，并赐名"宝光寺"。当年重修宝塔的刻字砖据说仍被封砌于塔内，僖宗行宫的遗础至今还在七佛殿前。

从废墟中崛起的宝光塔从此巍然矗立，犹如宝光之魂，凝聚着这座千年古寺的精华与荣光。

国之兴衰，寺之沉浮。上千年光阴，宝光寺几度毁于兵燹，明末清初遭遇大劫，殿堂僧舍再次化为瓦砾灰烬。然而，屡毁屡建，无数次的涅槃重生，终于造就了奠基于唐、大盛于宋、中兴于清的集大成格局。宝光道场鼎盛，闻名遐迩。

曾奉命重修宝光塔寺的悟达国师（811～883年），法名知玄，是唐代四川最为著名的高僧。十五岁时，奉丞相命于成都大慈寺升堂说法；唐武宗时，奉诏于京师与道士抗论；宣宗大中（847～859年）初年，被封为

这一刻，面朝心中的佛教圣地，默念佛经带来的心灵澄净，感悟人生。

preceptor Master Wuda to rebuild the pagoda and the monastery, giving it the name Baoguang (lit. precious light). After it was restored, Baoguang Monastery became famous in Sichuan because of its magnificence. Master Wuda, with his great contribution in the restoration, was regarded by later generations as the founding patriarch of Baoguang Monastery.

During the reign of Emperor Huizong in the Song Dynasty, after Master Yuanwu Keqin (11th patriarch of the Buddhist Linji Sect) returned to Sichuan, he lived for a while in Baoguang Monastery and brought it into a golden age. The memorial tablet of Master Yuanwu Keqin was placed in the Ancestral Hall of the monastery after he entered nirvana. In 1851, a statue of him was placed in the Arhat Hall to mark his excellent contribution to the development of Baoguang Monastery.

In 1670, Zen Master Xiaozong came to Xindu. He felt very sad to see the wretched condition of the monastery caused by wars and chaos. With the support of the Xindu County magistrate and the local gentry, he made strenuous efforts to renovate the then dilapidated monastery and made it famous again in China. To commemorate his dedication, later generations honored him as the first patriarch of Baoguang Monastery in its revival period in Qing Dynasty and placed a statue of him right in the middle of the Ancestral Hall.

Had it not been for the perseverant, unremitting and tenacious efforts of generations of dignitaries, Baoguang Monastery would not have survived the vicissitudes in various dynasties and become more and more famous and prosperous, both in terms of Buddhist dharma preaching and dharma lineage.

传戒是佛教里最神圣、最隆重的法会，迎请戒和尚是其中重要的一项仪式。

四月初八佛诞节，藏经楼下说法堂前，僧众列队静候
施行仪典。淅沥雨声如经语，弥漫天地，觉悟群生。

四月初八佛诞节，藏经楼下说法堂前，僧众列队静候
施行仪典。淅沥雨声如经语，弥漫天地，觉悟群生。

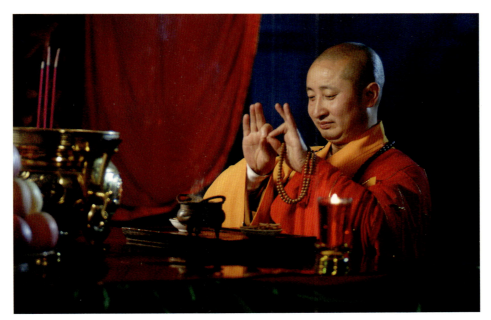

拈香是佛教寺院一项重要的仪轨。有重大佛事活动时，就会举行拈香仪式，方丈率领众僧薰修。

By the end of the Qing Dynasty, Baoguang Monastery was one of the "four famous Buddhist forests" (monasteries) in China, along with Wenshu Monastery in Chengdu, Jinshan Monastery in Zhenjiang and Gaomin Monastery in Yangzhou.

Since the opening and reform of China in the 1980s, Baoguang Monastery has been successively designated as national key monastery of Chinese Buddhism, national key cultural relic protection unit and national Class 4A scenic area. Indeed, Baoguang Monastery has become a tangible Pure Land for people of Xindu and tourists from around the world.

Master Zhenyi, 57th-generation abbot, once remarked, "Baoguang Monastery seems somewhat to be a Buddhist sutra, an infallible book of thusness worthy of lifetime study. Opening it, we would read splendid chapters narrating stories of Buddhism before and after its introduction into China and experience the glory of this monastery from the accounts in the book covering many fields including Buddhist culture, history, art and architecture. At that moment, we will come to realize that Baoguang Monastery has been holding its brilliance so deeply that few people are able to peep into its original essence." Now it is high time that we opened this unique canon and unveiled its charm to the world.

2

Baoguang Monastery is situated right in the middle of the downtown area of Xindu. Facing south and occupying an area of 100,000 square meters, with typical red walls and green tiles, the monastery has built scores of buildings of various sizes arranged in an orderly and flexible fashion decorated by lush plants and well-tended bamboo.

If we follow the axis of the monastery, we will see the main buildings in it, such as the Mountain Gate Hall, Lokapala Hall, Sarira Stupa, Seven-Buddha Hall, Sakyamuni Hall and Tripitaka Library. On the left side and the right side of the axis, distributed in opposite positions are the Bell Tower and the Drum Tower, Reception Hall and Yunshui Hall (receiving traveling monks), Dining Hall and Ordination Hall, Meditation Hall and Thousand Buddha Hall, and Eastern Abbot Court and Western Abbot Court. This orderly layout gives the impression of monasteries in the later period of Buddhism. Behind its neatness are a lot of interesting secrets indicating the long history of Buddhist architecture.

儒、释、道"三教首座",赐紫袈裟；咸通（860～874年）年间，懿宗亲临法席，赐沉香座；晚居彭州丹景山，发明三昧水忏；僖宗入蜀，迎请出山，赐号"悟达国师"。宝光塔寺重修竣工，极其宏伟，"蜀中之梵宫佛院，未有盛于此者"。寺因人显，宝光寺一跃而成为蜀中名寺。人因寺传，悟达国师被后人追为宝光寺开山祖师。

宋徽宗时，临济宗第十一世祖师圆悟克勤回川，驻锡于成都昭觉寺。据《宝光禅院创建重修端末记》记载，大观三年（1109年）他还曾住持宝光寺，并请徽宗赐改名为"大觉寺"，"修持说法，接众数千"，把宝光寺带入了极盛时代。宝光寺祖堂一直供奉着圆悟克勤的牌位，咸丰元年（1851年）又在罗汉堂中为他塑像，以此铭记他对宝光寺发展的卓越贡献。

康熙九年（1670年），临济高僧破山海明的嫡传弟子笑宗禅师来到新都，目睹千年古寺颓败不堪，祖师道业中辍不续，倍感痛心。在新都知县和地方缙绅的支持下，笑宗禅师剪荆伐棘，不辞劳苦，终使宝光寺幡然鼎新，再成一方名刹。为了铭记他的功绩，后人尊之为清代宝光寺中兴的第一代祖师，立像于祖堂正中。

无所屈挠，弥坚弥远。正是由于历代高僧大德的锲而不舍，历经沧桑的宝光寺不仅没有灰飞烟灭，反而越加兴盛，规模与声誉同驰，佛法与薪火并传。时至清末，宝光寺已与成都文殊院、镇江金山寺、扬州高旻寺一并成为长江流域著名的禅宗"四大丛林"。"要坐香，到宝光"，在近代佛教僧众中广为流传。

改革开放以来，宝光寺承载着厚重的历史，传承着悠久的佛教精髓，在新都日新月异的发展中，应时而不入俗，随波但不逐流，成为广大僧俗心中实实在在的一方净土。

宝光寺第二十四代方丈贞意法师曾说："宝光寺是一本佛经，一本永远都可以研读的真如佛经。翻开这本经典，我们能够阅读到佛教自传入中国，乃至更久远以来佛门瑰丽的篇章，我们能够从佛教文化、历史、艺术、建筑众多领域，来体会这所寺院的辉煌。这时，我们才恍然明白，宝光寺把光芒收敛得如此深邃，几乎很少有人能窥视到它的本来。"

虽然"本不可问，可问非本"，但在"莲开净域""月照禅天"的当下，该是翻开宝光寺这本特殊佛经，把它收敛的光芒释放出来的时候了。

二

宝光寺坐北朝南，占地约10万平方米，红墙绿瓦，茂林修竹，静静地隐藏在新都繁华的闹市中心。由一塔（舍利塔）、二坊（天台胜境坊、庐山遗迹坊）、三楼（钟楼、鼓楼、藏经楼）、四殿（山门殿、天王殿、七佛殿、大雄殿）、十二堂（客堂、云水堂、斋堂、戒堂、禅堂、法堂、祖堂、影堂、念佛堂、罗汉堂、问本堂、静照堂）、十六院组成的数十座建筑，有序而又灵活地分布在寺内各处，"刹宇崇高，庄严华丽""殿堂广博，清净离尘"。

绕过"福"字照壁，沿中轴线，山门殿、天王殿、舍利塔、七佛殿、大雄殿、藏经楼等主要建筑次第摆开，钟楼与鼓楼、客堂与云水堂、斋堂与戒堂、祖堂与影堂、东方丈与西方丈，两两相对分布左右，看似一座严整的后期丛林布局。在其"严整"背后，却有许多值

Buddhism has been deeply influenced by Chinese culture since its introduction into China. The style of Chinese monasteries has successively undergone three major periods: pagoda-courtyard style, pavilion style and forest style. Examining the architectural style of Baoguang Monastery, we can see that it largely belongs to the forest style of the later period of Buddhism. However, the tall Sarira Stupa between Lokapala Hall and Seven-Buddha Hall dwarfs other buildings and has some traces of early monasteries of the pagoda style in China. Other than Nanhua Monastery in Qujiang, Guangdong, pagoda-centered monasteries similar to Baoguang Monastery are rarely found, which means that it is of unique significance in the evolution of Chinese monastic architecture. Seven-Buddha Hall and Sakyamuni Hall lie successively along the central axis of the monastery, and there is also a pattern seldom seen in other forest-style monasteries of the later period of Buddhism. Indeed, such style contains a lot of information about the transformation of the monastery architectural style between the Tang and Song Dynasties. Originally a Zen monastery, Baoguang Monastery still proudly possesses an independent Pureland courtyard serving as a Bodhimanda for Pureland practice. An independent courtyard inside monastery is a style mainly popular during the Tang and Song Dynasties, so the reason for building such a courtyard in a monastery with a distinct sectarian inclination during the revival period remains a mystery.

First built in the Tang Dynasty, with the original name of "Amala and Pure Light Stupa", this sarira stupa is a 30-meter high square brick tower with 13 storeys. After over 1,100 years of changes, this ancient stupa has slanted 92 mm westward. As it has been called the "Oriental Leaning Tower", almost every visitor will take a picture with it. On 21 April 1999, the then President Jiang Zeming came to visit Baoguang Monastery and admired the tower from different angles.

历史转身，岁月远去，幸有宝光寺留存，把各个时代的背影刻写在廊间檐上。

得说道的玄机，隐含着佛教建筑久远的奥秘。

佛教传入中土后，带有印度文化与中国文化的双重印记，寺院形制先后经历了塔院式、楼阁式与丛林式三次重大转变。其中，历史最为古远的塔院式伽蓝布局，源于古印度的坟塔崇拜，是一种以佛塔作为中心、用廊庑堂舍围绕四周的独特的寺院格局，曾经普遍盛行于魏晋南北朝时期。隋唐时期，发展出以楼阁为中心的寺院布局，供奉佛像的佛殿代替佛塔成为寺院的主体，殿堂楼阁高低呼应，沼池栏廊错落有致。入宋以后，寺院形制逐渐演变为丛林式，这是一种典型的中轴对称型建筑布局。

以此审视宝光寺的建筑形制，总体上虽然是一座后期丛林式寺院格局，但位于天王殿与七佛殿之间的舍利塔高耸入云，卓然昂立于其他建筑之上，铭记着中国早期寺院曾经有过的塔院式印迹。除广东曲江南华寺外，像宝光寺这样以塔为中心的寺院形制几不别见，因此宝光寺在中国寺院建筑演变史上具有非常特殊的意义。不仅如此，七佛殿与大雄殿两座佛殿次第立于中轴线上，也是后期丛林式寺院不曾别见的殿堂布局，其中蕴含着唐宋寺院转型之际的诸多珍贵信息。钟楼、鼓楼在后期丛林式寺院里多是独立的建筑，而宝光寺的钟楼、鼓楼与两庑连为一体，保留了唐宋楼阁式寺院的特点——楼阁式寺院的所有殿堂往往通过回廊连为一体。此外，宝光寺本是一座禅宗寺院，寺内却有一座自成体系的净土院，以此作为修习净土的道场。这种"寺中带院"的体式，主要流行于唐宋之际，清时何以犹在宗派倾向十分明显的宝光寺中兴建此院，至今仍是一个有待破解的奥秘。

本名"无垢净光宝塔"的唐舍利塔，是一座高23米的13层密檐式方形砖塔。塔身修长纤丽，婀娜多姿；塔角朱雀衔铃，清风传声；塔顶鎏金溢彩，映日带辉。让人称奇的是，这座距今已有1100多年历史的舍利塔，不长苔藓，不生野草，不结蛛网，不筑虫窝，在喧嚣的都市尘纷中始终保持着不染尘埃的高洁品格。岁月相摧，风雨相侵，如今这座古塔已经向西倾斜了92毫米，但它仍安然处之，从容屹立，浴朝霞沐星辉，展现"东方斜塔"优美挺拔的身姿，引无数游人在此流连。

与明清常见的全木结构寺院不同，宝光寺建筑多是木石结构，使用石柱多达400余根。仅罗汉堂一处，合

农历岁末，寺院僧众为往生方丈上"普供"。

Unlike the monasteries built entirely of wood, popular in the Ming and Qing Dynasties, most of the buildings in Baoguang Monastery have a wood-stone structure. In fact, the monastery used over 400 stone pillars. In Arhat Hall alone, there are over 100 stone pillars, each of an arms' stretch in perimeter. The raw materials were taken from Yunding Mountain 7.5 kilometers away. As transporting each pillar required 15 days of hard work of 8 strong men, we can see the difficulty of the project at that time. Had it not been for the endeavors of those diligent monks and workers, we would not have such a unique and ancient monastery today.

Stepping outside the main courtyard, we will see five sectors which form the garden of Baoguang Monastery, namely the Bujinlin (lit. forest with paths paved with gold), Lotus Pond, Zhennan Forest, Zixia Mound and Stupa Forest. The garden in the monastery, with its winding paths and ancient tall trees, features the integration of various landscaping styles, proving itself a representative of urban monasteries in China.

Far from being merely an ordinary ancient monastery, Baoguang Monastery is a fascinating and mysterious story of the evolution of the monastery system in China. Here, traditional Chinese culture and non-Chinese civilization have been perfectly and excellently combined. With the efforts of countless dignitaries, this wonderful combination has been passed down and carried on to benefit future generations.

宝光寺现存的墓塔，都是入清以后所建，均为覆钵式石塔。清代第一任方丈笑印密禅师的墓塔被供奉在寺院东侧的祖堂院，此后历任方丈的墓塔都安置在寺院西侧的塔林。墓塔随意地分布于茂盛的树木之中，或单独而立，或三五成组，似乎在提醒人们，每位禅师都是一个独特的个体，他们有着独特的经历，独特的个性，独特的精神世界。

抱之粗的石柱即有整整100根。这些石柱采自60多公里之外的金堂云顶山上，每运一根，需要8个壮汉辛苦半月，其工程之艰巨不难想见。

步出主院，由莲池、布金林、紫霞山、塔林四个区域构成的宝光寺园林，曲径幽回，古木参天，"夜听水流庭后竹，昼看云起面前山"，在扰攘的都市中心营造出一方难得的人间净土。宝光寺园林融院落、天井、散点、集锦诸造景方式于一体，不愧为中国都市寺院园林构造的杰出代表。

宝光寺不是一座普通的古寺，而是一部中国寺院形制演变的历史，一段历经沧桑而风韵依旧的华彩乐章，更是中国传统文化与外来文明精妙结合之宝。无数高僧大德薪火相传之光，在这里升华、传承、造福千秋，遗泽后世。

三

普通寺院的造像是相似的，而声名不俗的寺院，其造像各具特色。

宝光寺共有佛教造像600余尊。这些造像除了传统的诸佛菩萨外，还有一些不见于别寺的尊貌，成为宝光寺造像的特色。

山门殿内，杨廷和、杨升庵像相傍金刚而立，这一对刚直不阿的父子被尊为寺院的护法神，饱含了地方僧俗对他们的敬意；祖堂正中的笑宗禅师金身，端坐于禅宗诸师之中，彰显出人们对这位清代宝光寺中兴首任方丈的永志不忘；寿佛殿内供奉的全真和尚，不同于其他寺院常见的"西方三圣"，寄托着信众即身成佛的美好愿望；还有极乐堂中的那尊缅甸玉佛，是被誉为"近代玄奘"的真修和尚游历求法印度与东南亚诸国的历史见证……

宝光寺造像的最大特色，还在名闻遐迩的罗汉堂中。

宝光寺罗汉堂建于1851年，占地面积约1600平方米，是现存明清罗汉堂中规模之最。堂内塑佛、菩萨、罗

佛土与凡尘，本无有形的阻隔。修佛之人，如行幽径，悟道之处，门户顿开，无处不是光明世界，无处不可与五百阿罗汉共济一堂。

土为质，金为彩，将最生动
的姿势，最鲜活的神态定格
于罗汉堂。以虔敬之心、巧
夺天工之技，为宝光寺造就
了"此处即天台"的胜景。

3

There are over 600 Buddhist statues inside Baoguang Monastery. In addition to those of traditional Buddhas and Bodhisattvas, there are some statues of venerable Buddhist figures not seen in other monasteries, which is a unique feature of the monastery. Inside the Mountain Gate Hall are the statues of Yang Tinghe, the father, and Yang Sheng'an, the son, as the guardian deities of the monastery. The gilded statue of Zen Master Xiaozong in the middle of the Ancestral Hall stands out from those of other Zen masters. The statue of Monk Quanzhen inside the Amitayus Buddha Hall expresses the sincere hope of Buddhists to attain Buddhahood in this life. And the Burma jade Buddha in the Hall of Ultimate Bliss is a historical witness of Monk Zhenxiu's dharma-pursuing travels in India and Southeast Asia. However, the most attractive feature of the statues in Baoguang Monastery is in Arhat Hall.

Initially built in 1851, and covering an area of 1,600 square meters, the Arhat Hall in Baoguang Monastery is the largest of its kind of existing Arhat Halls of the Ming and Qing Dynasties. Inside this hall are 577 statues of Buddhas, Bodhisattvas, Arhats, and generations of patriarchs. The number of statues is second only to that of the Arhat Hall in Xiyuan Monastery in Suzhou. Painted in colors, with gilded bodies, these statues in the Arhat Hall of Baoguang Monastery have an average height of two meters. They are the largest of the existing statues of the 500 arhats of the Ming and Qing Dynasties. Walking into this hall of Buddhist art, we can see statues with different expressions, postures and gestures. They are either fat or slim, young or old, tall or short, good-looking or ugly, pleasant or angry, sorrowful or joyful, graceful or comic, ferocious or good-natured, cunning or tactful, serious or happy, raising their legs or holding their knees, relaxed or shouting with outstretched arms, chatting or contemplating…, really grotesque, arabesque and spectacular. No two statues resemble each other in any way. Among them, are the statues of Emperor Kangxi and Emperor Qianlong in royal dresses rather than monastic robes or holding dharma instruments. Arhats in the hall with different social

汉及历代祖师像合计577尊，其造像数量仅次于苏州西园寺罗汉堂。塑像平均高约两米，全身彩绘贴金，在现存明清五百罗汉造像中体量最大。走进这座佛教艺术殿堂，目之所及，但见胖瘦、老幼、高矮、美丑，喜怒哀乐、端庄滑稽、彪悍憨厚、狡黠老练，正襟危坐、合掌参禅、跷腿抱膝、怡然自得，张口振臂、谈笑风生、闭目托腮、若有所思……千姿百态，形形色色，精绝殊丽，叹为观止！每尊塑像的衣着款式、色调纹饰及所持物件无一雷同。其中，康熙、乾隆两位皇帝不着僧装，不持法器，风帽锦氅，龙袍朝靴，跻身在五百罗汉之中，摇身一变成了"阇夜多尊者"和"直福德尊者"。一堂罗汉，身份各异，生动地阐释着"是法平等，无有高下"的佛教宗旨。

宝光寺五百罗汉造像集杭州净慈寺、灵隐寺和常州天宁寺之长，荟萃了陕西帮、川西帮、川东帮三批民间艺人的技能，人体比例适中，表情活泼生动，夸张而不失真实，亲近而不落俗套，表现出很高的艺术水准。宝光寺罗汉堂跻身于中国"四大罗汉堂"之列，可谓名副其实。

四

自古寺院文翰地，匾额楹联透墨香。

和中国晚近所有的寺院一样，宝光寺嵌刻着历代文人墨客留下的众多匾联。其中，匾额计有198块，楹联计有142副，檐下柱上，殿外堂内，能够嵌悬匾联的地方几乎都有它们的身影，把禅院变成了一座匾联的陈列馆。宝光寺匾联数量之巨、价值之高，在全国现存的明清寺院中首屈一指，有多副作品被选为"中华名匾""中华名联"。

宝光寺的匾额，除标识殿堂名号、彰明佛门身份之外，也常常针对建筑的实际用途而将佛理融于其中。佛教常以月表菩提、波喻烦恼，水静则月现，烦恼不生则菩提现，而常读佛经则烦恼不生，这就是藏经楼以"澄

大雄宝殿后侧，檐下匾额，把佛祖的光辉凝聚在洗练的文字之中，肃穆地俯视着莲池中一片清凉。荷叶亭亭，翠色招展，仰望着化为书香的真如之境。俯仰对望，不知光阴几何，而佛理昭昭，已越千古。

status vividly interpret the Buddhist notion of "true equality in dharma without inferiority or superiority".

The 500 arhat statues in Baoguang Monastery have combined the strength of those of Jingci Monastery and Lingyin Monastery in Hangzhou and Tianning Monastery in Changzhou, as well as the skills of crafts people in Shaanxi and Sichuan. These figures, well proportioned, with vivid expressions, are exaggerative yet realistic, simple yet extraordinary, demonstrating high level of artistic attainment and justifying the fame of the Arhat Hall of Baoguang Monastery as one of the four arhat halls in China.

4

Since ancient times, monasteries have been ideal workshops for literati, whose calligraphic works and couplets are often masterpieces of their age.

Altogether, Baoguang Monastery has a collection of 198 inscribed boards and 312 pairs of couplets (143 open to the public). You can find them almost everywhere in the monastery. In fact, they have turned the monastery into a huge exhibition hall.

The inscribed boards in Baoguang Monastery fall into three groups: First, title boards indicating the names of the halls, such as Baoguang Zen Monastery, Sakyamuni Hall, Perfect Enlightenment for the Medication Hall, etc.; second, Buddhist wording indicating the functions of the monastery, such as Namo Amitabha on the screen wall and Tushita Heaven in the Lokapala Hall; third, commendation boards praising the monastery, such as Focus on Zen in the Sakyamuni Hall, Infallible Truth in the Tripitaka Library, Fragrance from Caoxi (the monastery where the 6th Zen patriarch Huineng preached dharma) in Ordination Hall and Time-honored History in Yingtang (a hall with the images, or pictures, of objects of worship). Thanks to the wisdom of the past sages, these inscribed boards are functional as well as thought-provoking for visitors to appreciate.

Indeed, the couplets of Baoguang Monastery are well-known and many have been much recited around the world. The couplet in front of the Maitreya Hall reads "Open your mouth and smile, smile at the past and present, and anything in life; big belly contains everything, the heaven, the earth, and people of all

匾额楹联在中国佛教建筑中的运用极为普遍，已成为佛教文化的一个重要组成部分，寺院的历史、僧侣的作为、佛教的汉化以及佛教对中国艺术和中国社会的影响，都在方寸之地、字里行间得到生动而凝练的展现。

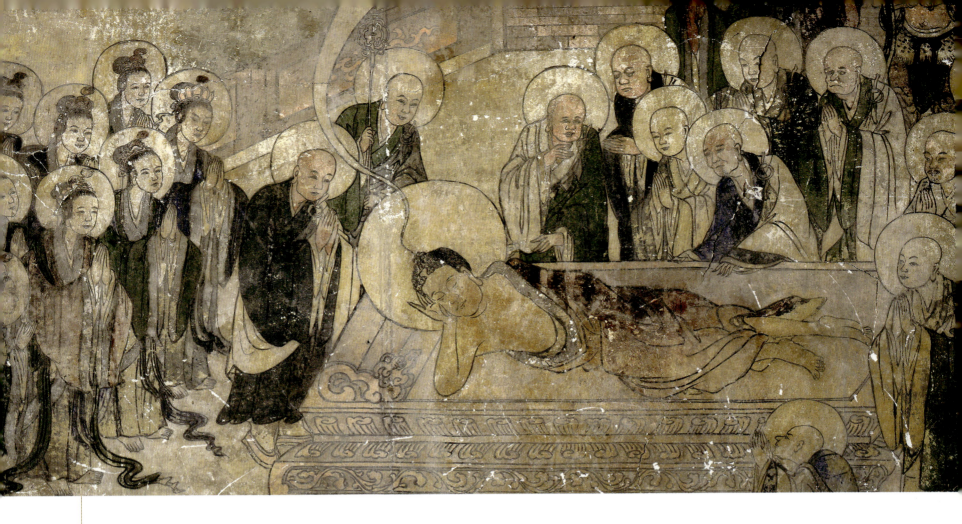

念佛堂清代彩绘壁画
《释迦涅槃图》局部。

江皓月"匾额谕示的真理。经由空性，即能洞悉诸法实相，因此法堂匾额有"法空万有"的说法。

宝光寺楹联久负盛名，脍炙人口。其中尤以镌刻于大雄宝殿的"世外人法无定法，然后知非法法也；天下事了犹未了，何妨以不了了之"一联最为知名，不仅蜚声禅林，更流传海外。佛法本空，故无定法，没有定法就是佛法的真髓；因果相循，世事无有了结，何不放下追求结果的奢望？短短28字，集佛法真义、人生智慧、客观规律于一体，且对仗巧妙，化俗为雅，非高手而不能为。胡乔木曾经谈到，毛泽东晚年也曾引用过此联，若有所悟。客堂外的"挑起一担，通身白汗阿谁识？放下两头，遍体清凉只自知"一联，看似出语浅白，却令无数通人贤达为之沉吟再三。川中才子、当代名家流沙河，少年时代初识此联，就为之所吸引，敏感地意识到"一担""两头"大有深意。在历经坎坷之后，他把"一担"解为一生，"两头"解为名利，感慨人生在世，若能放下名利二字，则无处不是清凉境界。真正的好文章，正在于为后来者留下无限的思想空间。"两头"之累，又何止名利？凡俗如穿衣吃饭，高蹈如悟道知玄，只要存有得失之心，都难免生出负累，因得不到而忧，因怕失去而惧，超脱于得失，放下林林总总的忧虑与恐惧，远比放下名利需要更通透的智慧，也更接近佛法高义。以上两例仅为宝光寺楹联之九牛一毛，殿前廊下，佛龛照壁，妙语警句随处可见，游人仰而读之、俯而思之，如同时时接受佛家奥义的洗礼。

将匾联引入寺院，是中外文化融通所结的硕果。入之以佛学理趣，出之以翰墨风流，是华夏文明对寺院文化的独特贡献，是唐宋以降佛教与本土文化的相互影响日益深入的明证。

五

建筑是寺院的外观，收藏是寺院的内涵。

宝光寺文物收藏非常丰厚，为了保护与共享，2005年夏专门辟建了"文物精品馆"。这是国内第一个由寺院兴建的博物馆，18000余件代表性珍藏文物在馆内轮流展出，娓娓诉说着这座千年古刹的故人与往事。

kinds". It is not only a vivid depiction of big-belly Maitreya, or the legendary "bag monk", but also a profound epigram on people's positive attitude toward life. Another couplet inside the Sakyamuni Hall reads "Enlightened ones, follow the rule of no definite rules, and then realize that it is not the rule that rules; matters under the sun, finished yet still unfinished, why not let it be?" Mr. Hu Qiaomu once mentioned that Chairman Mao favored this couplet very much in his old age. Outside the Reception Hall, a couplet reads "When you carry a heavy burden, nobody knows even you are sweating hard; Release both ends of the burden, you will know too well by yourself the taste of relief". Here, "heavy burden" refers to a person's secular life, and "both ends" indicate worldly pursuits such as vanity and wealth. The point is that, other people will never care about a person's vain worldly pursuits even if they are backbreaking; however, by renouncing one's vain worldly pursuits, one can obtain real peace, in body and soul. And the beauty of such peace can only be understood by oneself.

The introduction of inscribed boards and couplets into monasteries was a great achievement of the reshaping of monastic culture since the Tang and Song Dynasties. Their presence adds much to the cultural appeal of Chinese monasteries. In addition, the extensive and profound social wisdom and philosophy of life contained in them depend on the fine judgment and appreciation of visitors by relating to their own life experiences.

5

Baoguang Monastery has a rich collection of precious cultural relics. To protect them, the Exhibition Hall of Selected Cultural Relics was established and became the first museum operated by a monastery in China. Over 3,000 representative pieces of well-maintained cultural relics take turns to be displayed for visitors. The most valuable include:

The Thousand Buddha Tablet carved in 540 in Southern Dynasty is 150 cm high, 87 cm wide and 11.5 cm thick. On its four sides are orderly carved, vertically or horizontally, 1,000 Buddha statues in a sitting posture, cross-legged and hands clasped, only 5 cm high each, lively and vivid. Of the existing thousand Buddha tablets, this tablet has the smallest stone-carved Buddha figures and from a relatively earlier time.

The Tablet of Avatamsaka Triad and Inscription by Clothes Donating Society carved in 741 is the only record of alms-giving of Buddhist believers during the Tang Dynasty, but it is a witness of the glory of Baoguang Monastery during that period of time.

Made of 3 large hollow-carved blue stones, 520 cm high and 200 cm in diameter, taking 3 years of hard work by three artisans, the stone-carved sarira stupa stands right in the middle of the Buddhist Chanting Hall. On the two-storied stupa are carved dharma-preaching stories of Sakyamuni and various kinds of auspicious patterns. Having vividly shaped human figures and expertly carved fine patterns, this stupa has been commended as a rare piece in the history of stone carving art in China.

The painting "Water-Moon Avalokitesvara", 165 cm high and 75 cm wide, is a copy by contemporary painting master Zhang Daqian, which is one of the Dunhuang mural paintings of the highest artistic value. The Avalokitesvara or Kwan-yin in the picture, bare-armed, bare-footed, in a garment with flying ribbons and beautiful coloring, is leaning against a rock. After the victory of China in the Anti-Japanese War, Mr. Zhang Daqian held an exhibition at which this "Water-Moon Avalokitesvara" was widely acclaimed and numerous bidders offered high prices for it. Finally, at the request of the then Sichuan provincial governor Zhang Qun, with concerted efforts, celebrities of all walks of life in Sichuan raised funds to purchase this painting and then donated it to

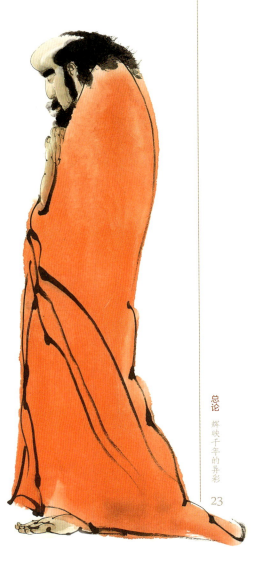

其宝贵者，有南朝千佛碑、蜀汉铜鼎、唐代《施衣社华严三圣造像石刻碑》、明代"尊胜陀罗尼"石幢、宋徽宗《白鹦鹉》、元代金银粉书《华严经》、赵孟𫖯《五马图》、清代的破山草书、竹禅书画、也有近现代名家翁同龢、王懿荣、康有为、赵熙、于右任、谢无量等人的书法以及张大千的《水月观音》、徐悲鸿的《立马图》等等，琳琅满目，价值连城。

在宝光寺众多的文物珍品中，锡兰（今斯里兰卡）国王亲赐的释迦牟尼佛舍利子、清道光皇帝转赐的印度优昙花和暹罗（今泰国）国王馈赠的贝叶经被誉为"镇寺三宝"，是宝光寺地位的象征，更是僧侣们不畏艰险，远游求法，光大中土佛教的物证。

南朝的千佛碑造于梁武帝大同六年（540年），距今已有近1500年的历史。碑高150厘米、宽87厘米、厚11.5厘米，四面纵横有序地镌刻着1000尊双手合十、跌坐莲台的佛像，像高仅5厘米，造型生动，栩栩如生，是现存佛像最小、时代较早的石刻千佛像碑之一。

唐代《施衣社华严三圣造像石刻碑》镌刻于开元二十九年（741年），虽是信众施舍的记录，却见证了唐代宝光寺辉煌的岁月。

清代石雕舍利塔矗立于念佛堂中，由3块大青石镂空雕刻垒砌而成，通高520厘米，直径200厘米，3位能工巧匠穷三年之功才得以完成。两层塔身雕有释迦牟尼传道故事和各种吉祥图案，人物形象鲜明，图案金碧辉煌，雕琢技艺精湛，被誉为中国石刻艺术史上罕见的珍品。

张大千的《水月观音》，是其临摹敦煌壁画作品中艺术价值很高的一幅，高165厘米、宽75厘米。画中观音菩萨露臂跣足，衣带飘逸，斜倚岩石，怡然自得，色彩艳丽，美轮美奂。抗战胜利后，大千先生在成都举办画展，这幅《水月观音》引起轰动，重金争购者相持不让，最后由时任四川省政府主席张群邀集各界集资买下，捐给宝光寺收藏。

徐悲鸿的《立马图》，是他在1942年来宝光寺参观时所作，是其毕生所绘骏马图中尺幅最大的一幅，以泼墨笔法写昂扬之意，寄托了他对抗战胜利的期盼。次年，新都成为徐悲鸿先生与廖静文女士的定情之地。1993年，身为徐悲鸿纪念馆馆长的廖静文女士故地重游，睹物思人，感慨万千，挥笔题写了一个巨幅的"缘"字，意犹未尽，再作补记："一九四二年悲鸿于宝光寺画马，保存至今。览之欣喜不已，深感前缘不断，不胜感慨。"

浩若星辰的文物、书画，荟萃于千年古刹宝光寺，是才华智慧的云集，更是佛心因缘的凝聚。

文化瑰宝，佛门之光，宝光寺非凡的人文、历史积淀，因佛缘而聚，由地缘而兴，得人缘而久。开启宝光寺的门扉，它将引领我们穿越千年时空，去触摸一座古寺与一座古城，去感知蜀地丰饶的文化和佛教东传的历史。

欣逢盛世，辉映千年的异彩，必将再现宝相光明。

玉雕佛祖涅槃像

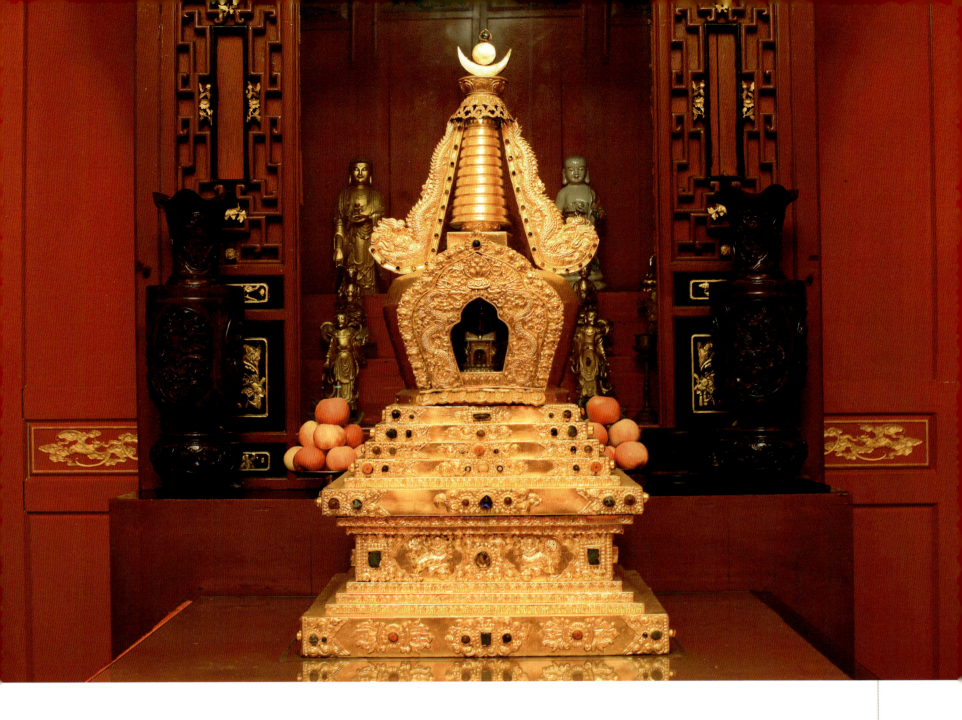

Baoguang Monastery.

In 1942, painting master Xu Beihong visited Baoguang Monastery and gladly painted a large-size "Standing Horse" after the visit, to express his ardent hope for victory in the Anti-Japanese War. In the following year, Xindu witnessed the romance between Xu Beihong and Liao Jingwen. Therefore, the painting "Standing Horse" is far from being an ordinary work of art. It serves as a symbol for their love, hope, and the ups and downs of life.

Among the large number of collections of cultural relics in Baoguang Monastery, the sariras of Sakyamuni given by the king of Ceylon (now Sri Lanka), the Indian udumbara flower given by Qing Emperor Daoguang as a gift and the Pattra Sutra given by the king of Siam (now Thailand) are known as the "three treasures of Baoguang Monastery".

This great treasure of cultural relics tells people the glorious history, legends and touching stories about Baoguang Monastery and serves as another kind of narration of the sacred history and extraordinary experience of the monastery.

The profound cultural and historical record of Baoguang Monastery will guide you in your travel through a thousand years of time and space, and enable you, from a brand-new perspective, to have close contact with an ancient monastery and an ancient city, and to relive the glorious past of this piece of land with so much for you to explore…

在这座四方形单层亭阁式铜质镀金小塔内，存有一水晶小瓶，其中珍藏着锡兰国王赐予真修和尚的两粒舍利子，是宝光寺的镇寺之宝。

走进宝光寺，
就走入了一座中国佛教建筑文化的历史长廊。

墨香沉聚于匾额，
诗意镌刻为楹联，
文采风流不是浮华的点染，
它是人与建筑的精神共鸣，
也为历史的陈迹赋予了鲜活的生命。

月下佛塔，烟雨楼阁，各擅风姿，
佛殿香火缭绕，庭院只闻禅音，
这些浸润着佛家智慧与汉家气象的建筑，
不仅示人以空间之美，
更是历代中国佛寺建筑格局的荟集，
是南北建筑风格的交融。

建筑文化

殿堂辉翰墨　禅悦共诗风

人类文明最直观、最凝练的载体，莫过于建筑。一个民族的科学技术、工艺水平、生活方式、文化伦理、审美趣味，以至它的气候物产、山川地貌，无不在这个民族的代表性建筑中留下深刻印迹。佛教的传播，佛寺的兴建，一方面把印度的建筑形制和风格带入中国，另一方面也以中国固有的建筑文化重塑了佛寺建筑的格局。这样的融合，贯穿着中国佛教建筑的整个演变过程。游览宝光寺，正像是翻阅一部鲜活的中国佛寺建筑史。

宝光寺是中国不同时期佛寺建筑风格的一个汇集。其始建年代已不可考，据寺中出土的《施衣社华严三圣造像石刻碑》，可以确定宝光寺在唐玄宗开元二十九年（741年）就已经存在了，以后又经过了数次重建。宝光寺现有的建筑格局主要形成于清代，但与绝大多数建于清代的佛教寺院有所不同，宝光寺还保留着南北朝佛寺建筑"前塔后殿"的遗风。

佛教传入中土后，经历了一个逐渐汉化的过程，佛寺的建筑格局也逐渐从源自印度的以佛塔为中心转变为以佛殿为中心。南北朝迈出了转变的第一步，当时的佛寺主要有两种，都体现出本土建筑文化对佛寺建筑格局的影响：一是在上层社会舍宅为寺风气的推动下，出现了由住宅演变而来的佛寺，以前厅为佛殿，以后堂为讲

青瓦映红墙，绿树出飞檐，远道而来的西土佛法，就此落地生根，安顿于汉家庭院。

Undoubtedly, the most vivid and most condensed carrier of human civilization is architecture. Science and technology, technique level, lifestyle, culture, ethics and aesthetic taste of a nation, as well as its climate, products and landscape are deeply imprinted on representative architectures of this nation. The dissemination of Buddhism introduced Indian architectural forms and styles into China, while the flourishing of Buddhist monasteries in China reshaped Buddhist architectural patterns with China's intrinsic architectural culture. Such kind of integration has run through the whole evolution process of Chinese Buddhist architecture. Stepping into Baoguang Monastery is just like opening a vivid history book of Chinese Buddhist architecture.

Baoguang Monastery features a conglomeration of architectural styles of Buddhist monasteries in different historical periods. As its original time of construction is untraceable now, its existing architectural pattern was mainly formed in the Qing Dynasty. Yet, quite unlike other Buddhist monasteries built in the Qing Dynasty, Baoguang Monastery still retains the ancient tradition of pagoda in the front and temple in the back, which was typical in the Northern and Southern Dynasties.

The introduction of Buddhism into China had undergone a gradual process of localization. The architectural layout of monasteries in China had gradually shifted from pagoda-centered Indian style to temple-centered Chinese style. The first step of transformation was taken in the Northern and Southern Dynasties. In the Sui and Tang Dynasties, the significance of Buddhist temples surpassed that of pagodas. After the Song Dynasty, the impact of architectural styles of Indian Buddhist had already faded out. A forest style layout along a north-south axis had taken shape.

Baoguang Monastery people see today was first built in the period of Emperor Xizong in the Tang Dynasty. The pagoda was renovated in the Northern Song Dynasty in about 881-882 A.D.. In the Qing

宝光寺宏大的建筑群静卧于茂林修竹之中。图中最高的建筑是藏经楼。

室，由于空间有限，通常不设佛塔；二是采用前塔后殿格局的佛寺，由于这一时期寺院所供佛像尺度增大，数量增多，佛殿的规模也随之扩大，在重要性上与佛塔比肩，不再是后者的附属建筑。隋唐时期，佛殿的地位逐渐超越了佛塔，形成以佛殿为中心的布局，而将佛塔置于相对次要的位置，出现了殿前双塔、别院置塔、寺外置塔等布局模式，甚至有些寺院已不再设立佛塔。随着禅宗兴起，唐代中晚期出现了"不立佛殿，惟树法堂"的禅寺，但据文献和实物分析，五代时期的禅寺已不再严格遵循这一规式，也设有佛殿，只不过在尺度上小于法堂。宋代以后，佛教各宗相互渗透，本土化的程度也日益加深，各宗寺院的建筑格局不再有明显差别，一般都以佛殿为主，法堂居次，但普遍不设佛塔，印度佛寺建筑的影响已经淡出，形成了以南北中轴线为中心的丛林式格局。

现在所见的宝光塔建于唐僖宗时期，约在公元881～882年。据明代曹学佺《蜀中名胜志》所载，悟达国

Dynasty, when Zen Master Xiaozong rebuilt Baoguang Monastery, he placed the pagoda at the central axis of the monastery, integrating the ancient tradition of pagoda in the front and temple in the back with the forest style. The reason for remaining the layout which was already extremely rare in Ming and Qing monasteries was best depicted by Zen Master Xiaozong with his poetic line, "The sacred pagoda in front of the temple has glorified the past and the present of the monastery." It has been closely related to the legend of the illumination of Buddha's sariras; it has witnessed the glories that two imperial preceptors earned for Baoguang Monastery; it has recorded the indelible merits of Yang Sheng'an and his father and people from all walks of life in Xindu in protecting the monastery. Reserving the pagoda and placing it at a very important position has not only recorded the history of the monastery, but also shown respect to Chinese Buddhist history.

The architectural form of Baoguang Monastery still preserves large amount of information about

七佛殿前所见宝光塔全景。塔居宝光寺的中心，是千年香火传承的见证。置身周遭殿宇的环抱之中，仰望佛塔，油然而生的是对神圣佛法的敬畏之心，对庄严古刹的崇敬之情。

师在宝光寺旧塔址下发掘出一个石函，石函内藏有佛舍利子，并因之建造了宝光塔。舍利一般藏于佛塔的地基或地宫之中，据此推测，以前的宝光寺就设有佛塔。悟达国师重建的宝光寺大致遵循了旧制，北宋时，圆悟国师又对宝光塔进行了培修，当清代笑宗禅师再次重建宝光寺时，将佛塔放在了重要的中轴线位置上，"前塔后殿"的古风与丛林式形制被整合在一起。之所以保留这种在明清佛寺中已极为少见的格局，笑宗禅师以"殿前圣塔辉今古"的诗句给出了答案。宝光塔象征着这座寺庙悠久辉煌的历史，它牵系着佛祖舍利大放光华的传说，它见证了两位国师为宝光寺带来的荣耀，它记录了杨升庵父子等新都各界人士维护宝光寺的功德。保留佛塔并置于重要位置，是对宝光寺历史的铭记，也是对中国佛教历史的尊重。

宝光寺的建筑形制还留有大量唐宋时期佛寺建筑的信息。与两庑连为一体的钟楼、鼓楼是唐宋楼阁式寺院的遗风；净土院所体现的"寺中置寺"也是唐宋时期流行的建筑形制；罗汉堂创建始于五代，宝光寺所采用的"田"字形建筑布局则是南宋时期杭州净慈寺罗汉堂的首创，此后即作为罗汉堂的标准建筑形制被广泛采用，在全国现存的罗汉堂中，宝光寺罗汉堂是规模最大的一座。

宝光寺在屡次重建、改建、扩建中，不断融入新的元素，比如清代培修宝光塔时，就为之增加了喇嘛塔样式的塔刹，这是清廷对藏传佛教的推崇在建筑中的反映。与此同时，宝光寺又代代相承，不仅保留了历史的印迹，更把传统带进现实。从南北朝到唐宋，到明清，到近现代，佛教建筑的传统在这里从未褪色。

佛寺是一个供僧人修行起居，供香客参拜礼佛的功能性建筑，也是一个把佛教精神实体化的文化性建筑。宝光寺通过空间布局、交通流线的巧妙设计，满足了佛寺建筑的双重需要。在中轴线空间序列中，山门和照壁组合而成的"八字形"半围合空间是红尘与佛土之间的分界和通道，如同音乐的序曲。天王殿前的庭院作为中轴线上的第二个节点，如一段舒缓的过渡曲，将礼佛的人们带到宝光塔脚下，以宁静安详的心境感受它的

太子亭筑于罗汉堂之后。相传悉达多太子诞生时，周行七步，一手指天一手指地，发出"天上天下，唯我独尊"的宣言，随即从空中直泻下银练似的净水沐浴在太子的身上。太子亭水池中的塑像刻画了释迦太子诞生时的情景。

俯瞰太子亭环形顶，叶落无声，禅心有意，将季节的荣枯，生命的轮回一并化为静谧与安详。

monastic architectures of the Tang and Song Dynasties. For examples, the integration of bell tower and drum tower with two verandas reflects pavilion-style of Tang and Song monasteries; the "monastery inside monastery" form embodied in the Pureland Court in Baoguang Monastery is also a style popular in the Tang and Song Dynasties. Although arhat hall was first built during the Five Dynasties, the architectural layout in the pattern of Chinese character "田" adopted by Baoguang Monastery was first initiated in the Arhat Hall of Jingci Monastery in Hangzhou in the Southern Song Dynasty. This pattern was later extensively adopted as standard architectural style for arhat halls. Of the existing arhat halls in China, the one in Baoguang Monastery is the largest.

Baoguang Monastery constantly introduced new elements in its various reconstructions and renovations. For instance, the renovation of Baoguang Pagoda in the Qing Dynasty added a top of the style of lamaist pagoda, which is rather a reflection of the admiration for Tibetan Buddhism of the imperial court in the Qing Dynasty. In the meantime, Baoguang Monastery has inherited the Buddhist architectural styles of the Northern and Southern Dynasties and Tang and Song Dynasties without losing their traditional flavor.

Functionally speaking, a Buddhist monastery is an architecture where monks live and practice dharma; culturally speaking, it is also a place for Buddhists to pay homage to Buddhas. Actually, it is a cultural building which materializes Buddhist spirit. Through skillful spatial layout and traffic flow arrangement, Baoguang Monastery meets manifold needs of monks and lay people. By blending regional colors into Buddhist architectural culture, the

从大雄宝殿东侧通往罗汉堂的室内走廊，不仅起到了分流人群的作用，极好地利用了空间，也具有遮日避雨的功能，充分体现了宝光寺建筑设计之精妙。

夹道位于"天台胜境"牌坊之后，可通向寺院东侧的净土院、罗汉堂。夹道呈弯弯曲曲的形态，宽约3.5米，两侧围墙高约2.5米。围墙表面粉刷成绛红色，上覆青色瓦顶。夹道两侧的围墙高于人的视线，使人不能看到外面的事物，从而可以心无旁骛；而弯曲的设计让人不能一眼望到尽头，从而产生心理期待感。

震撼力，并随之领略宝光塔院周边建筑那令人应接不暇的丰富意蕴。宝光塔后的七佛殿再次将人带入沉思与静谧的空间，在这里积聚起对过去佛的礼敬，对现世佛的期待。随即迎来庄严肃穆的大雄宝殿和宏丽雄伟的藏经楼，这是中轴线上两个最华美的乐章，次第而出，高潮迭起，把人们对佛法的崇敬之意、膜拜之情调动到极致。藏经楼后是照壁和紫霞山，沿小径可环山而行，如同余音萦绕，令人回味悠长。张弛有度的建筑布局营造了极具节奏感的空间转换，对人们的心理感受有强烈的引导作用。中轴线两侧有若干天井庭院，供僧侣禅修、居住、饮食，以及寺院杂务之用，外围还有净土院、罗汉堂、塔林，这些建筑是中轴线殿堂的协奏与和声，使人们在领略佛教文化的庄重博大之余又能感受其丰富与精密。

宝光寺的交通线设计颇具特色，主要线路有三条：一条是沿中轴线展开的参拜线路，穿过寺内各主要殿宇；另外两条是参拜后的疏散线路，也是寺院中日常活动线路，它们始于山门殿的两个侧门，经天王殿两侧的过洞、两庑前廊，结束于藏经楼前，这两条线路减轻了中轴线上的交通压力，也避免了对礼佛仪式的干扰。主体空间与外围建筑之间也有良好的交通联系，至东侧净土院、罗汉堂，可取道"天台胜境"牌坊后面的弯曲夹道，也可从大雄宝殿东侧的室内巷道而入。经 "庐山遗迹"牌坊，则可通向西侧的塔林。宝光寺中的交通空间形式多样，有檐下空间、檐廊空间、过洞、室内巷道、夹道等，既富于变化，体现建筑之美，也具有实际功能。四川盆地炎热多雨，

monastery possesses characteristics of both southern and northern Chinese architectural styles. On the one hand, it has followed the traditional official architecture featuring orderly layout, exactness in directions, simplicity and solemnity in temples and courtyards along the central axis; on the other hand, it has assimilated elements of southern folk architecture featuring flexibility, bright color and extensive use of stone pillars.

By presenting the relations between man and architecture through Chinese characters, inscription boards (*Biǎné*) and couplets (*Yínglían*) are unique and indispensable elements in Chinese ancient architectural culture. They either explain the functions of buildings, or express man's requirements for spiritual dimensions of buildings, or add to the artistic charm and cultural flavor of buildings with profound attainment in literature and calligraphy. The stories related to these couplets and inscription boards have bestowed life to the buildings. Visiting these buildings, you are having a dialogue with history.

With the ever-deepening influence of local architecture and Buddhism localization on Buddhist buildings, inscription boards and couplets were used in monasteries in large quantities. The status of a monastery is invariably in direct proportion to the number and fame of its inscription boards and couplets. In this respect, Baoguang Monastery is prestigious among China's monasteries with its large number of high-quality inscription boards and couplets.

By function, the inscription boards of Baoguang Monastery are divided into two main groups: one for title boards, marking the names of buildings and landscape gardens, e.g. "Sakyamuni Hall" (*Dàxióng Bǎodian*). A special subdivision of this kind of boards is poetry boards using simple poetic lines to explain the title of a building to help people understand the historical or religious background related to it; another is commendation boards usually used as gifts in social communications. They can expound Buddha's teachings and their contents have certain relations to their places. Some boards possess both functions of marking and commending, e.g. "Repository of Light" (*Guāngmíngzàng*). The greatest uniqueness of inscription boards of Baoguang Monastery lies in its conscious integration of Buddhist Zen truths into the functions and spatial layout of buildings. Monastic architectures have become materialization and symbols of Buddhist spirit, which is a great contribution to Buddhist culture and architectural art due to the unique insight of the monks of Baoguang Monastery into Buddhist teachings.

On many occasions, inscription boards and couplets complement each other. Currently, Baoguang Monastery has 142 couplet pairs of various kinds. (Totally 157 pairs if we include the 15 decayed and lost wooden pairs in the Qing

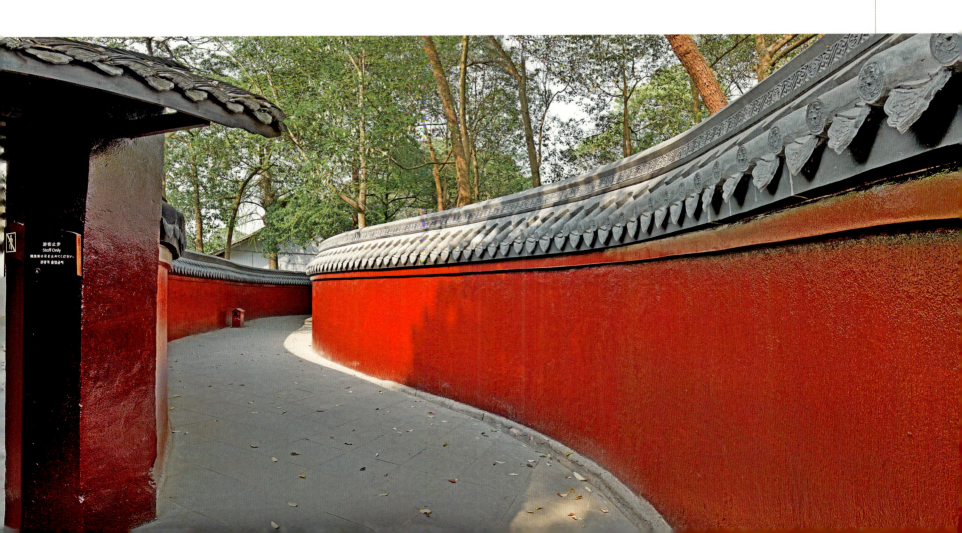

罗汉堂
Arhat Hall

大雄宝殿东庑走廊，向右可通往罗汉堂。
肃立的石柱，氤氲的香烟，为这个通透的
空间赋予幽深沉静的佛意。青石铺地，天
光绕梁，无处不是纤尘不染的澄明净土。

此匾悬于戒堂，是崇庆普净佛学社所赠。曹溪是六祖惠能弘法之地，是禅宗祖庭所在处，"香溢曹溪"，既是对宝光寺宗派渊源的祖述，更是对其禅林地位的推崇。

庭院四周设连续的挑檐，或以檐廊环绕，既可遮阳又可避雨，方便了行人往来。

　　佛教建筑文化与地域色彩的结合，使宝光寺兼具南北建筑的特征。中国幅员辽阔，南北地理差异明显，形成了不同的建筑风格，由于古代中国的政治中心长期位于北方，因此官式建筑以北方风格为主。寺院、宫殿、祠堂等大型公共建筑，不论地域都倾向于采用北方官式建筑风格，以强调其正统性、权威性。中国古代木构建筑有两大结构类型，即北方抬梁式和南方穿斗式，四川境内保存至今的数十座明代佛教建筑，都采用了抬梁式结构，明显受到北方官式建筑体系的影响。至清代时，这一现象发生了变化，四川境内的大型公共建筑几乎全部采用南方常见的穿斗式结构，宝光寺也不例外。这一变化与当时"湖广填四川"带来的大量南方移民有关，是南方文化在建筑上的体现。宝光寺一方面沿用北方官式建筑布局规整、方位端正、质朴厚重的风格来建造中轴线上的殿堂和庭院，一方面又吸收了南方民间建筑的特点：布局因地制宜、灵活曲折，比如与东、西牌坊相连的夹道；色彩素雅明快，用青瓦而不用琉璃瓦，以白色墙面和深色木构件相衬；屋顶脊饰除采用陶艺之外，还大量采用南方常用的灰塑、嵌瓷等工艺；在木构建筑中大量使用石柱，这也是因为南方温暖潮湿，木构件易遭白蚁侵害。当时巴蜀地区寺院采用石柱的并不少见，如梁平双桂堂、成都文殊院，但它们所用石柱的数量都远远不及宝光寺。

　　匾额楹联是中国古代建筑文化特有的、不可或缺的元素。用文字呈现出人与建筑的种种关联，或者说明建筑作为功能性空间的用途，或者表达人对建筑的精神情感要求，或者以文学和书法的造诣为建筑增添艺术魅力与人文气息，而匾额楹联所牵连的人物和轶事，更为建筑赋予了生命，流连其间，如同与历史对话。

　　随着佛教汉化和本土建筑对佛寺建筑的影响日益深入，明清以来匾额楹联便大量进入寺院，诗意和书艺与佛法禅理相通，共同凝结为佛寺建筑的标志性符号。一座寺院的地位，往往与其匾额楹联的丰富性和知名度成正比。宝光寺匾额楹联数量众多，质量上乘，在全国佛寺中享有盛名。

　　宝光寺匾额按功能用途区分，主要有两大类：一为堂号匾，用于标识建筑物和园林景观的名称，如大雄宝殿、宣律戒堂、大澈堂、莲池等，堂号匾之中还有一种特别的类型，即诗文匾，用简短的诗文对堂号加以说明，帮助人们了解相关的历史或宗教背景，如"狮窟""龙潭""问本堂"等；一为贺颂赞誉匾，通常用于社会交往中的赠匾题额，也可阐述义理，宣扬教义，一般来说，其内容与悬挂的位置有一定关联，如藏经楼的"觉悟群生""澄江皓月"，影堂的"源远流长"，大雄宝殿的"祖印光辉"等。有的匾额同时具有标识和颂赞双重功能，

Dynasty and the Republican Period). The couplets in Baoguang Monastery constitute a spectacle displaying diversified types and utilization of multiple skills. After reading through the couplets in Baoguang Monastery, you will definitely have a rough idea of Chinese couplet art.

With regard to the sources of inscription boards and couplets of Baoguang Monastery, the ones as inscribed gifts to the monastery by scholars, literati and social celebrities are of the largest number and are also rare art works due to the calligraphic attainment, literary talent and Buddhist cultivation contained inside. In fact, they have also witnessed the interactions between Baoguang Monastery and the secular world, leaving precious historical records for researches on Chinese Buddhist culture. Another type includes works of Buddhist dignitaries that have fully displayed cultural and artistic accomplishment of Chinese monks and proved the in-depth integration of Buddhism and Chinese culture. The third kind includes inscription boards and couplets sent as gifts to Baoguang Monastery. These gifts can give us a picture of the prosperity of dharma activities and enable us to explore the history and lineage of the monastery and the status of the monastery in the Buddhist circle. They are also of great referential value for studies on Buddhism dissemination in Sichuan. Baoguang Monastery has also shared some couplets with other monasteries, which is a vivid footnote of the open-mindedness of Chinese Buddhism without barrier and sectarian confinement.

The reason for architecture to become art lies in the integration of architectural function, spatial layout, aesthetic appreciation and cultural ethics. The unique trait of Chinese ancient architectural culture owes much to its giving full play to the explanatory function and artistic appeal of literature, calligraphy and tablet inscription, which is a great contribution by China to world architectural art. Inscriptions boards and couplets have been widely applied in Chinese Buddhist architectures and already become an integral part of Buddhist culture. Small boards are vivid and concise representations of the history of monasteries, monastic cultivation, localization of Buddhism and the influence of Buddhism on Chinese art and Chinese society. With organic integration of architectural styles of northern and southern China, skillful spatial layout and diversified inscriptions and couplets, Baoguang Monastery has become a leader in Chinese monasteries in architectural art.

说法堂的匾额楹联与书画陈设。

如宝光塔的"光明藏"，藏经楼的"宸经宝楼"等。宝光寺匾额最具特色之处，在于其有意识地通过文字点拨将佛理禅机与建筑用途乃至寺院的空间布局融为一体，如东、西牌坊的"天台胜景""庐山遗迹"，云水堂的"从那里来"，客堂的"道这里入"等，如此一来，寺院建筑成为对佛教精神的演绎和象征，也体现了宝光寺僧侣对佛家教义和参禅修行的独到见解，可谓是宝光寺对佛教文化和建筑艺术的独特贡献。

在很多时候，楹联与匾额相得益彰。宝光寺现有清刻石联64副、木联9副，今刻石联13副、木联56副，合计142副，若加上清代和民国时期曾经悬挂后来朽坏散佚的15副木刻楹联，则有157副。这些楹联主要镌刻在殿堂抱柱之上，也见于佛龛、牌坊和门楣。宝光寺楹联广泛使用了鹤顶格、燕颔格、凤尾格、顶针格等嵌字技巧，尤其是伍肇龄为大雄宝殿撰写的"宝胜号如来，灭尽根尘，始得法身至宝；光音成法界，全消因果，试看性海流光"一联，运用双钩格，在上下联首尾分别嵌入"宝光"二字，技巧纯熟，不着痕迹；宝光寺楹联还常用佛教典故入对，用俗语入对，用双关语入对，仅以寥寥数语就蕴含了丰富深刻的意义，如斋堂前所刻楹联，用俗为雅，一语双关，语言生动而义理深邃；宝光寺楹联中还有精巧的流水对、集句联，颇见艺术功力和学识才具。总之，就楹联艺术而言，宝光寺可谓洋洋大观，读完这里的楹联，可以了解中国楹联艺术的概貌。

宝光寺匾额楹联的来源，数量最多的一类是学者文人、社会名流的题赠，其中的书法造诣、文学才情、佛学修养都十分可观，是佛寺匾额楹联中的珍品，同时它们也见证了宝光寺与世俗社会的交往，为研究中国佛教文化留下了珍贵的史料；第二类是大德高僧的作品，如贯一和尚就在寺内留下了多块匾额和若干副楹联，与宝光寺有密切往来的雪堂、隆莲等大师也曾为宝光寺题匾撰联，这些作品充分体现了佛门高僧的文化修养和艺术功底，也证实了佛教与中国文化的深度融合；第三类是其他寺院赠送的贺匾贺联，从中可窥见宝光寺举行法事活动时的盛况，可钩沉宝光寺的世系和历史，也可佐证宝光寺在佛教界的地位，对于研究巴蜀地区的佛教传播有重要参考价值；宝光寺也有与其他寺院共享的匾额楹联，如钟楼、鼓楼、祖堂等处所刻，即为常见的佛寺楹联，这一现象为中国佛教不设壁垒、不拘宗派的开放精神留下了生动的注脚。

融建筑功能、空间设计与审美感受、文化伦理为一体，是建筑之所以成为艺术的根本原因，而中国古典建筑文化的独特之处，更在于它充分发挥了文学、书法、碑刻的阐释功能和艺术魅力来强化这种有机性，这是中国对世界建筑艺术的一大贡献。匾额楹联在中国佛教建筑中的运用极为普遍，已成为佛教文化的一个重要组成部分，寺院的历史，僧侣的作为，佛教的汉化以及佛教对中国艺术和中国社会的影响，都在方寸之地、字里行间得到生动而凝练的展现。宝光寺以其汇集南北古今的建筑风格，独具匠心的空间布局，丰富多彩的匾额楹联，以及对这三方面的有机融合，在建筑艺术方面成为中国佛寺中的佼佼者。

▶ 中国佛教协会理事、四川省佛教协会副会长、成都市佛教协会副会长、宝光寺第25代、第57世方丈意寂大和尚步出方丈室。

宝光寺规模庞大，建筑与庭院众多，却组织得井井有条，主次得当，各部分空间相互呼应，形成了一个和谐的整体。宝光寺在布局上可划分为主体和外围两部分。主体部分安排了寺庙出入口，重要的礼拜性建筑，重要的日常生活及修行场所。外围部分安排了次要的礼拜性建筑，次要的日常生活及修行场所，以及墓塔。主体部分坐北朝南，中轴对称。中轴线长达245米，南起"福"字照壁，经山门殿、天王殿、宝光塔、七佛殿、大雄宝殿、藏经楼、"紫霞山"照壁，止于紫霞山，中轴线两侧的建筑包括东、西牌坊，钟楼、鼓楼，东、西两厢，东、西方丈。外围部分的重要建筑分布于寺庙东西两侧，东部有净土院、罗汉堂，西部有普同塔、塔林。

山门前的宝光广场，以宝光寺南北中轴为基准线，向南延伸，铺设玻璃小径，两旁种植灌木和桂树，整洁通透，不染尘埃。

照壁北面壁心上雕刻一个大大的"福"字。不知道从何时开始，摸"福"已成为人们来宝光寺的一项重要活动。

【山门与照壁】

山门是寺院建筑的第一个重要元素，因中国佛寺多建于山林而得名。作为寺院正门和整个建筑群中轴线的起点，它除了具有一般性实用功能之外，还蕴含着丰富的文化意味，是对佛理佛法的一种空间展示。山门本身也采用典型的中轴线对称结构，一般由三道门组成，居中的称"空门"，东边为"无相门"，西边为"无作门"，是佛教"三解脱门"的象征，故此山门又称作"三门"。

初谒宝光寺，首先映入眼帘的就是红墙和山门殿前的福字照壁，其空间构造颇具匠心。沿山门殿两侧，筑有八字形红墙，对照壁形成合抱之势，从外入内，须绕过照壁才能一窥门径，壁上"南无阿弥陀佛"六个蓝底红字，以端严的楷书传淳厚的佛音，提醒游历至此的有缘人，门墙之后，已是方外之地。然而佛法无边，山门内外并非两个隔绝的世界，红墙和照壁形成的空间，既是区隔，更是通道。红墙呈八字造型，前端敞开向寺外延展，后端向内汇聚于山门殿，观其走势，不觉心有所悟，似乎熙攘红尘、芸芸众生，尽可归化于佛门，又似乎天地万物、往来古今，皆是成全佛陀智慧的机缘。

福字照壁正好位于佛门和俗界之间。与之相应，这座建于清代，由石基座、红砖墙、青瓦顶三部分组成的墙体建筑，既刻有"南无阿弥陀佛"这样的佛教符号，又装饰着常见于民间照壁，取世俗吉祥之意的麒麟、蝙蝠、螃蟹等纹样。麒麟是传说中的祥瑞之兽，具有辟邪、太平、送子、长寿等美好寓意。蝙蝠的"蝠"与"福"谐音，这里雕刻有五只蝙蝠，寓意"五福临门"。古代甲科进士及第者的名单用黄纸书写，称之为"黄甲"，故后来用"黄甲"代指进士。螃蟹

宝光寺照壁以青石砖夹泥土砖筑成，壁顶为屋面状，脊上塑有螭尾和飞禽走兽，造型古朴精美。壁上嵌有"南无阿弥陀佛"六字，两旁刻对联"福田广种，寿城同登"，意在劝化世人，皈依阿弥陀佛，诸恶莫作，众善奉行，营造人间净土。

是甲壳类动物，故民间以其形象寓意"进士及第"。佛教在中国传播发展的过程，也是一个和本土文化融合的过程，与世俗生活的对立逐渐淡化，寺庙既是僧人清修奉佛之地，也是香客祈福还愿的场所。宝光寺照壁镌刻的种种图案和文字，无声地传递着佛门与俗界同生共处的一派祥和。

绕过照壁，即见山门殿，"宝光禅院"的金字石匾嵌在中门上方，表明宝光寺禅宗重镇的身份。佛教虽是外来的，但禅宗一脉因中国而兴，既是中国对世界佛教的重大贡献，也是中华民族的文化瑰宝之一。宝光寺自唐代悟达国师重建以来，经圆悟国师、笑宗禅师等历代高僧的勉力经营和无数僧俗人众的护持，经历了千年世事沧桑而香火不绝，到清末已成为与成都文殊院、镇江金山寺、扬州高旻寺并称长江流域禅宗"四大丛林"的佛门圣地，在今天更被认定为"全国汉传佛教重点寺院"，对禅宗的传承和发扬贡献良多。中门匾额之下的楹联"龙藏远承恩，经传觉院；鸡园常说法，派衍宗门"就记述了宝光寺的宗派渊源和历史上的重要佛事活动。上联说的是道光十三年（1833年）妙胜禅师从北京迎请《大藏经》回宝光寺的盛事，因《大藏经》在雍正、乾隆年间由皇帝支持而刊行，此番迎经又得到道光皇帝的恩赐，故称"龙藏"，由此亦可见宝光寺的地位。下联用"鸡园说法"（鸡园寺在印度，相传是公元3世纪时由崇信佛教的阿育王所建，他曾在这里召集僧侣讲经说法，达千人之众，极一时之盛）的佛教典故，一方面实写宝光寺常有高僧说法，如当年鸡园寺之盛；另一方面以"鸡园"指代印度佛教，表明宝光寺所属禅宗门派既渊源于"西来大意"，却又经过了中土的发挥、流转而自成世系。

位于山门殿中门的这一匾一联，都出自新都知县钱履和之手，是为道光十五年（1835年）宝光寺重修山门殿而作。楹联以寥寥18字，为"宝光禅院"留下绝佳的注解，至今读之，仍引人对历史的变迁与佛宗的绵延追思不已。

【无作门与无相门】

　　寺院的中门通常是关闭的，只有诸山长老大和尚或大护法莅临，大丛林才会开中门设迎请仪式。除本寺僧人外，当地护法居士也可参加。

　　香客信众拜谒宝光寺，应按顺时针方向从无作门入，从无相门出。与之相应，宝光寺无作门、无相门所书两匾两联，用明白易晓的文字，把幽邃的佛家义理化为朗朗上口的路标，为往来众生作了慈航的导引。

　　"无作"意为离愿、离欲，是修行的起点，因为佛家认为愿求是世间万苦之源，也是遮蔽佛心慧性的业障。宝光寺无作门设"慧眼常明"之匾，匾下镌有一联："壮入在斯，务要了明性去；圣凡所到，须当问过心来"，对联与匾额两相配合，向众生说明参佛拜寺的要义：弃绝欲望杂念，才是进入佛门的正途；用心参透根本，方能到达慧眼常明的境界。

　　"无相"即离相，据《涅槃经》，离除声相、色相、味相、触相、男相、女相等十相，即是涅槃之法。寺院把出口设置于无相门，寄予着对信众的希望和祝愿：在寺院参拜之后，受到洗礼感化，从此走向皈依之途。宝光寺无相门以"妙庄严路"为匾，用佛教典故向

上图　2007年福建闽南佛学院界象法师一行参访宝光寺。
中图　2004年迎请惟贤法师。
下图　2004年迎请清德和尚。

◀　四川省佛教协会第十四届传戒法会于2008年4月13日至5月12日在新都宝光寺、观音阁隆重举行。期间，在各位高僧大德的亲自教化下，通过传授三坛大戒（沙弥、沙弥尼戒，比丘、比丘尼戒，菩萨戒），来自全国27省、市、自治区的419名沙弥、沙弥尼都取得戒牒，成为一名真正的僧人。图为传戒法会全体参与者和宗教界人士在宝光寺山门前合影。

建筑文化　殿堂辉翰墨　禅悦共诗风

众生演绎从有相到无相的涅槃之路。据《法华经·妙庄严王本事品》记载：妙庄严王是华德菩萨的前身，本具慧根，但惑于外道婆罗门法，不能信奉佛法，幸得夫人和两个儿子襄助，终于入得佛门。妙庄严王的皈依之路，正是解脱种种幻象的迷障，从外道归于正途的道路。宝光寺以"妙庄严路"自许，体现了普度众生的慈怀。无相门匾下有联，曰："见闻随喜，吉祥殊胜地；究竟常乐，解脱涅槃门"，意即在这个吉祥之地的所见所闻、或行或止，无不是获得解脱通向极乐世界的法门。楹联与匾额相得益彰，传达了妙庄严路即涅槃之门的深意。而且就楹联艺术而言，此联也颇有可观，"随喜"与"常乐"均为佛家语，而用于对仗无论在意义还是在语词结构上都极为工整，可谓随手拈来，浑然天成。"见闻"因感官而得，"究竟"则是心智的历练，二者呼应，意味着只有身心合一的投入，才能真正觉悟佛法大义。"解脱"方可得"吉祥"，"涅槃"才能至胜境，上下联在形式对称之中又蕴含着意义的因果，咏之思之，回味无穷。

云峰寺新升任方丈前来拜访宝光寺。

宝光寺中门大开，钟鼓齐鸣，寺中僧众穿袍挞衣持具，举行仪式迎请来访大和尚。

山门起着关防内外的作用，故宝光寺山门殿对外显得较为封闭，中央三间正面的檐下砌砖墙，有门无窗。与对外的形象相反，对内却显得十分开敞，后檐下不设外墙，室内左右各设哼哈二将塑像，室内后部左右设明代新都暑人士杨廷和、杨升庵父子塑像。

【山门殿"宝相光明"匾】

　　山门殿是进入宝光寺的第一个室内空间，当中横梁上高悬一块长4.8米、宽1.4米的木匾，上刻"宝相光明"四个金字草书，用笔舒卷自如、气韵生动。字迹虽已凝定，其翩若惊鸿，矫若游龙之态，却是动感十足，气势非凡。此匾不设边框纹饰，形成一个简洁的开放性空间，这种布局与极尽腾挪跌宕之势的书法风格，正可谓相得益彰。这是入寺所见第一块匾额，具有举足轻重的意义。"宝相光明"一语是对佛的赞誉，是充盈博大的智慧由内向外而呈现的庄严气象，生出的光明境界。同时又巧妙嵌入"宝光"二字，意为来到宝光寺，就进入了一个佛光普照的澄明世界。

　　此匾为于右任所题，是他1943年游历宝光寺期间，为当时方丈妙轮大和尚所书，同时他还在宝光寺留下多幅书法作品，如录自《易·系辞》的草书轴、录自陆游《夏日杂咏》的草书对联"百折赴溪水，数峰当户云"。于右任早年书法从赵孟頫入手，后学魏碑，中年以后专攻草书，卓有成就，不仅书法造诣极高，且长期致力于历代草书的研究整理，以"易识、易写、准确、美丽"为原则，集成《标准草书》千字文，为草书的规范化和推广做出了前无古人的贡献，被誉为比肩于王羲之、颜真卿的"中国书法史上的三个里程碑之一"。

　　于右任出生于陕西，却与四川颇有渊源。其父于宝文长期在四川经商，于右任年幼时，常收到父亲从蜀地寄回的书籍。抗战期间，于右任居四川，对当地教育文化事业多有支持维护。他在宝光寺留下的墨迹，不仅是书法史上的财富，还是佛门与文人交游传统的见证，更如一颗璀璨之珠，折射出中华民族在战火蔓延、家国流离之际依然弦歌不辍、文脉不绝、信仰不摧的精神辉光。就是在抗战期间，宝光寺一边以"天下兴亡，匹夫有责；佛教兴亡，释子有责"（贯一法师《新都县宝光寺僧伽训练同学录序》）的责任感组织僧伽救护训练班，支援抗战；一边恢复宝光佛学院，弘扬佛法，养成人才。足见"宝相光明"并非空泛的赞语，而是对宝光寺僧众心怀天下苍生，矢志延泽教化的真实写照。

杨廷和塑像

杨升庵塑像

【杨廷和杨升庵父子像】

山门殿之内，左右两侧按例各设一尊金刚力士塑像，他们是佛教中的护法神，手执金刚杵，民间俗称为哼哈二将。

与众不同的是，这里还供奉着杨廷和、杨升庵父子的塑像。杨氏父子为地方贤达，素有民望，杨廷和官至内阁首辅，杨升庵于明正德六年（1511年）高中状元，任职翰林院，后与解缙、徐渭并称明代三大才子，至今民间还流传着少年杨升庵与宝光寺方丈机敏应对的趣事。方丈出上联戏谑，"小犬摇头嫌路窄"，小杨慎应声而对，"大鹏展翅恨天低"。方丈又示之以一幅仅绘有矮小松树的图画，调侃他身量未足，小杨慎当即在画上题写一诗："小小青松未出山，枝繁叶茂耐霜寒；如今尚可低头看，他日参天仰面难。"可谓捷才与大志兼具。杨升庵虽仕途多舛，流放云南37年，至死未获赦免，但在中国文学史上、在民众心目中却留下了盛名。其晚年所作《临江仙》一词脍炙人口，毛宗岗评刻《三国演义》时，特置此词于卷首，传唱至今。杨升庵在云南期间，足迹遍布昆明、大理、保山、建水等地，对当地的文化、民生发展有重要贡献，深受云南各族人民爱戴，今天，位于昆明西山的升庵祠还吸引着四方游客前来凭吊。杨家世居新都，桂湖即杨升庵故居，正德年间宝光寺重建，得杨氏父子大力捐资，二位的塑像被迎进山门，与金刚力士一道成为护法神像，可谓名副其实。宝光寺千年古刹，杨升庵才不世出，宝刹与名士在晨钟暮鼓中的相遇，恰是古城新都人杰地灵的最好诠释。

因对寺院和地方有重要贡献，俗家人士的塑像也供奉于寺内，这在中国寺庙中并不罕见。仅就宝光寺而言，杨氏父子也并非孤例，在藏经楼内，还供奉着祖德居士李会通的塑像，并刻碑记载他出资帮助宝光寺迎请《乾隆大藏经》、扩建寺院等功德。不论儒家佛家，也不论在家出家，凡襄助佛寺兴旺、佛法远播、惠及一方僧俗之举，都是善缘，而当事人得后世供奉礼敬、代代铭记，亦可见此地良风美俗之盛。

天王殿采用了敞厅的样式，前后通透，人们的视线也可以穿过天王殿隐约看到后面的宝光塔与七佛殿。天王殿前的庭院在中轴线空间序列中属于过渡部分，具有引导性，触发人们的心理预期，欲对隐身其后的宝光塔一窥全貌。

【天王殿】

　　天王殿是佛教寺院内的第一重佛殿，主供弥勒佛，通常在左右塑有四大天王像，背面塑有韦驮像，形成拱卫之势，故天王殿又称弥勒殿。在宝光寺建筑群中，山门殿、天王殿以及其间的庭院，构成入寺所见的第一个院落空间。为显出天王殿后面的宝光塔，这个空间的设计以开敞通透为重点。山门殿后檐下不设外墙，直接向庭院敞开，对面的天王殿前后亦不设外墙，与四川民居中的敞厅类似，而且采用了台基几乎与地面齐平的设计，以控制整个天王殿的高度。人们伫立于庭院，视线不仅可以越过屋脊看到宝光塔高耸的塔刹，亦可透过天王殿看到塔身和后面的七佛殿。

　　天王殿建于清同治二年（1863年），正中所悬匾额"一代禅宗"，则是1940年由当时四川军政要人邓锡侯所题。邓氏行楷颇有功力，笔墨温润，姿态挺拔。邓锡侯是四川营山人，早年从军，常驻四川，1932年四川军阀混战期间，曾入宝光寺以避刘文辉之杀机；1937年秋率川军出川抗日，任22集团军司令，在山西、鲁南一带作战；次年3月，所辖122师固守山东滕县，以惨重牺牲为台儿庄之役赢得战机，师长王铭章殉国。王铭章是新都人氏，归葬时，宝光寺参与了葬礼的承办。在今天桂湖公园之侧，有王铭章墓园。故乡的沃土，千年的佛辉，铭记着民族的忠魂。1949年邓锡侯率部起义，对川西一带免于干戈起到至关重要的作用，是苍生之福，或许当年邓氏与宝光寺的因缘，便是这一念之善的契机。

在天王殿内举行的佛教仪礼。

◀　清道光十九年（1839年）在新都桂湖
　　建升庵祠纪念杨廷和、杨升庵父子。

天王殿内所供弥勒像，佛龛联曰：何处此身容入座，与君相见有前缘。此时天王殿正进行拈香上普供的法事。

　　天王殿当心间檐柱上刻有清人戴时利所撰楹联："装成如许威严，不数木叉惠岸；参透个中秘密，依然拾得寒山"，意思是若论形貌威严，殿中的护法天王们自是当仁不让之选，若论对佛法义理的透彻了悟，那就要推拾得与寒山了。此联作为天王殿主联，很值得玩味。弥勒信仰本属净土信仰，最初天王殿亦多见于净土宗寺院，唐五代时，弥勒信仰为后起的禅宗接纳，禅宗并以布袋和尚为弥勒化身，为弥勒塑造了一个深受民间喜爱的形象。宋明以来，禅净双修、禅净合一渐成中国佛教主流，弥勒殿也随之进入大部分寺院。宝光寺是禅宗丛林，但寺中又有净土院，且"天台胜境"与"庐山遗迹"牌坊相对而立，于空间布局、文字符号之中，凝固着禅净两宗流衍分合的历史，呈示着佛门的博大雍容。但究竟禅宗是汉传佛教的象征，并因擅用诗偈、以诗通禅最得中国文人青睐，"诗禅相通"亦成为中国古典诗学的一个重要命题。寒山、拾得都是著名诗僧，与汉传佛教的天台宗颇有渊源，又纳入了儒、道思想，更是禅宗语录中的常客，禅宗的临济一脉受寒山、拾得影响尤大。他们又被尊为文殊、普贤的化身，因文殊是大智菩萨，普贤是大行菩萨，二人合称，在中国文人看来寄寓了智行合一的理想。戴时利撰写此联，借寒山、拾得有意推重禅宗，既属文人心态，也合宝光寺身份。后来，宝光寺在弥勒殿悬"一代禅宗"之匾，与此联相互发扬，正暗含对自身作为禅宗临济传人、作为禅林重镇的高度认同。戴、邓二人无意间越过光阴阻隔而得会心，恰向后人证明，寺院作为重要文化场所，建筑、诗文作为重要的文化符号，能经岁月之久、沧桑之变而具恒远的价值，传无尽的魅力。

【尊胜宝殿】

天王殿通常在弥勒佛身后设韦驮像，宝光寺却代之以尊胜经幢，故宝光寺天王殿又称"尊胜宝殿"，并有湘军名将周达武题写的同名匾额悬挂于天王殿内。

周达武为明皇室吉王朱见浚后裔，其宗族在明亡后为避祸改姓周。周达武因投身湘军、战功显赫而登上历史舞台，多任武职，为川贵甘提督，但其人工诗、善弓法，有《登嘉峪关》等诗篇留传于世，书学颜真卿，颇得其精髓，好与文人雅士结交，重教兴学，有儒将之风，体现了湘军文人治军的传统。其子朱剑凡（曾名周家纯）是中国现代教育的先驱，创办了著名的周南女校。在风雨如晦、变乱频仍的中国近现代，中华民族就是通过这样一代代相承而实现了对家国的维护，对文脉的坚守，也正如在宝光寺毁屡建的历史中，历代僧众为存亡继绝所付出的艰辛努力。尊胜幢初建于明永乐十一年（1413年），高约6米，原为露天而置，清同治年间天王殿建成后，将经幢覆盖于室内，并作了补修。现在所见经幢，可谓是明清两代工匠的合作，既见证了宝光寺的历史，也见证了中国工艺的传承与演变。

尊胜宝殿当心间石柱上刻有何鼎元所书楹联，是1863年天王殿落成、尊胜幢修复而作。"莲开净域，尊胜宝幢呈瑞彩；月照禅天，无垢佛塔放光明"，此联寓赞誉于写实，有四两拨千斤的功力。经幢底座刻有莲瓣图样，幢身呈八边柱形，上刻佛顶尊胜陀罗尼咒，佛教认为常念此咒，能消除一切业障，拔除一切污秽。从幢座到幢身，从莲瓣到经文，整个经幢在形态上就正像从莲花之中开出的一个清净世界。尊胜幢正对宝光塔，皓月当空，月光下的佛塔一尘不染、熠熠生辉。这都是写眼前所见。同时，此联也善用比喻，上联以莲花盛开于洁净之地来比喻经幢安放在宝光禅院正是适得其所，下联用月光普照来比喻佛塔为宝光禅院添彩生辉。如此，对澄明佛土的赞誉与向往之情，就完全融入触目所见的寺院实景之中，读来令人倍感自然亲切。同时又巧设比喻，经幢如莲，佛塔如月，用诗情画意渲染了这一塔一幢对于宝光寺的重要价值。

尊胜经幢，安放于天王殿弥勒佛龛之后。经幢由顶、身、座三部分构成，原建于明永乐年间，明末毁于战乱，仅残存幢顶和幢座，清同治二年（1863年）修补重建。

【宝光塔与太虚大师】

出了天王殿向北，就来到宝光塔下，宝光塔所在的庭院，是整座寺庙的交通枢纽，从这里继续往北，可至宝光寺中轴线上的主要殿宇及两厢，向东、向西则可至外围建筑。宝光塔位于庭院中心，塔高约23米，是全寺最高的建筑，又由于塔与周围建筑距离较近，立足庭院中任何地方，如要观看宝光塔全貌，皆须仰视，这就从视觉上增加了宝光塔的高大雄伟之感。在这庭院有多种多样的建筑类型，中央为塔，南北为殿，左右有牌坊，有钟楼、鼓楼。

寺中有塔，留存了中国早期佛寺建筑的遗风，这在今天已不多见，而宝光塔经过历代培修，本身也汇集了不同时代佛塔建筑的特征。宝光塔为方形密檐式砖塔，这种样式常见于唐代佛塔，以西安小雁塔为典型代表。全塔由基座（弥须座）、塔身、塔刹三部分构成。基座由三层石料砌成，但仅下层承载塔身，上层为后期培修时所加，仅具形式。塔身共十三层，第一层的高度远远大于其他各层，且上端几层收分显著，这种设计可使建筑更添巍峨挺拔之感，同时塔身的着色也颇有讲究，以红檐白墙与四周殿宇的灰色大屋顶相衬，分外醒目。塔身南面开券洞，券洞通向塔内的一个方形小室，小室上空层层叠涩，内置佛像一尊。塔身二层以上为实心设计，每面设有三个佛龛，内置小佛像一尊。佛塔出檐也采用叠涩式。从第七层往上，塔身向西北偏斜，斜而不倾，人称"东方斜塔"。相传在很久以前，宝光塔遇地震而摇摇欲坠，虔诚的佛教徒从四面八方赶来，倾力相护，此举感动了天帝，随即派遣四位天神分别从四周扶持，其中一个用力过猛，塔就从此向西倾斜了。在"5·12"大地震中，宝光塔塔身开裂变形，后采用传统的楔子斜面工艺成功修复。塔刹为喇嘛塔样式，当是清代培修时所加。塔外原有简易的砖石围栏，1993年改为十二边形的青石围栏，栏板上饰有反映佛教题材的精美浮雕。

▶ 朱雀衔铃，清风传声，历千年风雨而依然风姿秀挺的宝光佛塔，是"成都十景"之一。

宝光塔院是寺庙中的交通枢纽，向北可至寺院中最重要的建筑，向东、向西可至外围建筑群，庭院中央矗立着宝光寺的标志性建筑，也是全寺最高的建筑——宝光塔。宝光塔院中所营造的热烈氛围有助于调动起人们的宗教情感，从而达到寺院弘扬佛法的目的。宝光塔院属于中轴线空间序列中的高潮部分。

寺僧在宝光塔下点起佛灯，盏盏如莲，绽放光明。

宝光塔不仅是中国佛教建筑历史的一个缩影，而且也具有作为宗教建筑的实际功能，是供奉圣物之地，还是朝拜礼佛顺时针绕塔的场所。相传该塔是中土供奉释迦牟尼舍利的19座佛塔之一，故又称"佛祖真身舍利塔"。据清同治十一年（1872年）《重修宝光寺浮图记》所载："唐僖宗幸蜀，舍利放光，掘出石函，有如来舍利十三颗，莹澈明洞，不可方物，乃召悟达国师为建浮图高十三级，以精蓝名曰宝光。"太虚大师为宝光塔撰写的"寺镇牟尼青色宝，山飞舍利紫霞光"一联，就借用这个典故，既讲述了宝光寺的渊源，道出了宝光塔镇寺之宝的地位，又描绘了紫霞山的风华，还引发了对佛祖神迹的遐思与敬畏，可谓用语洗练又用意幽深。而且太虚大师运用"凤尾格"技巧，将"宝光"之名巧妙地嵌入对联之中，如信手拈来，毫无刻意为之的匠气，实为佛寺对联中的上品。

如果说宝光塔对宝光寺的建成、留传、兴旺起着至关重要的作用，那么宝光塔联的撰写人太虚大师则对中国佛教的海外传播和现代发展产生了深远影响。太虚大师1890年生于浙江海宁，俗名吕沛林，1904年出家，潜心佛学，又因应时变，心系民族命运，与清末革命党人往来，因作《吊黄花岗》一诗而被清政府下令缉捕。太虚还广泛涉猎了西方哲学、政治著作，并从苏曼殊学习英文。作为现代重要的佛教运动"人间佛教"的倡始人，太虚大师终生致力于推动佛教顺应时代发展，扩大中国佛教的世界影响力，以及发展佛学院以提升僧侣文化素养。1916年，太虚大师赴日本考察、讲学，1928年又远赴英、德、

1989年，宝光寺两序大众迎接台湾佛光山星云法师参访团一行。

法、荷、比、美诸国宣讲佛学，并在巴黎筹建世界佛学苑，开中国僧人跨越欧美弘传佛教之先河，抗战期间还访问了缅甸、印度、马来西亚等国，赢得国际佛教界对中国抗战的支持。太虚大师先后创办或主持过武昌佛学院、闽南佛学院、重庆汉藏教理院、西安巴利三藏院、北京佛教研究院，培养了大批佛学人才。太虚重视与文化名家交流，1918年在上海与章太炎等人成立"觉社"，并亲自主编《觉社丛书》，后改为《海潮音》月刊，是现代中国存续时间最长、影响最广泛的一份佛教刊物；在重庆开办汉藏教理院期间，曾聘请顾颉刚、钟敬文、郭沫若等学者为学僧授课，为佛学院开新学之风。曾任宝光寺方丈的遍能大师，20世纪30年代即追随太虚大师办学，在世界佛学苑汉藏教理院任讲师及教务主任，后亦积极推进新式佛学教育，先后开办过乌尤寺僧伽培训班和宝光寺僧伽学校。在遍能大师的长期努力下，立足于宝光佛学院的传统，四川省佛学院于1992年终在宝光寺成立，校牌即挂于宝光塔西南侧的"庐山遗迹"牌坊。临济宗第四十八代传人、台湾佛光山住持星云大师是"人间佛教"的主要继承者之一，以践行佛教人间化、现代化、国际化、制度化为志业，竭力推动、支持僧俗两界的教育文化事业，在国际佛教界、文化界享有盛誉，1989年来访宝光寺期间，对佛学教育尤表关切，殷切鼓励年轻僧侣坚定志向、弘扬佛法。据当时在宝光佛学院执教的智敏上师记载，"星云法师一行来宝光寺参观，对学校特别关注，全校师生与贵宾们于下午一时半，欢聚一堂，法师并作宝贵开示，鼓励学僧，树立坚定信心与道念，诚不愧为一代大师。"（《智敏上师书信二集·一六七》）

　　历经千年风雨而屹立不倒的宝光塔，是名副其实的"光明藏"，那凝聚的佛光不仅辉耀着宝光寺的过往，也化作代代相传的薪火照亮佛子的前路。

1921年春，宝光寺第十九代方丈贯一和尚（前排中）司常住班首执事合影。

遍能法师（二排右五）、清定法师（二排右六）、智敏法师（二排右七）与意寂法师（前排右三）等宝光寺僧伽学校首届学僧毕业合影。

东牌坊"天台胜景",位于宝光塔东侧,
其后是通往罗汉堂的红墙夹道。

【东、西牌坊】

在宝光塔东西两侧,对称地矗立着两座牌坊,东牌坊题为"天台胜境",始建于清咸丰二年(1852年),西牌坊题为"庐山遗迹",重建于1980年。两座牌坊形制相同,砖砌,中间高、两端低,上覆瓦顶,下辟券洞。这两座牌坊起到空间分割的作用,使相邻的院落相对独立,不致一览无余;同时又是重要的通道,穿过"庐山遗迹"可到达西部的莲社(后来重建于东侧净土院)、普同塔(亦是佛学院所在地),进入"天台胜境"沿红墙夹道则直通东部的罗汉堂。

"天台胜境"与"庐山遗迹"都来源于佛教东传的历史。前者指浙江天台山,那里本是天台宗的发源地,唐代以来禅宗也在这里有了很大发展,二者在争论与融合中形成你中有我、我中有你之势,天台宗祖庭国清寺也几度为禅宗所有。东牌坊以"天台胜境"为匾,意在追溯禅宗的这段历史,同时也以此作为通往罗汉堂的路标,因为传说中五百罗汉正是在天台山显化于人间。"即此是天台,像显阿罗五百;俨然真佛国,堂开法界三千",罗汉堂前的这副楹联,正好与此呼应。随着佛教在中国的传播,罗汉的身份发生了变化,他们不只是佛法的觉悟者,更是像菩萨一样的助人觉悟者,那么罗汉所在之处,也将是众生得点化超度之地,因而"天台胜境"匾下所镌对联"觉路满大千,众生共赴超尘界;法门唯不二,奕世同游选佛场",同样是在向人们预告罗汉堂已近在咫尺:大千世界无处不有成佛之路,而此地正是通向自觉觉人的不二法门,芸芸众生,世世代代,都可以由此而登天台胜境,赴佛国乐土。

举行绕塔礼佛仪式的寺僧正经过位于宝光塔西侧的"庐山遗迹"牌坊。

　　"庐山遗迹"典出中国净土宗始祖慧远大师。东晋时，慧远在庐山东林寺结社，以其造诣和名望聚集缁素两界文化名流在此修佛问学、吟诗悟道，因寺中有白莲池，故名"白莲社"，净土宗亦因此得名"莲宗"。宝光寺自清代以来，历代方丈大都禅净双修，清道光十八年（1838年），方丈妙胜禅师追慕慧远遗风，在寺后紫霞山西侧凿池种莲，建白莲社，从宝光塔院经西牌坊而入，原有夹道与莲池相通。因此西牌坊以"庐山遗迹"为匾，既标识出宝光寺有净土宗的传承，又是对寺院空间布局的一个说明。念佛是佛教修持的重要法门，传入中国以后，净土宗所主张的"称名念佛"逐渐盛行，并影响到其他宗派。禅宗自惠能以后，推崇自净其心，对念佛有所排斥，但经过唐末五代的延寿禅师对"禅净双修"的大力提倡，禅宗又开始重视念佛修持，并发展出禅净合一的念佛禅。因此念佛法门可谓是净土宗对于中国佛教的重要贡献，与之相应念佛也成为净土宗的一个代表性标志，西牌坊所题楹联"生死海中，念佛第一；人天路上，作福为先"正是以此立意，既点明了念佛对于佛家修持的重要性，又与"庐山遗迹"之匾相配，暗示着念佛与净土宗的渊源。清同治二年（1863年），妙胜禅师的弟子自信和尚，以西侧莲池地势太过局促之故，改建白莲社于东侧净土院中，在极乐堂后，念佛堂前。而"庐山遗迹"牌坊依然留在原地，保持与"天台胜景"牌坊相对而设的格局，借建筑的空间关系来传递宝光禅院不拘门墙、禅净双修的历史渊源。

　　包容性是中国佛教最突出的特征，不仅与世俗兼容，与儒、道兼容，其内部各宗各派之间也不存在森严的壁垒，而是在流衍分合中相互吸收，天台宗祖庭国清寺可以为禅宗所住持，禅宗祖庭南华寺在惠能之后也一度成为律宗寺庙，而宋代以来禅净双修更成为中国佛教的主流。有容乃大，佛教也因此在中国获得极大发展，并继续向周边传播，成为世界性宗教。宝光寺正是兼修各宗的中国佛寺的典型代表，行走其间，目光所接，那些古韵悠远的建筑器物、匾额楹联，历久弥新地向人们传递出博大的宗教情怀和文化风范。

【钟楼与鼓楼】

　　东西两庑分别与东西牌坊毗连，是两排各长约95米的"长屋"，向北一直延伸到藏经楼前。两庑是宝光寺僧众日常活动的主要场所，具有重要的实用性功能，分布于东庑的殿堂多与世俗事务相关，如客堂、斋堂、药师殿等，并可通往东方丈；分布于西庑的殿堂多与宗教事务相关，如云水堂、戒堂、禅堂、影堂（达摩殿）等，并可通往西方丈。同时，两庑在建筑上具有重要的空间布局功能，对称分布的两排长屋与藏经楼合围出一个很大的庭院，将寺院中最重要的两座殿宇七佛殿和大雄宝殿围护其中，并以自身朴素的风格、低平的高度反衬出中心殿堂的华丽高大，突出它们作为寺院主体建筑的地位。除此之外，两庑把外围的建筑和园林摒除于参拜者的视线之外，既保证了中心庭院作为重要佛事活动场所的庄重与严肃，也保证了寺院僧侣生活、修行空间的私密性。

　　钟楼与鼓楼分别是两庑的南端起点，与一般佛寺中所见的钟楼、鼓楼不同，它们并非独立的建筑物，下面两层与两庑融为一体，仅第三层突出于两庑之上，类似于两个阁楼，洪钟与巨鼓分别置于其中。钟楼建于1920年，鼓楼建于1921年，外形相似，都采用卷棚歇山顶，翼角飞翘。外立面上的木构件和门窗，设色以朱红为主，以明黄为点缀，在两庑青瓦屋顶的映衬下，色泽鲜明却又不失厚重。有趣的

宝光塔院中由于塔与周围建筑之间的距离较短，人们在庭院中的任何位置都需仰观才能览其全貌，宝光塔也因此更显高大。宝光塔院是中轴线空间序列中的高潮。这个庭院中的建筑类型很丰富，有塔、殿、牌坊、钟鼓楼等。

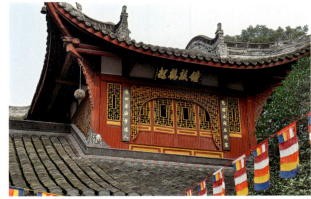

钟楼外观

鼓楼内景

宝光塔西侧的鼓楼。宝光寺钟楼、鼓楼都与两庑连为一体，有唐宋寺院楼阁式建筑的遗风。绿树掩映，古韵悠长，晨钟暮鼓之中，但见袈裟飘拂，仿佛这里的光阴从未曾流逝。

是，两个阁楼正面的窗罩分别设计为钟形和鼓形图案，让人一见而知各自的用途。

钟楼在东侧，以"钟敲鹤起"为匾，以"惊醒世间名利客，唤回苦海梦迷人"为联。鼓楼在西侧，以"鼓击龙飞"为匾，以"妙音能除三世苦，威震远澈九霄云"为联。以上匾额和楹联是对佛门钟声鼓鸣的经典描绘，这并非宝光寺独创，亦频频为其他佛寺采用，成都文殊院、济南千佛山、广州敬佛堂等寺院都有与之大同小异的楹联。由此可见钟鼓对于佛寺的重要性，不仅对寺院日常作息起提示作用，并形成一定的佛门仪规，更是重要的佛教法器，被注入教义，具有施行教化的作用，晨钟暮鼓如佛陀说法，可诫众进善，如西天梵音，可消祛尘世烦苦。中国佛教对钟鼓的重视，受本土礼乐文化的影响很大，早在商周时期，钟鼓就已广泛运用于祭祀、庆典、军阵、朝会等各种典礼，成为权柄与富贵的代名词，也成为礼乐教化的象征。唐代，钟鼓进入寺庙，元、明时期，形成了今天常见的钟楼、鼓楼相对而建的寺庙建筑格局。置身于宝光塔下，钟、鼓楼间，建筑上的飞檐筒瓦，仪规中的钟敲鼓击，匾额上的隶楷行草，楹联中的平仄对仗，甚至是想象中的龙飞鹤起，都以佛寺文化中无处不在的本土元素向我们证明，佛教的中国化固然体现于佛经的汉译，本土宗派的产生，固然体现于儒道释的大融合，却也意味着在林林总总的细节上与中国文化形成的双向渗透。

云水堂前。每一次经过，都触摸到佛法因缘的脉搏；每一声足音，都回应了先贤对后来者的启迪。

【客堂与云水堂】

佛法因交流传播而兴盛，由海纳百川得精深，僧人志在增进修持、弘传经义，行脚云游是其本分。法显、玄奘、鉴真……都是以其万里跋涉、上下求索而成为推动佛教发展的里程碑式人物。在宝光寺历史上，对寺院的建成、恢复、中兴、发展做出重要贡献的高僧如悟达、圆悟、笑宗、妙胜、自信、贯一、遍能等，他们的经历与事迹都说明这座千年古刹之所以能在时代沧桑中继往开来，正是得益于开放与交流。宝光寺因重视选贤云游而受益，也通过自身的开放推进了一方佛教事业的发展，"要坐香，到宝光"的口碑，就证实了这座禅宗大丛林既广接游僧又严守清规的淳厚寺风。

对于一座兴旺的佛寺来说，承担管理和外联事务、接纳挂单僧众的客堂、云水堂是重要的功能性建筑。宝光寺客堂、云水堂分别位于东西两庑，紧邻钟楼、鼓楼，大门对开，中间隔着宝光塔院。云水堂的入口为伽蓝殿，因为伽蓝菩萨是寺院的护持者，按照仪规，凡来挂单的僧人都须拜伽蓝菩萨，以示验明身份、接受考察。堂内供奉三尊伽蓝菩萨塑像，中间一位为波斯匿王，头上有三只眼，手中还握有一眼，以示明察秋毫。云水堂前悬挂一匾"从那里来"，似在配合伽蓝菩萨发问，直截了当而又不乏诙谐地道出了云水堂的职能，也提醒云游到此的僧众遵守挂单的仪规。云水堂廊柱上的楹联为时任宝光寺方丈的贯一法师所书，是对挂单僧人的告诫与勉励："翻来复去，钵吃千家，如不了道明心，踏破草鞋非谛当；朝南走北，身游万里，果能悬崖撒手，行参云水实悄然。"意思是说，托钵云游，走遍南北，只是修行的方式而不是目的，如不能心领神会参透个中道理，那么就算到过天下所有佛寺也是枉然，如能像悬崖撒手般消除一切执念，那么无论云游还是参禅，顿悟的境界都将不期而至。"悬崖撒手"一语本出自禅宗语录，意味着去我执才能有担当，放得下才会有所得，是修行顿悟最关键的一步。《景德传灯录》中有"直须悬崖撒手，自肯承当"，《禅宗无门关》又记载了慧开禅师的偈颂"剑刃上行，冰棱上走，不涉阶梯，悬崖撒手"。

客堂有匾题为"道这里入"，悬挂于堂内。客堂是寺院日常事务管理机构和接待外客的场所，往来者众，"道这里入"有延请和指引之意，作为客堂的标志，可谓恰如其分。汉语中的"道"既可解作"道路"，也可解作"道理"，因而此匾又暗含教化，意在说明寺庙是悟道的门径。然而这四个字所承载的哲思，还远不止如此。客堂与云水堂相对而设，为的是往来方便，宝光寺为之所设两匾，一东一西，既分别对应了两堂的功能，组合起来又正好配成一副流水对。在看似直白的一问一答之间，蕴含了无穷佛理。来处与去处，于天地造化意味着起源和趋势，于芸芸众生意味着生命的轮回，于灵台方寸意味着智慧的根由与用途。了悟来处与去处，是人类最大的智慧，上下五千年，东方与西方，宗教、哲学、艺术、科学，无不对此孜孜以求。"从来处来，往去处去",佛偈曾这样解答,教人顺应和放下,宝光寺以匾额设问答,把同样的深意化入对云水堂和客堂的解说描述之中,虚实相生,隐去了机锋的犀利,只现智慧的明澈与平和。

与匾额相配合,云水堂和客堂所设楹联,都意在点拨世人放下执念,前者为云游僧人指引参禅顿悟之道,后者更向芸芸众生解说何为解脱。"挑起一担,通身白汗阿谁识;放下两头,遍体清凉只自知",人生在世,就如负重前行,难免汗流浃背,惶恐不安,若自己放不下,任是神仙菩萨也爱莫能助,"两头"既指名与利,也指生与死,放下名利生死,有悬崖撒手的觉悟,自然也就消除了一切忧惧,从此了无挂碍,身心清凉。据考证,此联为清人张怀泗所撰,张氏因刚直不阿被罢官,退而优游经史,讲学授徒,不以名利之失为不遇,不因清贫生忧愤,人称"谈笑春风,精神秋月",可见"放下两头,遍体清凉"正是其切身感悟。

宝光寺匾额楹联的设置,大多颇具匠心,意在将语言文字、造像陈设、建筑功能、空间关系构筑为一个意义丰富的有机整体,使人们在云水堂与客堂之间的每一次往来,都仿佛在接受佛偈的启迪。这样的设计,巧妙地表达出禅宗将日常生活与参禅悟道合二为一的理念。

客堂的匾额"道这里入",既实指凡来宝光寺接洽办事,都需先经客堂安排导引,亦暗指寺庙是参禅悟道的门径。一语双关,妙不可言。

七佛殿因供奉七佛而得名。关于七佛的名号有不同说法，一般指释迦牟尼佛以及在他住世之前已出现的毗婆尸佛、尸弃佛、毗舍浮佛、拘留孙佛、拘那含牟尼佛、迦叶佛，故又称过去七佛。

七佛殿前的浮雕蟠龙石础，为唐王行宫遗物。王事已了，佛缘犹在。

【七佛殿】

从两庑回到中轴线，宝光塔北面正对七佛殿。设有七佛殿的寺院不多见，宝光寺的七佛殿是一座面阔五间，进深十三檩的殿堂，屋顶采用单檐歇山式。有前廊，居中三间上施卷棚天花，两稍间上施平棋天花。殿内中央三间作供佛、礼佛之用，上施平棋天花，两稍间作次要用途。殿中所供佛像，三尊居于明间中部，四尊居于次间后部，均为贴金站像，高度约一丈六尺，当是依据佛经"丈六金身"的说法而塑造。造像时充分考虑了仰望的透视原理，放大了头部比例，并使塑像整体略向前倾，人们立于佛像脚下礼拜，便只觉佛像面目庄严，身姿挺拔。明间后部塑有韦驮像，手持金刚杵，依例面朝北方，正对大雄宝殿供奉的释迦牟尼像。韦驮作为护法天神，一般供奉在天王殿弥勒菩萨之后，因大多数寺院都不设七佛殿，天王殿之后即为大雄宝殿，而宝光寺的大雄宝殿则在七佛殿之后，所以护法的韦驮也就搬入了七佛殿。

七佛殿建于清咸丰十一年（1861年），殿前檐柱下有两个浮雕盘龙石础，是唐僖宗所建行宫的遗物，称"僖宗遗础"。杨升庵曾有题咏：

唐帝行宫有露台，础莲几度换春苔。
军容再向蚕丛狩，王气遥从骆谷来。
万里山川神骏老，五更风雨杜鹃哀。
始知蜀道蒙尘驾，不及胡僧渡海杯。

当年帝驾蒙尘西狩，胡僧渡海而来，都经历了蜀道艰难，但一为权柄旁落，一为弘法传道，境界大有不同，更何况山川依旧，人事已改，僖宗行宫如今只遗石础，而佛寺却依然香火绵延，佛骨舍利更是受到历代崇奉。杨升庵之后，历史又翻过了无数篇章，宝光寺几度改建、扩建，石础已泯然于寺院建筑之中，唐皇行宫的遗迹，几已不为人知。

帝王将相的历史，难免风流总被雨打风吹去，而佛法智慧却能超越时空的辗转，生命的更替，以不同的法相重临世间。七佛殿即是对释迦牟尼之前诸佛的追溯和礼敬，殿堂上方悬挂"七佛宝殿"之匾，左右各辅以"法住正位"匾和"法苑重辉"匾，之所以作这般安置，正与此意有关。"法住正位"语出《法华经》，"是法住法位，世间相常住"，"法位"，即真如正位，意思是说法身无相，居于正位时是恒定不变的，但可以通过世间万物之相显现出来，虽万变亦不离其宗。"法苑重辉"是说七佛殿的落成，既使古老的宝光寺再次焕发光彩，又使过去七佛借世间相再度显现，光辉重临人间。

七佛殿所刻楹联，也多是对七佛的礼赞。刻于当心间廊柱上的"如来七佛，百千万劫超苦海；接引群生，二十四层拜诸天"，称颂七佛历经百千万劫的修炼终于得道成佛的行迹，以及他们度引众生超脱凡尘、上达天国的法力。此联为梅元珩在七佛殿落成时撰写，对仗颇为精妙。"七佛"对"群生"，"百千万劫"对"二十四层"，频频使用数字却毫无生硬之感；下联的"接引"，既作动词，意为引导，是称颂七佛普度众生的慈悲，同时接引佛又是阿弥陀佛的别称，成佛在释迦牟尼之前，以"接引"对"如来"，在词性和词义上都十分工稳。刻于当心间檐柱上的"见几而作，作者七人，志同道同，大家息心静养；相与为善，善哉一体，先圣后圣，各自努力前行"，采用了"顶针格"的对联技巧，富于巧思，意思是说七佛成佛虽有先后，但有着共同的理念和志业，静心修为，洞察世事，为的是把握恰当的时机而有所作为，为善人间。在七佛殿内，正中所塑三尊佛像的佛龛上，有妙轮法师任方丈时主持书刻的一副对联："各得憍陈迦叶，瞿昙增上生，如来种、法尔等流，调伏有情，无别异理；悉说清静律仪，禅定解脱道，不坏身、巍然离垢，灭除结使，为世间尊"，此联的特点是运用了大量佛教典故，因此仅用52字，不仅讲述了释迦牟尼传授弟子，普度众生的历史，也讲述了七佛宣讲律仪，引导众生脱离污垢，解除烦忧，修道成佛的业绩，更在对七佛的称颂中暗含着对佛法历劫而精进的信念。此联因密集用典而语意晦涩，对读者的佛学修养有较高要求，熟悉佛经者，方能从简略的文字领会丰富的意蕴，佛缘深厚者，或能有所触发，进而悟出宝光寺设七佛殿的深意。

七佛殿内景

【大雄宝殿】

大雄宝殿供奉释迦牟尼，是寺院建筑群的核心部分，也是承担寺院最主要宗教功能的场所，僧众早晚课诵和重要法会都在这里举行。今天所见的宝光寺大雄宝殿兴建于清咸丰八年（1858年），于次年完工。单檐歇山顶，面阔五间，进深十五檩，全殿共用36根石柱支撑，占地七百多平方米，开阔大气，台基高约1米，将整座殿宇从地平面高高抬起，更添雄伟庄严之势。有前廊，上施卷棚天花。前檐柱间施木勾栏，仅明间有木栏门，前廊两端有砖券洞，同样设栏门。大殿内外墙壁均着白色，与深色的木构件形成鲜明对比。殿内五间不设隔墙，一气贯通，空间开敞，上施平棋天花。明间中部设佛龛，龛中供释迦牟尼佛说法像，为泥塑贴金坐像，迦叶、阿难侍立两侧。明间后端供阿弥陀佛像，坐南朝北，手托莲花。

大雄宝殿在咸丰年间重建落成，在宝光寺的历史上意义重大，其中妙胜禅师为功最高。妙胜禅师于1833年从北京迎请三藏全经回寺，同时还带回了御赐优昙花和半幅銮驾，1838年建普同塔、莲社，1840年重建禅堂（大澈堂），1849~1851年修缮藏经楼，兴建东、西方丈和罗汉堂，1858年着手重建七佛殿和大雄宝殿。这些建筑的再造基本奠定了今天宝光寺的建筑格局，妙胜禅师对宝光寺确有再造之功。

大雄宝殿的匾额，在用色上与众不同。其他殿堂所悬挂的匾额多为黑底金字，色泽沉郁肃穆，而大殿檐下居中悬挂的"大雄宝殿"为金底蓝字，金底遍布凸出的龙凤行云纹饰，凤纹隐现于舒卷连绵的云朵之中，龙纹浮沉在翻涌起伏的波涛之间，雕工精细，铺陈出磅礴而舒展的气势；蓝字为凹刻楷书，运笔沉稳而色泽明快，极具清润雍容的风范。此匾由楠木制成，宽5.33米，高1.87米，是全寺最大的匾额，是武官濮诒孙所制，在大殿落成时为妙胜禅师所立。大殿廊下还有一居中而设的白底蓝字长匾，上书"南无释迦牟尼佛"，亦为楷书。殿前正中的这两块匾额，以其醒目的用色突出了大雄宝殿作为寺院主殿的地位，而其温润敦厚的书法又对色彩起到了调和作用，使整座建筑既显富丽堂皇又不失沉稳庄重。

宝光寺匾额众多，除了作为名称标识的匾额，最常见的是赞誉匾，这种格局在大雄宝殿尤为突出。除居中两匾外，大雄宝殿悬挂在殿前殿后的匾额均为赞誉匾，大多为僧俗两界所赠，或为祝贺新任方丈升座，或为立坛传戒的法事志喜，或是表达对宝光寺的礼敬，这些匾额不仅反映出宝光寺的地位，也记载了寺院与世俗社会之间以及寺院之间交往的历史。这些匾额或借用佛教掌故，或直抒胸臆，寄寓了对宝光寺的尊崇与推重，前者如"金粟前身""量周沙界""波腾行海""道重寒山"等，后

除夕夜，意寂大和尚为众生撞钟祈福。

者如"法从斯仰""道有本源""光明世界""极乐圣域"等。其中尤为值得一提的是"量周沙界"匾，为新繁龙藏寺雪堂和尚所书赠，时在1863年仲夏。该匾字体饱满端凝而笔势舒缓圆融，集庄重与洒脱为一体。雪堂20岁受戒于宝光寺妙胜禅师座下，31岁任龙藏寺方丈，成一代名僧，不仅佛学修为高深，且喜与文人交游，有很高的艺术造诣，其诗文书法堪称佛苑一绝。"量周沙界"语出佛典，意为佛陀的心量广大无边，能够包容多如恒河沙数的大千世界。这是对佛家精髓最为生动形象的解说，也是对释迦牟尼佛的最好礼赞。

晴云慧日之下的大雄宝殿，鼎炉无户，佛香有意，袅袅升腾，与天相接。

【何元普名联】

"世外人法无定法，然后知非法法也；天下事了犹未了，何妨以不了了之。"这副广为流传的名联，刻于大雄宝殿当心间檐柱，是清末楹联名家何元普为宝光寺所撰，时在1888年秋。

"世外人"一语双关，既指佛门中人，也指那些比世人通透、能够超越凡俗之见的智者贤人。他们的行事为人并无一定之规，更不会拘泥于世俗所谓的天经地义，懂得这些人的高明之处，就知道随机应变不固守法则才是最高法则。天下一切事物都处于变化之中，前一事物的结局往往成为后一事物的起因，既如此，事无大小都不必执着于结果，不必强施人力，而不妨顺应事物本身的发展演化。此联看似出语玄妙，其实无非劝导世人消除一切执念，这本是最基本的佛家教义，早就广为人知，已近乎老生常谈，但何元普自有其独到之处。通常人们所理解的去除我执，往往是从消除自身的欲望开始，而何氏的"法无定法""非法法也"却是从解除一切既定法则给人造成的限制和束缚出发，使去除我执最终导向身体、头脑、心灵的全面自由；"了犹未了""不了了之"更是通过对世界的深刻洞察，说明人力的有限性，试图将人从对自我与世界的强求中解脱出来，使去除我执最终导向对人对己的宽容，对事对物的通达。如此，对消除执念的认同，就不止是感性的皈依，也合乎理性的判断，不止是发扬佛家教义，也是对智慧的启迪。其中所蕴含的对自由精神和通达境界的追求，对法与非法、了与未了的辩证思考，可谓是佛学与本土文化资源在相互磨砺中迸射出的思想火花。

何元普是四川金堂人，本是文官，亦有武略，1860年英法联军入侵北京时，以户部郎中身份从戎，得"戎马书生"之美誉。后虽有左宗棠一再赏识提拔，但因不敛锋芒，两次开罪于上司，愤然还乡。第二次回川后，便不再入仕，以著述终老，擅长诗文、书法、楹联，有《麓生诗文集》《静斋新集》《静斋手书楹帖》传世。何元普雅好佛学禅理，常与高僧往来，雪堂和尚就是其知交好友，他还遍访山林名刹，在全国多处寺庙留下了楹联，仅宝光一寺，何元普所撰楹联就有5副之多。大雄宝殿一联对禅理有独得之见，把宗

▶ 佛门内外，只在一槛之间，有形之槛易过，无形之槛难迈。释家真义，无内外，无定法，无始终，执念一去，灵台顿时清明，有槛也如无槛，无处不是门径。

大雄宝殿内的奉佛仪式。释祖传慧光，佛灯销永夜。

教信念与人生哲理融为一体，沟通了佛门修为与自由宽容精神，可谓禅宗文人化的一个生动展示，说明对中国佛教做出贡献的并非只有宗教界人士，深受儒、道思想熏陶的知识分子也是重要力量。不仅如此，此联在楹联艺术上也有很高造诣，上联出自偈语"法本法无法，无法法亦法，今付无法时，法法何曾法"，相传是释迦牟尼向弟子迦叶传法时所说，相关记载见于《景德传灯录·卷一》，何氏化用此偈十分自然，语意也更为明白晓畅，作为大雄宝殿正门的居中楹联，尤为贴切。下联以"了犹未了"对"法无定法"，"不了了之"对"非法法也"，不仅文字工稳，音韵铿锵，而且上下联都包含着对事物之运动变化规律的辩证思考，两相呼应，更显意味深长。同时，将略带贬义的俗语"不了了之"反其意而用之，读来既在意料之外，思之又在情理之中，有新颖之意而无牵强之感，确是大家风范。此联又见于河南登封少林寺客堂，仅字句稍有出入，可见其流传广泛。

每晨昏霜禍著衣諷誦諸經秘典永祝皇圖鞏固帝

道遷呂畫寰區黎庶共戴堯天舜日

咸豐己未歲仲春月

【《多宝塔碑》集句联】

大雄宝殿邻间廊柱刻有一副集《多宝塔碑》文句而成的楹联，"宏开示之宗，大海吞流，崇山纳壤；契圆常之理，慧镜无垢，慈灯照微"。此联为宦游入蜀、官至四川布政使的孙治所撰，孙氏工诗善画，书法更是自成一家。孙氏旧宅人称"孙家花园"，即今四川省文联所在地。

《多宝塔碑》全称《大唐西京千福寺多宝塔感应碑文》，是为楚金禅师建千福寺多宝佛塔而作，由岑勋撰文，颜真卿书写，徐浩题额，史华刊石，于唐天宝十一年（752年）立碑，后因颜真卿之故在书法史上享有盛名，现存西安碑林。千福寺兴建于唐天宝元年（742年），据乾隆时期的《兴平县志》所绘千福寺图，可见多宝佛塔位于寺中天王殿与大雄宝殿之间，大雄宝殿之后为藏经楼。其格局亦为"寺塔一体"，与宝光寺大体一致，可惜千福寺与多宝塔都在同治元年（1862年）毁于回变。而就在这一年，宝光寺的一系列重建修缮已臻于完成，当时的建筑大多保存至今，对比思之，宝光寺幸甚，新都幸甚。

集句是一种风雅的文字游戏，也不乏艺术创造性。具体方法是从前人诗文中摘选句子，重新组合成就新章，主要用于作诗和撰联。集句对于学识和才情都有较高要求，若运用得当，可得佳作，甚至可收"青出于蓝而胜于蓝"之功。宝光寺大雄宝殿的集句联就称得上是这样的佳作，撰联人孙治从碑文中摘出颂扬诸位禅师功绩的文句"共宏开示之宗，尽契圆常之理"，稍作剪裁之后，移用于对释迦牟尼的颂赞，再摘出"大海吞流，崇山纳壤"用于描绘"宏开示之宗"的宏阔气势，摘出"慧镜无垢，慈灯照微"用以形容"契圆常之理"的明察幽微，营造出鲜明的画面感，语意的承接天衣无缝，用作大雄宝殿的楹联更是恰到好处，妥帖自然。

【大雄宝殿长联】

"每晨昏，众衲著衣，讽诵诸经秘典，永祝皇图巩固，帝道遐昌，尽环区黎庶，共戴尧天舜日；凡节腊，群生敷席，称礼万德洪名，惟期佛曜恒辉，法轮常转，俾色界迷流，咸沾慧露慈风"，此联共68字，是大雄宝殿最长的一副楹联，刻于尽间廊柱，为我们描绘了一轴生动的宗教生活画面。每一个清晨和黄昏，众僧都身披袈裟，在这里念经诵典，这是寺院修行礼佛的常规仪式，也是对国家安定昌盛、百姓安居乐业的祈愿；每一个节庆和腊祭之日，这里都要举行盛大法会，铺起草席蒲团，供僧俗大众叩首礼拜、诵经祈祷，祝愿普照的佛辉永放光明，正法的金轮运转不息，使那些还被虚幻的形色所迷惑的众生，都能沐浴佛陀的智慧与慈悲而得解悟。撰联人把对佛法的颂赞，对王道的礼敬，对黎民的关怀都融入对佛事活动的叙述铺陈之中，既通过写实来体现宝光寺对内严持仪规、勤勉修行，对外广施教化、弘扬佛法的优良寺风，又礼赞了佛门与世俗政权、民间社会和谐共处，同造海清河晏之清明盛世的善业。上联以"尧天舜日"代表的儒家理想，与下联用"慧露慈风"代表的佛国福音相对，恰到好处地利用对联的并置形式，暗示儒家与佛教的并存融合，正是以双方对普世价值的认同和践行为基础。

此联的撰写者已不可考，其书法出自本地名流魏超儒，时在清咸丰九年（1859年），当是为祝贺大雄宝殿重建落成而书。魏氏为新都望族，魏超儒一辈兄弟四人都出仕为官，属地方显达。选用这样一副歌功颂德、左右逢源的楹联作为贺仪，正符合其身份和情趣。然而，这副对联本身，似不应只看作客套话，它以生动的描述，渊雅的措辞，把佛教与中国社会深度融合的过程浓缩于方寸之间。通常，只有本土社会的各个层面和各个阶层都能有所接受、有所参与，一种外来的宗教才能真正实现本土化。民间社会从佛教得到信仰和抚慰，世俗权力从佛教获取支持和襄助，知识阶层从中吸纳知识并发展思想学说。在佛教东传的过程中，它与中国社会的磨合适应正是在这样三个层面上交错展开，共同推进。

20世纪90年代，江西萍乡宝积寺在衰败近半个世纪之后重建，住持怀善法师为之手书楹联，也选用了这一副名作，仅对上联作了少许改动以适应新的时代，"每晨昏，众衲著衣，讽诵诸经秘典，永祝国基巩固，治道遐昌，尽环区黎庶，共戴尧天舜日"。此外，江苏高邮护国寺大雄宝殿有联曰"凡节腊，群生敷席，称礼万德洪名，佛光普照利有情；每晨昏，衲众著衣，讽诵诸经秘典，祝愿世界永和平"，显然也是在此联基础上进行的改写。凡此种种，皆可见宝光寺楹联在佛教界的影响，亦可见无论世事变迁，时空辗转，中国佛教始终把修行传教、昌明佛法的目的指向人间安稳，苍生安宁。

◀ 从红尘中转身，便是清凉世界。然而佛理幽邃，大智慧，大解脱，非慧根者不能至，非慈悲者不能至，非晨昏讽诵者亦不能至。

【阿弥陀佛龛联】

佛教中有"横三世佛"和"竖三世佛"的说法,"横三世佛"指居于不同空间中的三位佛,释迦牟尼佛居中间娑婆世界(即我们所在的这个世界),阿弥陀佛居西方极乐世界,药师佛居东方净琉璃世界;"竖三世佛"即处于不同时间中的过去燃灯佛、现在释迦牟尼和未来弥勒佛。大雄宝殿一般供奉"横三世佛",释迦牟尼佛居中,药师佛居左,阿弥陀佛居右。宝光寺大雄宝殿释迦牟尼佛左右分别为迦叶尊者和阿难尊者,设阿弥陀佛像于释迦牟尼佛像之后,面北而立。在阿弥陀佛龛两侧,刻有程祖润撰写的对联"退一步,看利海名场,奔走出许多魑魅;在这里,听晨钟暮鼓,打破了无限机关"。程祖润是江苏丹徒人,书学颜真卿而有自家面目,1847年宦游入川,与时任四川学政的何绍基时常谈书论文,交往深厚,宝光寺有程祖润所书楹联多副。

阿弥陀佛龛一联为程氏自拟,不拘泥于格律,用口语入联,虽平仄不谐,但语言生动诙谐,明白晓畅,极具感染力。上联说,一旦从名利场中抽身而出,就能看出奔走其间的人们或因利欲熏心或为声名所累而显出种种丑态,形同鬼魅。此语犀利,如当头棒喝,使人悚然而惊:若不能淡看名利退步抽身,我们每个人都是其中一员吗?下联紧接着提供救赎之途:投身清净之地,在佛门晨钟暮鼓的感召之下,就能逐渐打破重重机关,走出迷途,得到阿弥陀佛的接引去向极乐世界。上下联形成强烈反差,以佛土的一派清净祥和反衬尘世的污秽纷扰,在劝导世人抛弃名缰利锁,从佛法教义中获得精神归宿的背后,撰联人对现实的不满和嘲讽也跃然笔端,隐隐流露出愤激情绪。传统知识分子中,好学佛理,好游寺院,好交高僧者大有人在,固然因为佛学所蕴含的真知灼见自有其思想魅力,但佛教为文人士大夫批评现实提供了一种有效资源,也不能不说是一个重要原因。

【斋堂与粮仓】

斋堂和粮仓位于大雄宝殿东侧,属于东庑的一部分。

斋堂是寺中僧人集体用餐之处,因而空间较大,面阔七间,进深十二檩。明间中央留出一个通道,通道后端设一套桌椅,供方丈专用,通道两侧一排排长桌长凳整齐摆放,供众僧用餐。堂外悬挂着一个巨大的木鱼,寺中通知僧人用斋,就以敲击木鱼为讯号。这个木鱼的朝向,和韦驮降魔杵的位置一样,都是有讲究的,宝光寺为选贤丛林大寺,可以接纳云游僧人挂单,故鱼头朝外;若鱼头朝内,就说明这里是子孙庙,无力接受挂单;若木鱼头尾横向摆放,则说明这里只能部分接受挂单。

善观者,一饮一啄,
莫不是修行悟道。

按佛门"食存五观"的规矩，僧人用斋时要反思或铭记五件事情：一为"计功多少，量彼来处"，要清楚自己为这碗斋饭做了多少功德，要思量一米一粟皆来之不易；二为"自忖德行，全缺应供"，要反思自己的德行，是否受得起这餐饭食的供养；三为"防心离过，贪等为宗"，要防范和远离过失，戒除口腹贪欲；四为"正事良药，为疗形枯"，对待食物的正确态度，应该是视之为疗饥的良药；五为"为成道业，应受此食"，为了修成道业，需要维持基本的生存需求，这才是用斋的目的。因此，斋堂又名五观堂，意在警示僧众不要摄取超出基本需求之外的斋食，要有配得上自己所受供养的德行修为。

五观堂前的楹联，也有同样的训诫之意："试问世间人，有几个知道饭是米煮；请看座上佛，亦不过认得田自心来"。世人对于盘中餐饭，往往因司空见惯而忽略其珍贵，殊不知一米一粟都既需造物仁慈的馈赠又经春种秋收的辛劳才能得来，岂容暴殄天物？而佛祖之所以智慧慈悲，恰恰是因为参透了这个真谛——一切物质或非物质的收获都根源于内心对万物的珍惜与善念。有善念才能种福田，才能得造化之助而获取我们在世间生存的种种所需。上联是对"谁知盘中餐，粒粒皆辛苦"的转述，看似平常，但与下联结合起来看，则别出新意：从饭是米煮，依次推出米自谷来，谷自田来，田自心来，使人悟出佛教善恶皆由心种的"心田"观念，然后通过对"世间人"与"座上佛"的对比，指引人们如何在一饮一啄中修行求道，见贤思齐。

五观堂曾遭火灾，1920年重建完成，张凤篪此联即为此而撰。张氏为广东顺德人，清光绪二十九年（1903年）上任四川冕宁知县，晚年寓居新都，与宝光寺方丈无穷和尚、贯一和尚常相往来。被火烧之前的五观堂内，曾挂有新都知县杨道南的《清晨游宝光寺值众僧早斋初毕有感而作》一诗：

生涯清苦亦何妨，弥勒虚持大米囊。
睡起腹饥听粥鼓，屐声无数上斋堂。
大锅煮饭饭尤香，不比三间半破锗。
多少贫人未举火，早斋和尚已充肠。
二十年来乞此方，无田无土又无庄。
前身亦为修行懒，罚到新都乞口粮。

诗人感叹道，寺中修行生活虽然清苦，但每日有果腹之粥，足以令多少贫人羡慕。该诗笔调幽默，但表达的仍然是对一粥一饭的感恩和珍视。五观堂复建后，又重刻了这一诗匾挂于堂内，与堂前楹联相映成趣。

对粮食的珍惜也体现在粮仓的设计上。宝光寺粮仓建于清乾隆年间，即寺院库房的东端部分。库房是一座相对独立的四合院，以一条幽静小巷与东方丈问本堂相通。粮仓共两层六间，底层和二层都有前廊。底层地面架空，以隔绝潮气，二层的室内部分采用了双层楼板，两层楼板之间向外开有若干通气孔。可见粮仓修建十分重视储粮空间的通风干燥问题。外墙用板壁，其中有些部分可拆卸，以方便搬运粮食。古代寺院中所储藏的粮食不仅供僧人日常所需，还承担着社会救济的责任，宝光寺的粮仓也不例外。宝光寺粮仓至今保存完好，这在全国寺院中已不多见。

食存五观，不多取一毫一厘；藏而不私，唯求物尽其用，这是宝光寺斋堂和粮仓向我们呈现出的物质观。在奢风日盛以致地球不堪重负，人心不堪纷扰的今日，更见佛家智慧的远见明察。

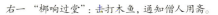
右一　"梆响过堂"：击打木鱼，通知僧人用斋。
右二　圣僧师开梆、打叏典、出食。
右三　早课毕，僧人用早斋时念供养咒。
右四　受戒礼仪中的"十师供"。

【戒堂】

　　戒堂位于大雄宝殿西侧，重建于清光绪十三年（1887年），由前堂、正堂、两厢构成。前堂属于西庑的一部分，面阔五间，进深十檩，堂前上方悬挂有题为"宣律戒堂"的匾额。正堂和两厢紧邻前堂而建，围出一个相对独立的四合院，正堂为悬山顶，面阔五间，进深十三檩，堂内正中设壁龛，供奉着释迦牟尼十大弟子中"持律第一"的优波离尊者像，两旁有禅榻，为沙弥受戒居住的地方。

　　"宣律戒堂"匾额长2.4米，宽1.1米，系楠木材质，金字黑底，边无杂饰，上款题"嘉庆四年己未（1799年）春日"，下款落名"主席佛德立"，是当时宝光寺方丈佛德和尚自题匾额，悬挂在这里已经两百多年了。匾上文字的贴金已褪色发白，被岁月洗尽铅华，而点撇钩竖，行文走笔中流露的风范，依然肃穆端方。匾中四字为颜体楷书，题款字为行书，错落对照，更见用笔的轻重合宜，法度谨严，亦使整体布局于简洁利落中呈现出不疾不徐、张弛有度的节奏感。"宣律戒堂"为堂号匾，意思是说这里是宣讲律学、设坛传戒之地。最初，传戒只在律宗寺院举行，戒堂也只设在律宗寺院之中，元明以来，佛教各宗相互融合，寺院布局也发生了相应的变化，律宗的戒堂、净土宗的念佛堂和禅堂一起出现在禅宗寺院之中。传戒法事不再受限于宗派，而成为寺院等级的标志。沙弥戒、比丘戒、菩萨戒合称"三坛大戒"，对出家人而言，能接受此戒，就意味着修行精进并得正式认可，对寺院而言，能传授此戒，则是其佛门地位、寺院规格的标志。当时的宝光寺即已具备传授三坛大戒的资格，奠定了其作为川西平原大丛林的地位。佛德的戒堂匾，可谓是宝光寺佛法之盛的见证，同时也彰显了宝光寺高僧的书法造诣，此后更有贯一所书钟、鼓楼匾，影堂匾，意寂为文物精品馆法器厅所书"摩尼藏"匾，传承着禅林代代翰墨生香的雅意。

　　前堂之内，挂有篆书匾"离垢地"，是戒堂重建时成绵龙茂道（清嘉庆时，在省、府之间设道，成绵龙茂道下辖成都、龙安二府，绵州、茂州二州，松潘、理番、懋功三厅）武官丁士彬所题，颇得唐人李阳冰小篆圆淳瘦劲之神韵。"离垢地"为佛教术语，是菩萨修行十境界中的第二位，入于此地，就须守清净戒行，又因此地具足三聚净戒（摄律仪戒、摄善法戒、摄众生戒），故也称"具戒地"。此匾与堂号匾一里一外，相互呼应，是对戒堂之职责与功能的解说。前堂为前后均设大门的过厅，"离垢地"匾额悬于堂内门楣之上，门向内中院落而开，院中绿荫离离，天光澹澹，与清俊秀逸的"离垢地"三字掩映，使人顿生身心清凉之感，果然是一个无垢无尘的所在。

　　戒堂的正堂上方悬挂着"万寿戒坛"匾额，根据其题款"光绪丁亥（1887年）夏月谷旦，慈心和尚新建戒坛落成志喜，前建昌道署按察使黄云鹄书。昭觉寺圆钦、文殊院法基、草堂寺心泰、罗汉寺仁智、龙藏寺融琢、太平寺法树"，可知是戒坛落成时僧俗两界共赠的贺匾。黄云鹄是清末著名的经学家、文学家、书法家，湖北蕲春人，黄庭坚第17世孙，咸丰三年（1853年）进士，宦游四川30多年，著名的《粥谱》《广粥谱》就是他在川期间写成的。黄云鹄为官清廉，有"黄青天"美誉，因得罪权贵，光绪十六年（1890年）辞官返乡，讲学于江汉书院。黄门家学渊源，其子黄侃亦为一代文史名家。

　　此外，戒堂还挂有"声教及此""香溢曹溪"等赞誉匾，两匾均借佛教典故来称颂宝光寺的成就。"声教及此"事见《佛教西来玄化应运略录》："周昭王二十四年甲寅岁四月八日。有光来照殿前。王问太史苏由。对曰。西方当有大圣人生。后一千年教流此土。至后汉孝明帝永平七年正月十五日。帝夜梦金人身长丈六。赫奕如日。来诣殿前曰。声教流传此土。帝旦集群臣令占所梦。时通人傅毅对曰。臣览周书异记云。西方有大圣人出世。灭后千载当有声教流传此土。陛下所梦将必是乎。帝遂遣王遵等一十八人。西访佛法至月氏国。遇摩腾竺法兰二菩萨。将白氎上画释迦像及四十二章经一卷载以白马。同回洛阳。时永平十年丁卯十二月三十日也。"（《乾隆大藏经·佛说四十二章经》）匾题"声教及此"，意在颂赞宝光寺正是佛祖声威教化的显现之地。"香溢曹溪"与禅宗的历史相关。曹溪，在今广东韶关，因六祖惠能在曹溪宝林寺（后称南华寺）弘法37年，此寺遂成为"南禅"祖庭，曹溪亦成为"南禅"别号。匾题"香溢曹溪"，意在推崇宝光寺对佛教的贡献可比肩于南华寺。

◀　绿荫离离，天光澹澹，果然是一个无垢无尘的清凉之地。
　　门内有门，境外有境，修为深处，屏障自然次第而开。

禅堂是参禅打坐的场所,可谓禅宗寺院的重地,一般位于寺院中心偏西的静僻处,坐西向东,常用帘幕掩门,通常情况下是不对外开放的。

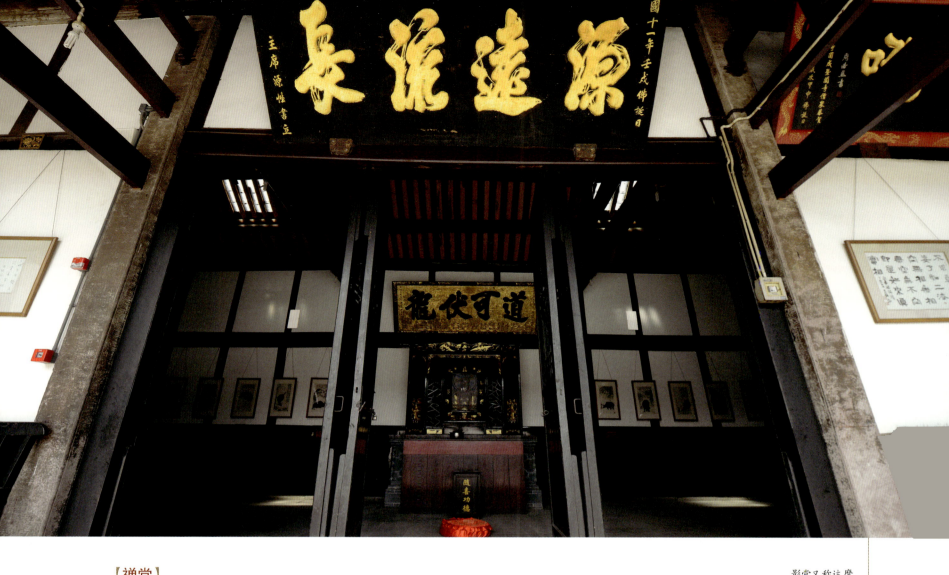

【禅堂】

宝光寺禅堂所在的四合院，也在大雄宝殿西侧，与相邻的戒堂有巷道相通。院中正堂即为禅堂，屋顶为悬山顶，面阔五间，进深十三檩，正面留出前廊。禅堂陈设极为简单，仅中央供药师佛坐像，四周靠墙处设连续的木禅榻，靠后壁处有一小龛，为方丈坐禅之处。这样的布置，也是为了帮助僧人在参禅打坐时敛心静气。

禅堂又名"大澈堂"，是天下寺的通例。据《禅林宝训·顺矢卷一》所说："所以修理自心，当汲汲孜孜，惟求大彻。若大彻悟的人，则神志调和，气息恬静，容貌恭谨，色相端庄。"宝光寺禅堂前所悬挂的"大澈堂"匾额，是禅堂建成时捐资人李会通所立。该匾黑底金字，以行书书写，凹刻。稍稍留意，便会发现"堂"字无"口'，这也是佛门惯例，为的是呼应禅堂禁语的戒仪。但通过删减笔画来体现禁忌，则是从世俗文化中学来的。从一块小小的匾额上，我们可以看到坐禅的规约和修行的宗旨，可以看到宝光寺中兴的历史，以及僧俗两界对这座千年古寺的齐心维护，还可以看到佛教与本土文化的交融，诚如古人所说"以匾研史，可当佐证"。

【影堂】

步出禅堂，就绕到了大雄宝殿后侧，北面可见藏经楼巍峨地矗立在中轴线上，以之为坐标，东侧为祖堂（1947年迁建于东方丈东侧的笑宗禅师塔院，现供奉药师佛，更名药师殿）；西侧是影堂，属于西庑的一部分，与禅堂毗邻。影堂正中供有菩提达摩，故也称达摩殿。菩提达摩是西天二十八祖，中国禅宗初祖，南朝梁武帝时，经海路从印度来到中国，传禅法于慧可，于是禅宗得以在中土流传，经慧可而至僧璨、道信、弘忍、惠能，是为禅宗六祖，故中国禅宗又称"达摩宗"。以前，影堂中曾挂有禅宗历代祖师的画像，每逢清明、冬至都会在这里举行法会祭祀。现在影堂前的匾额和楹联还保持着原样。

影堂以"源远流长"为正匾，意在盛赞禅宗历史悠远，代有传人。影堂正匾为厚重的行书，是宝光寺贯一和尚于1922年佛诞日亲笔题写。匾上有落款"主席源性书立"，"源性""圆性"与贯一都是同一人。匾下当心间廊柱上，刻有楹联"面壁指心传，万代禅宗由祖证；影堂遗像在，千秋佛法见根源"。上联用达摩典故，追溯禅宗的缘起，亦表达对宗师证法的崇奉。相传达摩在嵩山少林寺面壁九年，终于究明佛心，得成大道，遂传法于慧可，中土禅宗曰此发源，达摩亦成开山祖师。下联意为，历代祖师遗像依次陈列在此，祭拜追思之中可明了佛法的渊源与脉络。此联正好照应"源远流长"。联下未署撰书者姓名，据考证亦为贯一和尚撰，由颜楷书写。颜楷是清末民初蜀中著名的学者和书法家，书学汉魏碑刻，并吸收了馆阁体的精致端丽，自成一家。颜楷1905年赴日留学，入东京帝国大学修习法政，回国后任翰林院编修，是1911年四川保路运动中的风云人物之一，入民国后曾出任四川佛教协会副会长，川内佛寺多有其遗墨。1920年赋诗《庚申重游宝光寺》并书赠无穷和尚，运隶法入行草，既见功力深厚，又显意气风发，与影堂楹联俱是书中珍品。

藏经楼是寺院中体量最大的建筑，其高度与宝光塔接近，巍峨壮观，是中轴线建筑群的最后一个高潮。

【藏经楼】

　　藏经楼始建于清乾隆十四年（1749年），现在看到的藏经楼是经过重建的，于道光二十八年（1848年）开建，到咸丰元年（1851年）完工，历时四年，成就了这座全寺最雄伟的殿宇。全殿占地约1163平方米，采重檐歇山顶样式，在中国古建筑中规格仅次于重檐庑殿顶，全以石柱支撑。楼高约22米，若连上脊顶装饰，则与宝光塔不相上下，故楼前楹联称"一楼与一塔齐高"。楼分两层，底层面阔七间，有前廊，上施卷棚天花，两侧有砖砌券门，分别通向东、西方丈院。底层中央三间为说法堂，为本寺历代方丈升座说法的地方，明间后端设法座，座上施卷棚天花。左右四间用隔墙划分为小空间，用于次要用途。沿底层西南角楼梯而上，可至二层。二层面阔七间，进深十三檩，外围有一圈廊子。居中五间空间贯通，明间后端供奉千手观音塑像，次稍间放置两排藏经柜，稍间内壁有清代"十八诸天"彩绘壁画。藏经楼二楼还塑有李会通像，以纪念他携手妙胜禅师对宝光寺中兴所做的重大贡献。

　　檐下居中悬挂"宸经宝楼"匾额，既是堂号匾，又是对宝光寺所藏《大藏经》得自皇家御赐的说明。"宸"，本意为北极星所在之处，因为北极星的亮度和位置都比较稳定，古人认为它是固定不动的，众星无论怎样变换，都对之形成环绕之势，因此用作帝王和王位的代称，如宸垣（京师），宸章（帝王所写文章），宸翰（帝王的书法）等等，这里的"宸经"，也就是指1833年妙胜禅师得道光皇帝御赐，从京师迎回的《乾隆大藏

经》，这和山门楹联中提到的"龙藏"是一回事。匾长4.8米，宽1.6米，正文以行楷书写，中锋行笔，融颜草气韵和魏晋古风于一体。以柳体小楷题写上款，用隶书题写落款。一匾多体，在方寸之间荟集了中国书法艺术的丰富与精彩。匾中文字采用凹刻，匾额上方居中处有阳刻印鉴，匾额四周饰以阳刻吉祥草图案，文字与图案均以金粉饰之、兼具华丽与典雅。该匾是道光二十九年（1849年）向荣为修建中的藏经楼所书。向荣行伍出身，四川提督，后来又在湖南、广西、湖北等地任提督，还曾做过朝廷的钦差大臣，其仕途随战事胜负而几起几落。斗转星移，当年的金戈铁马与成败荣辱，已渐渐不为人知，反而是向荣留在宝光寺的书法，至今还令人流连。足见艺术之载德载人，佛法之恒久绵长，远甚于功名利禄。

在"宸经宝楼"匾之前，廊下居中处有"觉悟群生"匾，这是对藏经楼和说法堂最为准确的诠释。书之于经，宣之于口，是佛教传播义理、收服信众的两种基本方式，而佛经与高僧的相得益彰，往来互证，更使佛法得以弘扬。宝光寺恰好具备这样的条件，担负起弘法传道、开悟众生、醒觉迷途的责任。国内佛寺大多将藏经楼与说法堂设在同一座殿宇之内，既是出于功能性考虑，也体现了以经书与讲说共弘佛法的理念。"觉悟群生"匾的历史早于今天看到的藏经楼，是清代名将岳钟琪于1740年为方丈恢彰和尚所书，是宝光寺现存的年代最久远的匾额。明末战乱，宝光寺几乎全部损毁，仅余佛塔，清初经笑宗禅师重建而粗具规模，之后恢彰和尚为进一步修缮寺庙四方化缘，相传是得到乾隆的赠银，才筹集到足够资金。岳钟琪本籍成都，长期在四川为官，对安定西北、西南边疆功勋卓著，历康、雍、乾三

隆盛的香火，是信众对经藏的礼敬，也寄予着人们对佛法昭昭觉悟群生的信念。

朝，官至四川提督并加授兵部尚书衔。题写此匾时，正值他经历了五年牢狱之灾后在川闲居，后来，已过耳顺之年的岳钟琪被乾隆再度起用。此匾寄寓着题匾人在挫折与蹉跎中的自我调适。

立足于藏经楼前，进入视线中心的这两块匾额，标识和解说了这座寺中最大殿宇的功能。而细摩其中的款识，推究其中的人事，则令人仿佛触摸到那些久已逝去的岁月和音容。藏经楼不仅收藏着佛教的至高经典，也通过这些匾额收藏着宝光寺的历史，收藏着各色各样的人生。

作为宝光寺悬挂匾额最多的殿宇，藏经楼的匾额还凝聚着佛教于天地万物中参禅证道的灵心慧性。在二楼檐下的正中位置，悬挂着"法云慧日"匾，是曾任闽浙总督、授光禄大夫的一等侯杨国桢在1849年时为妙胜禅师重建藏经楼赠送的贺匾。"法云"与"慧日"均出自佛典，前者意为佛法无边，就像长空连云，可以覆盖一切，《华严经》中多有"兴大法云""法云普覆一切世界"等说法；后者以日光譬喻佛法普照众生，《法华经》云"无垢清净光，慧日破诸暗，能伏灾风火，普明照世间"。佛经汉译，一方面以外来因素丰富了汉语词汇，另一方面也使汉文化思维渗入佛教。在汉语文献中，对上述两词的使用有两个突出特点：一是常以两词并用，如庾信《秦州天水郡麦积崖佛龛铭》"法云常住，慧日无穷"，沈约《谢齐竟陵王示华严璎珞启》"荫法云於六合，扬慧日於九天"，雍和宫乾隆所书对联"慧日丽璇霄，光明万象；法云垂玉宇，安稳诸方"等等。二是常与自然风物融为一体，如王维《过卢员外宅看饭僧共题七韵》"寒空法云地，秋色净居天"，王渔洋《阻雨望醴泉寺用徐昌谷韵》"法云悬瀑影，幽鸟乱泉音"，祖照禅师《题永明智觉寿禅师顶相》"慧日峰高秋色冷，钱塘江静月华明"等等。佛经借助自然物象说法的惯例，在中国天人合一的理念下得到更充分也更富于诗意的发挥，并使佛理禅趣的影响延伸到宗教之外。因此"法云慧日"出现于藏经楼，就不仅仅是套话，而是赞誉这里所藏的经典像丽日晴云一样，把佛陀光辉带到娑婆世界的每一个角落。悬挂

2008年农历四月初八上午，三坛大戒圆满。

2008年宝光寺传戒三师留影。中为意寂大和尚，左为文殊院宗性大和尚，右为昭觉寺演法大和尚。

在藏经楼走廊的"澄江皓月"匾，也是以水、月为喻，形象地说明常读佛经，常习佛法可以为信众开启清明智慧，为人间造就清净世界。

佛经和僧侣是佛法的有形载体，而天地万物更是充盈着无所不在的禅理。语言文字、头脑心识、日月水云，都是证法悟道的机缘，藏经楼的匾额，恰似在向我们解说如是玄机。

藏经楼的匾额蕴含着佛理，而这里的楹联则包含着更丰富的文化信息。

"贝叶香浓，三藏括三乘之秘；金绳影直，一楼与一塔齐高"一联，刻于楼前居中的廊柱上，为清代著名学者李惺所书写。李惺家学渊源，著作等身，曾先后任职于翰林院、国史馆、文源阁、国子监，中年后辞官归里，在成都锦江书院主讲二十余年，为一时文史名家。"贝叶"指棕榈科植物贝多罗树的叶子，印度和一些东南亚国家常用它来书写佛经，因而佛经也叫作"贝叶经"。"三藏"是经藏、律藏、论藏的合称，"三乘"则是小乘（声闻乘）、中乘（缘觉乘）和大乘（菩萨乘）的合称，"三藏括三乘之秘"的意思是说佛经三藏囊括了佛法的一切要义。此联的巧思集中于"一楼与一塔齐高"，一语双关，既实指藏经楼与宝光塔在物理高度上不相上下，又喻示拥有三藏真经的藏经楼与供奉佛骨舍利的宝光塔具有同等的精神高度，都是宝光寺的重地。佛教的传播，既是一个通过讲法习经弘扬教义的过程，也是一个塑造精神象征的过程，因而佛经汉译与佛骨东来都是

藏经楼内供奉的千手观音菩萨塑像。

李会通居士像，供奉于藏经楼。李会通，又名李祖德，清道光年间任广汉卫千总，对宝光寺的修缮、迎请《乾隆大藏经》有重要贡献。

中国佛教历史中的重大事件，宝光寺在这两方面都拥有标志性的收藏，这正是它得以成为禅林重镇的一个重要条件。

"竟能与羲卦麟经，并垂宇宙；应不让元亭石室，高峙岷峨"。此联与李惺联相邻，刻于藏经楼东侧廊柱，是另一四川学者刘景伯所题。"羲卦"即伏羲画卦，古人相信《易经》由此而来，因此这里用"羲卦"指代儒、道经典。"麟经"是《春秋》的别称，典出"孔子获麟"。"元亭"是扬雄故居，原为"玄亭"，清人避康熙名讳而改称"元亭"。"石室"即西汉时期蜀地郡守文翁兴办的学堂，两千多年来这里一直是学校所在地，时至今日，建于其址的中学仍以"石室"为名。此联把佛经与本土儒道经典相提并论，并因此把宝光寺藏经楼视为文化名胜，和扬雄故居、石室古学一样，是蜀地教化之隆盛、文脉之旺昌的象征。佛教传入中国后，与本土文化融合日深，最终形成儒道释合流的局面，藏经楼此联即体现了中国知识界对佛经与儒典、道藏鼎足而三之地位的认同。

"此地非穷谷深山，色相果庄严，但看座涌莲花，诗题贝叶，钟敲鹤起，鼓击龙飞，天教清净闲僧，海上始归来，遽展空灵手段；我辈真劳人俗士，烟霞谈道义，自愧日随车马，尘扑须眉，赤血魂惊，黄粱梦熟，眼望颠狂世界，寰中施法力，还推菩萨经纶。"此联刻挂于说法堂左右两壁，是宝光寺篇幅最长的一副对联，联后有跋语说明此联的来历，是崇庆州的佛教居士和各寺院僧众赠送给方丈时昌（亦称世昌）和尚的贺联，由崇庆州廪生冯寿全撰联并题写。时昌和尚原为崇庆光严禅院住持，曾云游南洋，光绪末期任宝光寺方丈。上联首先盛赞宝光寺之宝相庄严，佛法宏通，"清净闲僧"则是指时昌和尚，称许他修为精深，云游归来入主宝光寺，正可谓名刹高僧两相得。下联表达僧俗两众对宝光寺方丈作为一方佛界领袖的敬重与仰仗，也寄望于这一佛门圣地以菩萨心肠、佛法经纶来拯济陷于混乱狂悖的尘世。此联不但上下联对仗工稳，还运用了当句自对（在同一个句子中，词与词之间也形成对仗，如"座涌莲花"与"诗题贝叶"、"赤血魂惊"与"黄粱梦熟"等等）的技巧，亦无不丝丝入扣。更兼用语渊雅，铺陈得体，灵活腾挪于叙述、描绘、议论之间，因而篇幅虽重，却毫无冗长之感。而且，从此联的来源背景，颇能看出宝光寺重视交流，不拘于门墙的开放态度。时昌和尚以光严禅院住持而入主宝光寺，而前中兴宝光寺的笑宗禅师亦来自梁平双桂堂，此后又有遍能法师以乐山乌尤寺方丈而兼任宝光寺方丈；另一方面，宝光寺也为其他寺院输送了许多佛门高才，比如龙藏寺方丈、清代著名诗僧雪堂和尚就是宝光寺妙圭禅师的弟子，也有宝光寺方丈到其他寺庙担任住持，如月容禅师应邀出任什邡罗汉寺方丈，自信禅师兼任成都大慈寺、彭县龙兴寺方丈，无穷和尚曾代理大慈寺住持。宝光寺之所以长盛不衰，并成为影响一方的佛门重镇，也正是得益于这种互通有无的开放胸襟。

宝光寺藏经楼所藏《乾隆大藏经》。

宝光寺藏经楼内景。经柜里收藏着道光皇帝钦赐的《乾隆大藏经》。经书是佛门弘法的载体，也是信仰与智慧的象征。古往今来无数信徒万里求法，皓首穷经，无不是为了打开通往澄明境界的大门。

初夏时节的祖堂,听蜜蜂振翅的清音,感佛门之静谧;看清晨第一缕阳光,临花照影,和露迎香。

【祖堂】

祖堂是寺庙供奉历代祖师的殿堂,宝光寺祖堂原在东方丈南侧,是东庑的一部分,即今药师殿所在位置。现在的祖堂建于1947年,位于东方丈东侧,是一个封闭的四合院,院中草木根深叶茂,古意盎然。主体建筑祖堂坐北朝南,悬山顶,面阔五间,进深十一檩,中央三间较高,设前廊,两稍间较矮,与中央三间之间用隔墙划分。在祖堂前方,立有宝光寺清代中兴的第一任方丈笑宗印密禅师的骨塔及衣钵冢。宝光寺于明末清初毁于兵燹,在战乱刚歇,物力匮乏的情况下,破山海明禅师的嗣法弟子笑宗禅师从双桂堂来到新都,"披荆斩棘,寻废址于荒烟乱草之中",重建了宝光寺。今天所见的宝光寺建筑群就是在这个基础上,又经后来历任方丈尤其是妙胜、自信方丈的大力营建而形成的。祖堂的匾额和楹联,多是对禅宗历史和宝光寺历史的追溯与解说,充分体现出匾额楹联已成为中国古建筑的有机构成元素。佛德方丈于1799年所立的"西来大意"匾,如今悬挂在新建祖堂内,可见无论寺庙建筑的物质形态、地理位置怎样变迁,宝光寺始终把对佛理渊源和历代高僧精神作为立寺之本。

"先后只此灯,任颠倒去来,莫忘初意;顿渐无他说,但坚强清静,总合禅机",此联刻于祖堂廊柱,为张怀泗所书。此联在评说禅宗源流的同时,也道出了一种中正平和的历史观和文化观,尊重起源而又给后人的发挥留下空间,注重实际效果而不拘泥于形式。宝光寺祖堂虽是佛教历史和宗教精神的空间载体,然而从建

宝光寺清代中兴第一代方丈笑宗印密禅师的墓塔及衣冠冢。

筑到楹联又无不受到本土传统和世俗文化的熏染，更何况中国禅宗本来就结合了儒、道的精髓。此联就典型地体现了对禅宗源流的一种中国文人式的解说。

"笑祖法云明，东土西天，相传得鼻；国师封悟觉，南能北秀，奉祀馨香"，贯一和尚为祖堂撰写的这副楹联，则是对宝光寺所属佛教宗派和历代传承世系的陈述和礼敬。此联借高僧的事迹来呈现宝光寺的历史，收以简驭繁之功，并以南能北秀为参照，烘托出宝光寺在天下禅林中的重要地位。

"双桂契圆通，薰金粟妙香，拈花微笑；平湖罗海印，浸紫霞佳气，万派朝宗"，此联刻于祖堂当心间檐柱，为隆莲法师所撰，谢无量所书，1947年新建祖堂时由妙轮方丈主持刻写。此套极见才华，融叙述、描绘、典故和文字技巧于一炉，却似佳作天成，无一丝一毫雕琢痕迹。出语清丽而自有气魄，结构精巧而风格冲淡，在令人如沐春风的同时又心生敬畏。上联说双桂堂。那里佛学精深，修为已破重重关隘而臻圆融化境，如同薰浸了金粟如来无尘无垢的佛香。同时金粟又是桂花别称，双桂堂正是因堂中有树龄长达三百年的金桂、银桂而得名，因而这里为"薰金粟妙香，拈花微笑"既是实景，又恰恰贴合"金粟"与"拈花"两个典故，渗透了佛意。其实在修佛之人看来，花香与伊香，原非两造，如达圆通之境，则无时无处不可拈花悟道。下联说宝光寺。此寺筑于佛脉渊深之地，旁有桂湖，水清波平，万象齐现，仿佛是佛陀在向众生开示。就实景而言，这本是描绘桂湖倒影，而作者又借用"海印"这一佛语来形容它，使得水中树色云影，尽都成为佛法妙谛的表达。后有紫霞山，灵气充盈，得此润泽，宝光寺更见佛气淳厚，佛法深邃，吸引各方礼佛朝拜者络绎而来。此联从双桂讲起，是对宝光寺历史的追溯，对笑宗禅师中兴宝光寺之历史功绩的致敬，下联以桂湖、紫霞为喻，点出宝光寺在新都这一千年佛都的滋养下，代代相承，蒸蒸日上，无愧于先祖的筚路蓝缕。如此，既写渊源之深厚正宗，又写后继之光大门庭，还赞誉了作为一方佛土的新都对宝光寺的滋养，对佛教的贡献，可谓祖堂楹联的典范。同时还运用联中嵌字的技法，以"燕颔格"嵌"桂湖"，以"凤尾格"嵌"笑宗"，别有意趣。可见，联中的一字一词，都是不替之选，而且很多词汇都蕴含了两重以上的含义，品读越久，意蕴越深，如同灵窦一开，大千世界的奥秘纷至沓来。足见撰联者之学养深厚，才情丰赡，而隆莲法师（1909～2006年）也确有巴蜀才女的盛名。

隆莲俗名游永康，出身书香世家，兼习中西之学，并擅诗联书画，素有才名，未出家时即研习佛学。1941年在爱道堂出家，后成为能海上师高足，1953年任四川省文史研究馆馆员。参与过《汉藏大辞典》《世界佛教百科全书》《大百科全书·宗教卷》等多部大型工具书的编纂工作，有多部佛学著作、译作，《隆莲诗词存稿》收录近千首诗词。隆莲终身致力于佛学研究和佛教教育，是学者型高僧，以"为中华佛教培养一代有高等文化的佛徒"为志业，践行人间佛教理念，被誉为"中国第一比丘尼"。

书者谢无量是现代著名学者、书法家，教育家。于右任曾称其书法"笔挟元气，风骨苍润，韵余于笔，我自愧弗如"，1952年任四川文史馆馆员，后任中央文史研究馆副馆长。

宝光寺祖堂对笑宗禅师的供奉设在显要位置，除堂前正中的冢塔之外，还在堂内明间后端设壁龛，壁龛中央供其全身塑像。塑像两侧，供有禅宗从印度摩诃迦叶以下二十八代祖师以及中国禅宗初祖菩提达摩以下历代祖师的牌位；壁龛以外的墙面上悬挂着宝光寺历代著名方丈的画像。

【东方丈】

东、西方丈是两座封闭的四合院，分别是现任方丈和退院方丈的起居之所，有居室、客堂和花园，院中花木扶疏，幽静古雅。这两所院落与藏经楼同时兴建，同时完工，并与藏经楼构成一个整体，由东西两侧的券门相通。东侧券门上书"狮窟"，由此可通往东方丈，西侧券门上书"龙潭"，由此可通向西方丈。两院的东西轴线正对藏经楼正脊，院中正堂则面对藏经楼的两山，分别名为"问本堂"和"静照亭"。

问本堂采悬山顶样式，面阔五间，进深八檩。中央三间空间贯通，不设门，对外开敞，顶上采用卷棚天花，明间后端设方丈法座。方丈向初入佛门的僧人询问其出家本意，或考问学佛者的修为境界，通常都是在这里进行。堂内悬挂的堂号匾，长3.1米，宽1.2米，"问本堂"三字居左侧，融隶法入行楷，用笔枯润相间，在古雅素朴中又见空灵之气；右侧则题有妙胜禅师所写跋语，意在解释此堂题为"问本"的用意——"盖使后有来者，不忘问本之意云尔"，跋

"狮窟"即东方丈。由藏经楼东侧券门，可通往问本堂。

善问者，问无所问，不离乎本之见存；善答者，答无所答，不泥乎本之见存。

语转述了唐代马祖道一禅师和明代天童密云禅师的解说并加以发挥，阐明了"善问者，问无所问，不离乎本之见存；善答者，答无所答，不泥乎本之见存"的深意。此跋作于1849年，以行草写就，气韵连贯，走笔如行云流水，不粘不滞。此匾左题右跋，布局错落雅致，首尾印鉴对称相间，也起到前后呼应、左右平衡的作用。

东方丈内还挂有贯一和尚题咏楠木林的诗匾，以清正端丽的隶体题诗，以逸笔草草的行书写跋，以前者为匾额的主体，见佛家的庄严持重，以后者增加动感和变化，见禅意的灵动不拘。此诗作于1941年夏，贯一和尚因见宝光寺内楠木森森，乃有感而发，借"条枝来相掩，枝叶各殊荣"来向僧众开示"出家人要讲六和敬，不要打无明，要像楠木林中树，互不相扰，各自殊荣"。此诗寓哲理于物象，深入浅出地道出了个体发展繁荣与整体有条不紊之间的辩证关系。品其意蕴，所得启示其实并不仅限于佛理。东方丈内的这块匾额，形制不拘一格，诗文并茂，充分体现了宝光寺匾额的多样性和艺术魅力。

宝光寺历代方丈多擅书法，以翰墨明奥义，融佛理入书香。

▲ "六和敬"是指身和同住，语和无诤，意和同悦，戒和同修，利和同均，见和同解，做到了这六条，才能和谐相处而互不相扰，就像树木枝条交错掩映却不妨碍各自的蓬勃生长。

【西方丈】

西方丈内的静照亭，其建筑形制与问本堂相同，原为退院方丈的正堂，20世纪40年代改作藏传佛教密宗殿堂。堂内正中悬挂题为"显扬密谛"的匾额，明间后端的壁龛中按照藏密的坛城仪轨安放着数十尊密宗铜造像，安放在正中的是格鲁派祖师宗喀巴（1357～1419年）的塑像。室内墙壁上还悬挂着多幅密宗的佛菩萨画像，两侧靠墙处则设有两排铜制的转经筒。密宗殿堂出现于禅宗丛林，显示出藏传佛教与汉传佛教的交流融合已达到相当程度。近百年来，宝光寺都有显密双修的僧人，有的还曾深入藏族地区，精研藏密，译述藏传佛教典籍。"显扬密谛"匾额的题款中所说的"能海法主"就是其中的杰出代表。

能海上师（1886～1967年），俗名龚学光，四川绵竹人，早年从军，出身四川陆军速成学堂，1909年曾任云南讲武堂教练官，1924年剃度出家，随后到宝光寺从贯一和尚受具足戒，1926年入藏跟随康萨仁波切等喇嘛修习藏密，有大成，返回内地后致力于建密宗道场、培养生徒、翻译佛经。1940年妙轮和尚接任宝光寺方丈时，寺院方面也有意邀请能海上师驻寺担任要职，讲经传戒，故"显扬密谛"匾题款为"宝光堂能海法主暨妙轮和尚升座纪念"。这里的"显扬密谛"作为赞词，利用了汉语语法的灵活性巧妙地传递出双重意义，既可理解为动宾结构，意为对佛法真谛的彰显弘扬，又可理解为并列结构，称颂宝光寺显密并重，两宗共荣的兴盛局面。正是长期显密双修的历史，以及与藏传佛教的深入交流，为宝光寺接受设立藏密殿堂奠定了基础。虽然僧人显密双修并不少见，但以显密双修知名的寺院在全国却不多见，除山西五台山显密双修的寺庙较为集中之外，新都宝光寺、成都昭觉寺、西安兴善寺等均是国内奉行显密双修的寺院。

1940年5月，能海上师率弟子再次入藏，得全部密教传承，次年返回，为推进汉地对藏密的研习传承，功莫大焉，被誉为自宗喀巴大师以后密宗的第三法王。1952年，能海上师安居五台山广济茅篷，此后主要以五台山为基地弘法，同年妙轮亦赴广济茅篷。能海上师中年皈依佛门，四十余年间，于探求佛法真知，推究显密互证而上下求索，志坚行苦，胸襟博大，承继了中国僧人自法显、玄奘以来从不曾断绝的优良传统，为佛教的传播与精进，也为汉藏之间的文化交流做出了卓越贡献。

"龙潭"即西方丈，由藏经楼西侧券门，可通往静照亭。

西方丈院一角，花木扶疏之中，可见紧邻的藏经楼。

无量寿佛是阿弥陀佛的另一名号，是西方极乐净土世界的教主，随着净土宗的传播发展，弥陀信仰在中国极为普及，也极受欢迎。后来，唐代的全真和尚被中土佛教视为无量寿佛的化身。

【净土院】

净土院位于藏经楼东侧，与罗汉堂相邻，独立于宝光寺主体建筑群，是一座小型的净土宗寺院。院内的主体建筑也是沿南北中轴线分布，从南向北依次有寿佛殿、极乐堂、念佛堂。

寿佛殿为净土院的第一进建筑，其性质相当于一般寺庙的山门殿。悬山顶，面阔三间，进深九檩，正面明间辟门，两次间砌砖墙，北面三间对外开敞，不设门窗。殿前悬挂"无量寿佛"匾额，是妙胜禅师在咸丰七年（1857年）所立。殿内中央壁龛中供无量寿佛塑像。佛像两侧，供地、水、火、风四大金刚塑像。明间后端，按例供有守护神韦陀的塑像，面朝北方。

出寿佛殿，就来到净土院的第一进院落，这个院落的独特之处在于它是两个功能性空间的叠合，既是寿佛殿和极乐堂之间的庭院，同时还是进入罗汉堂之前的一个准备空间。在寿佛殿西侧，有一块为罗汉堂所设的照壁，上刻"南无阿弥陀佛"，青砖红字，清爽醒目。照壁前有两棵枝繁叶茂的罗汉松，树冠覆盖了大部分庭院，翠色苍苍，满眼清凉。极乐堂是净土院的第二进建筑，堂中供有一尊释迦牟尼佛成道像，以玉石精工雕刻而成，质地洁白莹润。但见佛陀盘膝坐于莲花之上，造型优美，面容栩栩如生。宝冠上还嵌有红蓝宝石，与玉色相映，更见华彩和尊贵。这尊玉佛来自缅甸，清光绪年间，宝光寺真修和尚效法唐玄奘西天取经，遍游印度及东南亚诸佛教国家，1906年真修从海路入缅，雇工采玉雕琢，为佛造像，缅甸国王感其心诚志坚，特别给予资助，玉成其事。雕像完成后，真修又克服了种种路途艰难，辎重不便，历时整整两年，终于将玉佛完好无损地护送到宝光寺。

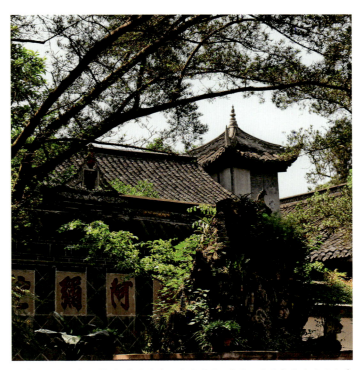

照壁是一个标志性符号，它的存在，就说明罗汉堂是一个自成体系的独立建筑，正对照壁的罗汉堂正门就设在寿佛殿东侧。

念佛堂在极乐堂以北，始建于清同治年间，1939年重建。堂高十米，悬山顶，面阔五间，进深十一檩。中央三间较高，内部空间贯通，前廊檐下及堂内均施卷棚天花。堂内中央设有一座镂空雕成的石塔，名为"第二次舍利宝塔"，其中供奉着三粒释迦牟尼舍利，亦为真修和尚游历期间从锡兰所得。塔后有清代彩绘壁画《释迦涅槃图》，描绘释迦牟尼涅槃时的场景，图中人物众多而姿态神情各异，足见其画工之精湛，想象力之丰富。因土墙潮湿、年深月久而毁损严重，甚为可惜。后来在原图之侧绘有摹本，大小比例与原图基本一致。念佛堂是净土院的重地，除供奉舍利之外，还是僧众集体念佛的地方，历代主持都把这里作为净土宗道场。念佛堂前有莲池，是自信和尚于清同治二年（1863年）所建，以继承其师妙胜禅师发扬莲社遗风的志愿。池畔悬挂"莲社"匾，是1939年念佛堂重建时所立，上有当时的新都县县长封宝桢所写题跋，概述了莲社的由来和无穷和尚重建念佛堂的始末。

念佛堂当心间廊柱上，刻有楹联"一念回光，化爱河而成净土；六根返本，变苦海以作莲池"，为谭云谷所书。"一念"是佛教词汇，可用于指一个短暂的时间，佛经中有"九十刹那为一念"之说；另一种含义则直接与净土宗的称名念佛有关，称名一句即是"一念"。此联的妙处就在于同时运用了这两种含义，既可理解为顿悟的瞬间，情欲退尽，心灵已成净土，也可理解为念佛可以消除欲望，助修行者直抵清净世界。与"一念"相对的"六根"同样源于佛教，指眼、耳、鼻、舌、身、意六种感觉器官或认知能力，这里的意思是，若能六根清净，都得解脱，哪怕是滔滔苦海，也能化作莲池碧波。"莲池"既象征不染尘垢的洁净之地，又与净土宗典故有关，与上联的"净土"相对，两层含义都能对接得天衣无缝。此联的妙处还在于，念佛、净土、莲池，在这里都实有其物，因而避免了为说理而说理的抽象和牵强，将理趣玄思与感性经验合二为一，似乎已臻于"见山是山，见水是水"的最高境界。

净土院和密宗殿堂，同时存在于一座禅宗寺院之中，这正是宝光寺值得大书特书的独特之处，它以"寺中置寺"的方式体现了中国佛教诸宗融合的特色，而不是消泯各自，整齐划一。正如贯一和尚在《楠木林诗》所吟咏的那样，"条枝来相掩，枝叶各殊荣"，深得和而不同的精髓，既相互依存、和睦共处，又不妨碍各家各派的传承发展。

念佛堂内，供奉释迦牟尼佛舍利的石雕镂空宝塔。塔身贴金，并以朱砂青绿重彩装饰。屋顶设明瓦采光，柔和的自然光线与石塔饰彩相映，更显其精巧富丽、熠熠生辉。

紫霞山照壁基座为石砌须弥座，照
壁上覆瓦顶，脊饰丰富，中堆采用
嵌瓷装饰。壁身饰有麒麟、蝙蝠、
送财童子、摇钱树等浮雕图案，蝙
蝠嘴中衔磬，取"福庆"的谐音。

【紫霞山】

　　藏经楼后题为"紫霞山"的照壁，是宝光寺中轴线上的最后一个建筑物。

　　照壁之后就是著名的紫霞山，高约十二米，方圆百米，林木丰美。紫霞山是人工堆成的圆形土丘，关于它的来历，相传与恢彰和尚巧遇乾隆有关。恢彰为修缮宝光寺四处化缘，历十年艰辛，最终还是得到微服私访的乾隆皇帝的赠银，才得以大功告成。因寺庙一般藏于深山，当时乾隆就问"和尚来自四川哪座山"，而宝光寺位于川西平原，恢彰正苦于作答，忽然想起唐僖宗曾在此地见紫光大盛，便灵机一动，说来自紫霞山，乾隆当即表示以后要去紫霞山烧香拜佛。回到新都，恢彰才知道他遇到的施主是当朝天子。不久之后乾隆下江南，恢彰以为乾隆也会入川践紫霞山之约，便命寺中和尚挑土垒山，遍植楠木，从此紫霞山就真的成为了寺中胜地，以后历代方丈也都以"紫霞主人"自称。后来妙胜禅师建罗汉堂时，把乾隆皇帝也列入五百罗汉，作为直福德尊者的转世，为之设计了手握金锭的造像，正是为感念他对宝光寺的恩德。这个传说为宝光寺增添了皇家护佑的传奇色彩，也反映了清王朝重视佛教的历史事实。但宝光寺造紫霞山，与风水文化有更直接的关系。佛教传入中国后受到中国传统文化影响，佛寺在基址选择、总体布局、建筑尺度等方面都会考虑风水因素。按照风水文化的说法，建筑一般应选址于背有靠山的地方，以便护佑居住者吉祥平安、人事两旺，如自然条件有限，就应该通过人力加以改造，使之应合风水规律。宝光寺地处平原，无山可倚，因此紫霞山平地而起，很可能是一种风水设计，体现了既顺应自然又改造自然的文化精神。无论是铭记僧人为复兴、发展宝光寺所付出的虔敬努力，还是感念皇家对佛教的大力扶持，或者是风水文化的一种典型体现，宝光寺紫霞山的种种传说都反映出世人对宝光寺的祝福，对新都这一佛化之邦、千年古城的热爱，也体现了佛教与中国社会文化的深度融合。

宝光寺筑罗汉堂，得天时地利人和而蔚为大观。

罗汉堂之可观，在建筑。

「田」字形布局最大限度地利用了室内空间，又以中部天井采光，得中国古建筑与自然相谐相生之精髓。

晨昏四时，天光变化，堂内光影亦随之流转，明暗变幻，为五百罗汉平添异彩。

罗汉堂之可观，在雕塑。

乍看森然列阵，再看各有姿态，细看更见其蟹笑嗔喜，神色如生，呼之欲出。

罗汉堂之可观，更在其集大成的罗汉文化。

中有佛教汉化的轨迹，中唐以降平民文化的兴起，以及民间信仰、帝王政治、寺院历史的融合与并存。

宝光寺罗汉堂兴建于清咸丰元年（1851年），平面呈"田"字形，占地约1600平方米，577尊造像彩绘贴金，济济一堂，回环往复，气象宏森，是整个宝光寺最有影响、最具魅力的部分。

以"觉"（即"佛"的意思）为标准，大乘佛教将修持果位次第分为罗汉、菩萨、佛三种。罗汉是指那些能自己觉悟出来的人，自觉又能帮助别人觉悟出来的就是菩萨，在帮助别人悟出来的过程中功德圆满即成佛。罗汉（Arhat），全称阿罗汉，是小乘佛教修持的最高果位，专指那些灭尽烦恼、跳脱轮回、享受人天供养的大成就者。但在大乘佛教里，他们还仅仅只是修持的初果，需要继续向上修到菩萨与佛。大约在唐宋之际，罗汉被赋与菩萨的角色，除自觉悟外，还能帮助他人觉悟，于是四处劝化，普度众生。这是佛教中国化后的创举，为后人创造了无数活生生的罗汉形象。晋人译《弥勒下生经》与《舍利弗问经》称：佛去世时，曾经指派迦叶、君屠钵叹、宾头卢与啰怙罗住世弘法。他们都是亲自聆听佛陀言教而获觉悟的声闻弟子。这就是最早住世的"四大罗汉"。北凉道泰所译《入大乘论》将"四大罗汉"演为十六，再经唐代玄奘所译《法住记》把他们的名称——落实，从此"十六罗汉"开始出现在石窟造像和艺术作品中。五代以后，人们又将《法住记》的作者庆友和译者玄奘添入罗汉之中，凑成了我们今天看到的"十八罗汉"。

大约就在"十八罗汉"逐步形成的同时，人们又把佛教典籍中每每提到的"五百弟子""五百比丘""五百罗汉"加以附会。《十诵律》称释迦牟尼诞生时，有五百弟子随传听法。佛祖涅槃后，迦叶曾率五百比

穿过东牌坊"天台胜景"，
经弯曲夹道进入罗汉堂。

The Arhat Hall of Baoguang... was first built in the 1st year of Xian... (1851 A.D.) in the Qing Dynasty in... Chinese character "田". Occupying... 1,600 square meters, with 577 col... clay figures placed in a maze-li... spectacular Arhat Hall is undoubted... charming and influential part of the...

According to the standard of... enlightenment, a literal transition... Mahayana Buddhism classifies the a... of Buddhist practice into three leve... bodhisattva and Buddha. An arh... one who enlightens only oneself, a... refers to one who enlightens ones... helps enlighten others, and a Bu... to one who has reached consum... enlightening himself and helps enlig... Arhat is the title for one who has... attainment of Hinayana Buddhi... Arhats have extinguished all d... (kleśas) and are liberated from the s... worthy of respect from laymen a... beings. However, in Mahayana Bu... achievements of arhats are just p... fruit of Buddhist practice. Arhats... continue their practice to reach bodh... and finally Buddhahood. Appr... at the turn of the Tang and Song... arhats were assigned the roles of b... Apart from self-enlightenment,... endowed with the mission of deliv... sentient beings in the Saha World... innovation of Buddhism after its i... into China. Countless vivid imag... were created during this period of t... generations.

According to the *Sutra on the... Maitreya and Shariputra-pariprccha* (... of Shariputra) translated in the J... before Sakyamuni Buddha entered...

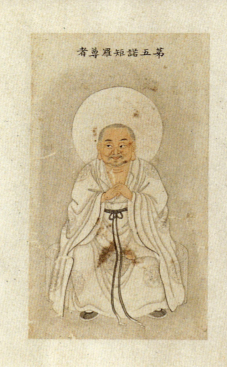

照峰和尚所绘《大阿罗汉五十尊》部分画像。

丘于王舍城集结三藏；《法华经》中有《五百弟子授记品》；《舍利弗问经》称弗沙密多罗王毁灭佛法后有五百罗汉重兴圣教；《涅槃经》和《佛五百弟子本起经》则有五百弟子各述自身因缘的记述。由于"五百"在古代印度是一个不确定的约数，"五百弟子""五百比丘""五百罗汉"都不外是言其众多而已，和中国古人用"九"来表示多数一样。此外，佛教文献中还有五百大雁、五百蝙蝠、五百仙人、五百童子、五百商人、五百强盗成为罗汉的故事，为"五百罗汉"由虚到实的演进增添了诸多趣味。至北宋初，有人遍搜佛教经籍为其命名，遂使"五百罗汉"全部有了自己的名号。广西宜州会仙山白龙洞崖壁之上的"供养释迦如来住世十八尊者五百大阿罗汉圣号"刻于北宋元符元年（1098年），是我们今天所能看到与罗汉名号相关的最早记载。南宋绍兴四年（1134年），"五百罗汉"名号被勒石建碑，置于江阴乾明院中，"五百罗汉"名号最后坐实，变成了500个实实在在的佛教圣僧。

相传东晋永和年间（345～356年），阿罗汉诺矩罗率弟子300余人至浙江乐清雁荡山居住，开启了中国人罗汉崇拜的先河。随后，又有竺昙献于天台山石桥获见五百应真的传说。但直到唐代以前，中国人的主要供奉对象仍然是佛和菩萨，罗汉崇拜还没有在社会上广泛推广。中唐以后，伴随精英社会向平民社会的转变，罗汉以其固有的亲近感逐渐受到普通大众的喜爱，罗汉故事和传说因此层出不穷，罗汉造像与绘画遂成风气。蜀僧贯休所绘的《十六罗汉》、吴僧法能所绘的《五百罗汉》，都是当时罗汉画像的精品，备受后世美术史家的赞誉。后周显德元年（954年），道潜禅师于杭州净慈寺建罗汉堂，塑500罗汉供奉。而据《天台山志》记载，吴越王也曾造500铜罗汉置于天台山方广寺供奉。到了宋代，以"五百罗汉"为题材的造像与绘画更为流行。雍熙二年（985年），宋太宗曾造罗汉像516身（"十六罗汉"加"五百罗汉"）置于天台山寿昌寺安奉。开封大相国寺资圣阁与三门两处各有金铜铸罗汉五百尊，一为宋神宗时，从庐山运来，安放在三门；另一为宋真宗年间从河南颍川运来，安放在资圣阁。此外，苏轼写有《荐诚禅院五百罗汉记》，李公麟绘有《五百罗汉图》，李流谦有《五百罗汉洞》诗，王庭珪有《仁山五百罗汉赞》，史尧弼有《题南岳方广洞五百罗汉》。由宋而下，"五百罗汉"成为最受信众崇拜的佛教神像和最受人们喜爱的艺术题材。

第三诺迦跋釐堕阇尊者　第二诺迦伐跋尊者　第一宾度羅跋罗堕阇尊者

大阿羅漢五十尊些降和尚畫

designated Mahakasyapa, Gavampati, Pindola-Bharadvaja and Rahula to stay in the Saha World to preach the Dharma. These four were all Śrāvaka disciples (those who were enlightened by hearing in person the teachings of the Buddha) and were the earliest "big four arhats" staying in the Saha World. Tripitaka Master Daotai of the Northern Liang developed the "big four arhats" into the "sixteen arhats" in the *Discourse on Entering the Mahayana Path* (*Rù Dà Chéng Lùn*) translated by him. And in the Tang Dynasty, Tripitaka Master Xuanzang identified the names of the arhats in his translation of *Nandimitravadana* (*Fǎzhù Jì*, The Record of the Duration of the Dharma). From then on, the images of the "sixteen arhats" began to appear in grotto statuary and art works. After the Five Dynasties, people added Nandimitra, the author of *Nandimitravadana*, and Xuanzang, its translator, into the arhat group, which became the famous "eighteen arhats" we see today.

About at the same period of the gradual forming of the "eighteen arhats", people also began to identify the "five hundred disciples", or "five hundred bhiksus", or "five hundred arhats" always mentioned in Buddhist sutras. *The Ten Recitations Vinaya* (*Shísòng Lù*) says that five hundred disciples accompanied and served Sakyamuni in his lifetime. Afther Sakyamuni Buddha entered nirvana, Mahakasyapa led the five hundred bhiksus to assemble in Rajagaha to compile the tripitaka (incl. sutra, vinaya and sastra). Chapter 8 of the Lotus Sutra is "Prophecy of Enlightenment for Five Hundred Disciples". While the *Shariputra-pariprccha* (The Enquiry of Shariputra) recorded that after the King Pushyamitra's persecution of Buddhism, there would be five hundred arhats to restore Buddhism. *Mahayana Mahaparinirvana Sutra* and *Sutra of Accounts by Five Hundred Disciples of the Buddha on Their Own Life Stories* contain self-told karma stories of these disciples. Actually, "five hundred" was not a definite number in ancient India, "five hundred disciples", or "five hundred bhiksus", or "five hundred arhats" were then just used to indicate large quantity just as ancient Chinese preferred to use number "nine" to indicate large quantity. Besides, in Buddhist literature, there are also stories about "five hundred wild geese", "five hundred bats", "five hundred immortals", "five hundred boys", "five hundred merchants" and "five hundred robbers" and their respective roads to arhathood, adding much interesting elements to the legend of the five hundred arhats. In early Northern Song Dynasty, some careful people searched through Buddhist classics and finally identified the five hundred arhats by giving them their respective titles. The "Sacred Names of the Eighteen Venerables and Five Hundred Arhats Serving Tathagatha" engraved on the cliff of White Dragon Cave of Huixian Mountain of Yizhou, Guangxi in the 1st year of Yuanfu Period (1098 A.D.) of the Northern Song Dynasty. This is the earliest existing record of 500 arhats. In the 4th year of Shaoxing Period of the Southern Song Dynasty (1134 A.D.), Gao Daosu, an assistant minister of the Ministry of Works, ordered people to carve the names of the five hundred arhats on a stone tablet and place it in the Qianming Temple in Jiangyin, Jiangsu, which finalized the titles of the "five hundred arhats" that had thus become five hundred holy Buddhist monks.

宝光寺的500罗汉，传称是在天台山显化的诺矩罗及其弟子，融合了诺矩罗率弟子入住雁荡与竺昙猷于天台山获见五百应真两种传说，正是此一信仰演变的历史结果。不仅如此，在传统的"五百罗汉"之外，宝光寺罗汉堂又别出心裁地增加了三佛、五菩萨、一明王、十八罗汉、五十祖师，形成一种独一无二的组合——超越天台传统的组合，再现佛国真如的组合："即此是天台，象显阿罗五百；俨然真佛国，堂开法界三千。"罗汉堂里，既有宝光寺对传统的继承，也有对传统的突破，显示出独特的艺术。

罗汉堂的创建始于五代。据黄休复《益州名画录》记载，前蜀画家赵德齐曾作画于崇真禅院罗汉堂。但此罗汉堂是否就是后来五百罗汉的前身，没有别的证据可以证明。目前所见有确切文献记载的最早罗汉堂，应该是后周显德元年（954年）道潜在杭州净慈寺创建的罗汉堂。入宋以后，罗汉堂在全国各地的寺院普遍推开，建康保宁寺、浙东双林寺、台州能仁寺、福州大乘爱同寺、汀州定光吉祥寺、永州法华寺、潮州开元寺等等都建有专门的罗汉堂。此外，宋代的500罗汉造像也常被安置在寺院的高阁上，故又多称罗汉阁。庐山东林寺有罗汉阁，台州报恩寺有罗汉阁，寇准有《留题洛北罗汉阁》，苏轼有《资福禅院罗汉阁记》，李觏有《承天院罗汉阁记》，彭汝砺有《登罗汉阁》等等。这些罗汉堂阁应该都是规模不大的建筑，王庭珪《隆庆禅寺五百罗汉堂记》称其只是两楹的小屋。500罗汉造像被随意地安置在这些堂阁之内，没有特别的讲究，其情形类似于现存的昆明筇竹寺罗汉堂。伴随500罗汉造像体量的不断增大，原来狭小的罗汉堂阁难以容纳，南宋初年，杭州净慈寺重建罗汉堂时，发展出了"田"字布局的独特建筑形式。这种建筑形式以"十"字为轴，内分四院，通过进深将空间划为无数区域，可以回环往复地安置造像，最大限度地利用建筑的内部空间，很快就成了罗汉堂的标准建筑形式，在全国各地普遍推广。宝光寺罗汉堂兴建于清咸丰元年（185□年），"田"字布局，九进九楹，年代虽然不算最早，却是现存明清罗汉堂中规模最大的一处，也是最为规整的一处。在全国"四大罗汉堂"中，北

鸟瞰罗汉堂，可以清楚地看到奇妙的"田"字结构。

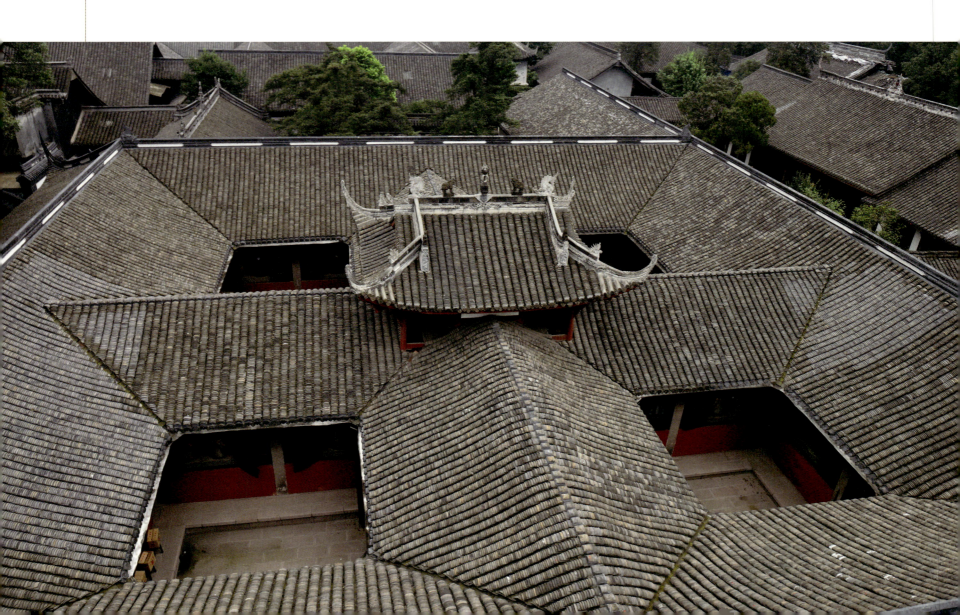

宝光寺罗汉塑像均为泥胎、贴金、彩绘。

According to legend, during the Yonghe Period (345-356 A.D.) of the Eastern Jin Dynasty, Arhat Nakula and over three hundred of his disciples moved to reside in Yandang Mountain in Yueqing, Zhejiang, initiating the arhat worship of Chinese people. Later, the legend was spread among people of Monk Zhu Tanyou meeting the incarnations of the five hundred arhats in Shiqiao (stone bridge) of Tiantai Mountain. But not until the fundamental social transformation at the turn of the Tang Dynasty, had Buddhas and bodhisattvas become the main objects of worship for Chinese people and arhat worship was not popular at that time. After mid-Tang period, against the background of the transition from elite society to civil society, with their great affinity for common people, arhats began to be favored by the public. This period witnessed the creation of countless arhat stories and legends and statues and paintings of arhats were very fashionable. The "Sixteen Arhats" painted by Guanxiu, a monk in Sichuan, and the "Five Hundred Arhats" painted by Monk Faneng, were all masterpieces of arhat paintings at that time and have received praises from many later historians of fine arts. In the 1st year of Xiande Period in the Later Zhou Dynasty, Zen Master Daoqian had an arhat hall built in Jingci Monastery in Hangzhou enshrined with sculptures of the five hundred arhats. While according to the accounts of "Tiantai Mountain Annals", the King of the Wuyue Kingdom once had five hundred copper arhats built for Fangguang Monastery in Tiantai Mountain for people to worship. In the Song Dynasty, statues and paintings of five hundred arhats became much more popular. In the two places of Zisheng Pavilion and the mountain-gate of Xiangguo Monastery in Kaifeng, Henan, there were copper statues of the "five hundred arhats" with materials taken from Lushan Mountain and Yingchuan, respectively. In the 2nd year of Yongxi Period (985 A.D.), Taizong of the Song Dynasty once had five hundred and sixteen arhats built ("sixteen arhats" plus "five hundred arhats") in Shouchang Monastery of Tiantai Mountain. Su Shi wrote "Account of the Five Hundred Arhats in Jiancheng Zen Monastery"; Li Gonglin painted a "Five Hundred Arhats"; Li Liuqian wrote a poem "Cave of the Five Hundred Arhats"; Wang Tinggui made the "Ode to the Five Hundred Arhats in Renshan

京碧云寺胜在早，苏州西园寺胜在多，武汉归元寺胜在材质，新都宝光寺则胜在规模，可谓各有特色，各领风骚，交相辉映，光耀大千。

步入宝光寺罗汉堂，577尊造像分为内外四层，中间连以"十"字，通道回环曲折、俨若迷宫。法身、报身、应身"三佛"与孔雀明王、文殊、普贤、地藏、观音构成"十"字纵横轴线，"西天二十八祖""十八罗汉""东土祖师"分布于"十"字轴线两侧，其他500罗汉从"三佛"开始，左右有序地分布环绕，形成一个结构严谨、等级分明的佛国世界。相传灵隐寺僧叶守益是地藏菩萨转世、济公和尚是降龙罗汉转世，他们的尊像被赫然安放在"十"字横轴的一端，这是民间信仰对宝光寺罗汉堂的影响。"东土祖师"里不仅包含了达摩、慧可、僧璨、道信、弘忍、惠能、怀让、马祖、怀海这些公认的禅宗历代祖师，还包含了悟达国师、圆悟国师、密云定慧、破山海明、笑宗印密、尔生超能、从芝明念、恢彰实阔、玉参际隆、月容了纯、行深达彰、映梅悟柏等宝光寺的历代祖师，是宝光寺僧众对罗汉堂的影响。作为中国佛教史上的著名高僧，悟达国师、圆悟国师在500罗汉之中已有尊容（分别为悟达尊者与受胜果尊者），再被重复列入"东土祖师"，尤见宝光寺僧众对他们功著于寺的铭志不忘。康熙、乾隆二位皇帝化身为"阇夜多尊者"和"直福德尊者"跻身于"五百罗

Mountain"; and Shi Yaobi wrote "Poem on the Five Hundred Arhats in the Back Cave of Fangguang Monastery of Hengshan Mountain". Since the Song Dynasty, "five hundred arhats" have become the most worshipped Buddhist figures and favorite raw materials for artistic creation. The five hundred arhats of Baoguang Monastery have been said to be the representations of Nakula and his five hundred disciples. As a result of historical evolution, stories have integrated the legend of Nakula leading his disciples to live in Yandang Mountain and the legend of Zhu Tangyou's encountering the incarnations of the five hundred arhats. Apart from the five hundred arhats, the Arhat Hall of Baoguang Monastery has uniquely added three Buddhas, five bodhisattvas, a vidya-raja, eighteen arhats and fifty patriarchs, an unmatched combination exceeding that of Tiantai Mountain. The Arhat Hall of Baoguang Monastery has carried forward traditions on the one hand, and made some breakthroughs on the other hand. With such contrast its unique charm has been highlighted.

The building of the arhat halls started in the Five Dynasties period. In his "Record of Famous Paintings of Yizhou", Huang Xiufu mentioned that Zhao Deqi, a painter of the Former Shu Kingdom, once painted in the arhat hall of Chongzhen Zen Monastery in Wenzhou. But no other proof has been found to verify that this arhat hall was the predecessor of the five hundred arhats hall. Exact record

罗汉堂内景一角。左前
方为济公和尚塑像。

罗汉堂 佛国千胜景 艺海甚阿罗

from literature indicates that the first arhat hall is the one founded by Monk Daoqian in Jingci Monastery in Hanzhou in the 1st year of Xiande Period in the Later Zhou Dynasty. In the Song Dynasty, arhat halls began to appear in monasteries throughout the country such as Baoning Monastery in Jiankang, Shuanglin Monastery in Zhejiang, Nengren Monastery in Taizhou, Dacheng-Aitong Monastery in Fuzhou, Dingguang Jixiang Monastery in Tingzhou, Fahua Monastery in Yongzhou and Kaiyuan Monastery in Chaozhou. In addition, the statues of the five hundred arhats in the Song Dynasty were often placed high in the upper floor of pavilions in monasteries, thus the name of arhat pavilion (*Luóhan Gé*). Arhat pavilions can be found in Donglin Monastery in Lushan Mountain and Bao'en Monastery in Taizhou. As for literary records, Kou Zhun wrote the "Comments on the Arhat Hall in the North of Luoyang", Su Shi the "Accounts of the Arhat Hall of Zifu Zen Monastery", Li Zhijiang the "Record of the Arhat Hall of Chengtian Monastery", and Peng Ruli the "Ascending the Arhat Hall". As Wang Tinggui wrote in his "Record of the Five Hundred Arhat Hall in Longqing Zen Monastery", conceivably, these arhat halls were not large architectures. The statues of the five hundred arhats were casually placed in these pavilions and halls without particular restrictions. Similar example can be found in the arhat hall of Qiongzhu Monastery in Kunming. However, the original arhat pavilions could not house arhat statues with the steady increase of their sizes. In early Southern Song Dynasty, the unique architectural form resembling the shape of Chinese character "田" was developed in rebuilding the arhat hall of Jingci Monastery in Hangzhou. The building was thus divided into four courtyards inside that could make the most of space in the placement of arhat statues. Such style soon became the standard for arhat hall building throughout the country. The Arhat Hall of Baoguang Monastery was first built in the 1st year of Xianfeng Period in the Qing Dynasty. Although it is not the earliest of its kind, it is one of the biggest existing arhat halls of the Ming and Qing Dynasties as well as the best planned one. With regard to the "four arhat halls of China", the one in Biyun Monastery is the earliest, the one in Xiyuan Monastery in Suzhou excels in number, the one in Guiyuan Monastery in Wuhan distinguishes itself in its use of materials, while the one in Baoguang Monastery is of the largest size. These four arhat halls possess their individual features and at the same time complement each other.

Inside the Arhat Hall of Baoguang Monastery, five hundred and seventy-seven statues are placed in four square circles resembling a maze connected in the center by passageways with cross-like horizontal and vertical aisles formed by the row of Trikāya Buddhas i.e. Dharmakāya Buddha, Sambhogakāya Buddha and Nirmānakāya Buddha and the row of Maha-mayura-vidy-rajni, Manjusri, Samantabhadra, Ksitigarbharaja and Avalokitesvara. Placed on the two sides of the cross are the "twenty-eight patriarchs of the Western Heaven", "eighteen arhats" and "patriarchs of the Eastern Land". Starting from the Trikāya Buddhas, other five hundred arhats are aligned on their left and right sides, forming a solemn and clearly-graded Buddhist realm. According to legends, Monk Ye Shouyi in Lingyin Monastery was the reincarnation of Ksitigarbharaja and Monk Jigong was the reincarnation of Mahakassapa (or dragon-subduing arhat). Their statues are placed at one end of the cross axis, an indication of the influence of folk belief on the Arhat Hall of Baoguang Monastery. The "patriarchs of the Eastern Land" include not only successive patriarchs of Zen Sect such as Bodhidharma, Huike, Sengcan, Daoxin, Hongren, Huineng, Huairang, Mazhu and Huaihai, but also successive patriarchs of Baoguang Monastery such as Imperial Master Wuda, Imperial Master Yuanwu, Miyun Dinghui, Poshan Haiming, Xiaozong Yinmi, Ersheng Chaoneng, Congzhi Mingnian, Huizhang Shikuo, Yucan Jilong, Yuerong Liaochun, Xingshen Dazhang and Yingmei Wubai. As prestigious dignitaries in the history of Chinese Buddhism, Imperial Master Wuda and Imperial Master Yuanwu were already included (respectively with the titles of Venerable Wuda and Venerable Supreme Fruition) in the five hundred arhats, they were again included into the "patriarchs of the Eastern Land". From this we can see that the monks of Baoguang Monastery have deeply remembered their contributions to the monastery. Following the tradition of the arhat hall of Biyun Monastery in Beijing, the arhat hall of Baoguang Monastery also included Emperor Kangxi (Venerable Śayata) and Emperor Qianlong (Venerable Virtue and Merit) in the five hundred arhats, which was definitely a demonstration of the influence of imperial politics on the five hundred arhats. While in the arhat hall of Biyun Monastery, there is another statue of Emperor Qianlong in helmet and armor, with the identity of "Venerable Destroyer of Mithya-drsti", which is absent in the five

宝光寺罗汉塑像以姿态各异、表情生动著称。此尊塑像采用写实手法，
通真地刻画了一位托腮沉思、若有所悟的罗汉形象。

罗汉堂中四面观音像两旁的十八罗汉塑像。

汉"，沿袭了北京碧云寺罗汉堂的传统，这是帝王政治施加于"五百罗汉"的影响。但碧云寺罗汉堂里的另一尊乾隆，顶盔挂甲，戎装打扮，化身为"破邪见尊者"，却没有在宝光寺500罗汉中出现，说明宝光寺罗汉堂毕竟还有自己的选择原则，不愿把装束格格不入的乾隆纳入在500造像之中。而碧云寺罗汉堂里蹲在房梁的济公和尚，却被宝光寺罗汉堂安置在了显要的"十"字线上，顺应了民间对济公和尚的喜爱和尊重。在对传统的继承中，宝光寺罗汉堂也有自己的顺应和抉择，因而能够名扬海内。

海纳百川，有容乃大；兼收并蓄，众妙一堂。为了让宝光寺的罗汉雕塑后来居上，妙胜禅师曾经不辞万里，履北走南，博采各地罗汉雕塑之妙；又聘请了属于北派的陕西帮、属于南派的川西帮和川东帮，共同参与宝光寺罗汉的雕塑。陕西帮的罗汉头部肥大，肌肉丰满，造型奇特，富有情趣；川西帮和川东帮的罗汉头部适中，表情自然，造型写实，亲切生动。这些罗汉造像汇聚了中国南北罗汉雕塑之长，不同风格交相辉映，成就了宝光寺罗汉的独特魅力：有的以大胆夸张、想象力丰富的造型取胜，富于浪漫主义色彩；有的以细腻写实的雕刻取胜，姿态、神情、衣饰，无不栩栩如生；有的以刻画玄灵古怪、亦庄亦谐的罗汉形象取胜，丰富了罗汉雕塑的艺术个性。风格多样且技艺精湛，是宝光寺罗汉造像与众不同的地方。完成宝光寺罗汉的雕塑之后，川东帮领班黎广修又接受了云南昆明筇竹寺的邀请，把宝光寺罗汉雕塑的经验进一步发扬光大，再次奉献了一批杰出的艺术作品——宝光寺与筇竹寺的"五百罗汉"成了中国罗汉雕塑的双璧，均被纳入全国重点文物保护单位名录。而川西帮的周领班在雕塑完成后喜得贵子，则为宝光寺罗汉雕塑平添了一则喜庆吉祥的趣闻。

为修建宝光寺罗汉堂，妙胜禅师曾经托钵化缘二十余年。又传开工以后，突然来了八位挂单和尚，虽然面黄肌瘦，但是神力无比，不仅成了建筑石料的主要搬运者，而且还是堂顶八角阁楼的建造者。先有妙胜禅师的托钵化缘，后有"神僧"的鼎力相助，中有全寺僧众与所有工匠的齐心协力，精诚所至，才铸就了宝光寺罗汉堂的殊胜卓绝。宝光寺罗汉堂既是天时的一代杰作，也是地利的一代杰作，更是人和的一代杰作！

hundred arhats of Baoguang Monastery. This indicates that the arhat hall of Baoguang Monastery has its own principle in selecting arhats and is unwilling to include Emperor Qianlong in military uniform in its statues of the five hundred arhats. Interestingly enough, while the arhat hall of Biyun Monastery in Beijing put Monk Jigong squatting on the roof beam, the arhat hall of Baoguang Monastery put Jigong at an eminent position along its cross axis because of his popularity and the sharp contrast of his love and hatred. In inheriting traditions, the arhat hall of Baoguang Monastery has made its own choices as well as some compliances. Perhaps this is one of the reasons earning worldwide reputation for it.

Just as the ancient saying goes, "Broader mind, greater world", in order to make the arhat statues of Baoguang Monastery surpass their predecessors, Zen Master Miaosheng traveled far in southern and northern China, adopting the best elements of arhat statues of different places he visited. He also hired Shaanxi craftsmen of the northern school and east and west Sichuan craftsmen of the southern school to collaborate in shaping the arhat statues of Baoguang Monastery. The arhats shaped by Shaanxi craftsmen feature plump head and muscular, grotesque and funny figure; while the arhats by east and west Sichuan craftsmen are characteristic of moderate head size, vivid, natural and amiable facial expressions and realistic modeling. The arhats of Baoguang Monastery by these craftsmen are mutually complementary with their diversified styles and have been endowed with unique artistic and cultural charms. We are quite right in saying that the techniques of arhats of Baoguang Monastery are of romantic touch, bold, exaggerative, and full of imagination. It is also justifiable for us to comment that the techniques used for arhats of Baoguang Monastery are realistic, meticulous and true to life. Still, we can declare that the techniques of arhats of Baoguang Monastery are fantastic, mysterious, solemn and humorous. Indeed, the arhats of Baoguang Monastery differ a lot from those in other places for its blending of the best of the north and south and we can not make simple judgment about them with only one standard or from one perspective. After completing the arhats in Baoguang Monastery, Li Guangxiu, the leader of eastern Sichuan craftsmen, went to Yunnan at the invitation of Qiongzhu Monastery in Kunming to make the five hundred arhats there, carrying forward his experience in Baoguang Monastery. The five hundred arhats he made for Qiongzhu Monastery again became masterpieces like the ones in Baoguang Monastery. The arhats statues of the two monasteries have actually become an unmatched pair of five hundred arhats and were all included in the list of national key cultural relic protection units. Leader Zhou of the western Sichuan craftsmen was wild with joy at the birth of his son shortly after his completion of the arhats in Baoguang Monastery, which provided a thought-provoking anecdote for these arhat statues.

In order to build the arhat hall of Baoguang Monastery, Zen Master Miaosheng traveled extensively to collect alms through mendicancy. There was a legend that, after the commencement of the project, there suddenly came eight traveling monks for temporary stay in the monastery. They were thin and emaciated, yet with unbelievable supernatural strength. They were the major transporters of stone materials needed for the arhat hall as well as the builders of the octagonal pavilion on the top of the arhat hall. With the arduous mendicancy of Zen Master Miaosheng, the magic power of the "holy monks", and the concerted efforts of the monks of Baoguang Monastery and Buddhist believers, the excellence of the arhat hall of Baoguang Monastery was undoubtedly a natural outcome. It is a masterpiece created at the right time, in the right place, and by the right people…

三身佛

　　三身佛位于罗汉堂的最里端，是一堂圣众的核心。佛教之所谓"身"，是法聚的含义，以理法、智法、功德法各别聚集而有法身、报身、应身三种区分。法身是理体之身，为法性真如的体现，常住不灭；报身是果报之身，表示证得了绝对真理，获得了佛果而显示佛智的佛身。应身是应化之身，为佛应众生机缘而变现出来的形象。转成寺院造像后，一般又以毗卢遮那佛表法身、卢舍那佛表报身、释迦牟尼佛表应身。其造像排列，则以毗卢遮那佛居中，卢舍那佛在其左手边，释迦牟尼佛在其右手边。与"纵三世佛"（即过去世燃灯佛、现在世释迦牟尼佛、未来世弥勒佛）或"横三世佛"（即东方药师佛、中央释迦牟尼佛、西方阿弥陀佛）之类造像组合不同，三身佛不以"世界"为组合标准，而以正因佛性、了因佛性、缘因佛性为依据，意在从体、相、用三个方面完整地展示佛法的含义。罗汉堂的三身佛像均高2米，造型内敛，面容睿慈，衣褶生动，色泽饱满，观之令人如沐春风。造像独具的端庄雍容，为罗列森然、千姿百态的罗汉堂定下了庄严祥和的底色。

应身佛释迦牟尼佛　　　　　　　　　法身佛毗卢遮那佛　　　　　　　　　报身佛卢舍那佛

四大菩萨

"菩萨"是菩提萨埵的简称,"菩提"意为觉悟,"萨埵"意为有情(即众生),"菩萨"也就是令众生觉悟的大修行者。"四大菩萨"即文殊、普贤、观音、地藏,分别代表了大智、大行、大悲、大愿这四种善德。文殊菩萨是菩萨之首,七佛之师,智慧无量,堪称大智,相传出生时,所在房屋化为莲花。文殊菩萨以狮子为坐骑,这是因为佛教常以"狮子吼"比喻佛法,狮子一吼,百兽镇服,佛法一出,众生震撼。佛法之所以能令人心悦诚服,不是依靠强力,而是依靠智慧。于是身为大智菩萨的文殊,自然就是驾驭狮子的最佳人选了。普贤菩萨有十大行愿:礼敬诸佛、称赞如来、广修供养、忏悔业障、随喜功德、请转法轮、请佛住世、常随佛学、恒顺众生、普皆回向,这些行愿囊括了佛家修行的各个方面和各种实践,因此普贤也就成为大行的代表。普贤菩萨的坐骑是一头六牙白象,大象是力量、稳重和吉祥的象征,在这里意味着行愿之心稳固不变,行愿之力永不衰竭。观音菩萨发愿拯救世间一切苦难,是佛教慈悲救世精神的体现,故称大悲。观音菩萨最为众人熟悉的两种形象,都与救助苦难有关,一是手持净瓶杨柳,柳枝净水所到之处,烦苦尽除;一是千手千眼,意为观音对世间所有苦难明察秋毫,并皆能施以援手。地藏菩萨代表大愿,因为在现世佛释迦牟尼灭度之后,未来佛弥勒尚未成佛之前的这一段时间内,地藏菩萨担负着度化众生的任务,并为此许下"地狱未空,誓不成佛,众生度尽,方证菩提"的宏愿。

汉传佛教对供奉四大菩萨极为重视,山西五台山、四川峨眉山、浙江普陀山、安徽九华山之所以成为中国四大佛教名山,就是因为它们分别是文殊菩萨、普贤菩萨、观音菩萨、地藏菩萨的道场。

【普贤菩萨】

"普贤"音译为三曼多跋陀罗,佛教认为这位菩萨的身相和功德能遍及一切所在,故称普贤菩萨,也曾被译为遍吉菩萨。在宝光寺罗汉堂中,普贤菩萨所在的位置,正与文殊菩萨相对,在造型上也有意作了对称设计,普贤手执如意,端坐于白象之上,如意谕示菩萨为人间遍布吉祥,也谕示一切行愿都将顺利实现。在白象四足之下,也设有莲座,白象口中也衔着一支莲花,莲花向右下方斜伸,也刚好托住菩萨的右足,既与对面的文殊造像呼应,又稍作变化,不致单调沉闷。

【文殊菩萨】

　　"文殊"也译为文殊师利、曼殊室利，是妙吉祥、妙德的意思。文殊菩萨与普贤菩萨分别是释迦牟尼佛的左右胁侍菩萨，三位合称"释迦三尊"。宝光寺罗汉堂所塑文殊菩萨像，头戴天冠，手持经卷，经卷象征文殊菩萨具有无上般若智慧，以突显其大智菩萨的身份。能工巧匠们对文殊坐骑的刻画也一丝不苟，狮子造像昂首怒目，足踏莲花，既显示佛家威严，又谕示佛门清净。更有意思的是，狮子口衔一支长茎莲蓬，向左下方斜伸，刚好托住菩萨左足，在庄重之中又平添了几分优美和谐趣。

【观音菩萨】

观音菩萨，又称观世音菩萨、观自在菩萨、光世音菩萨，如果从字面解释，则为"观察、听取世间众生的声音"的菩萨。当人们遇到灾难时，只要念其法号，便会前往救助，故称观世音。

位于宝光寺罗汉堂中央的观音菩萨像，高约6米，有28个头、56只手、196只眼睛，体积巨大，颇引人注目。集千手千眼于一身，是观音菩萨诸多法相中的一种，以此体现菩萨寻声救助、普度众生的大悲性格。观音菩萨塑像中也常见一身多手的造型，罗汉堂观音菩萨像手持各类法器，如宝镜、宝剑、宝塔、宝瓶、弓、箭、矩尺、钺斧、法铃等。这些法器有不同的象征意义，如持宝镜手，表示成就大智慧；持宝剑手，表示降服一切鬼神；持钺斧手，表示除一切王难；持宝瓶手，表示调和眷属……这足见世间种种苦难困扰，都可得观音菩萨救助。此外，菩萨还用双手顶举一佛，这就是通常所说的"顶上化佛手"，表示诸佛为其摩顶授记，也是对观音菩萨终将成佛的预言。

【地藏菩萨】

地藏菩萨，音译为"乞叉底蘗沙"。因其"安忍不动如大地，静虑深密如秘藏"，故称地藏。又因其"久远劫来屡发弘愿"被尊为地藏王菩萨。

相传在南宋时，地藏菩萨曾显化为灵隐寺僧人叶守益。秦桧游灵隐寺，叶守益试图打消他杀害岳飞的恶念，在岳飞遇害后，秦桧再到灵隐寺，被叶守益嘲骂。这一传说在《说岳全传》中被演化为"疯僧扫秦"的故事，说灵隐寺的烧饭和尚得玉皇大帝赏赐的三把神火，焚烧秦桧，惩罚了陷害忠良的奸佞。这个故事深得民间喜爱，流传广泛，后成为中国传统戏曲中的名段。灵隐寺在造罗汉堂时，就将叶守益塑像陈列在内，宝光寺罗汉堂也继承这一传统，把地藏菩萨塑造为普通烧饭僧人的形象。

农历七月三十日，是传说中地藏菩萨的诞辰，每到这一天，到九华山朝拜的信徒络绎不绝，可见地藏菩萨信仰在民间的流行。

【孔雀明王】

　　明王是佛的"忿化身"，也被称为忿怒尊、威怒王，他要担任防卫歼魔等任务，所以一般看到的明王形象，多为忿怒相。不过也有例外，孔雀明王就是温雅优美的代表。孔雀明王被视为是释迦牟尼的前身，又称佛母大孔雀明王，是以女性形象显身的五位明王之一。印度次大陆因地理气候原因饱受蛇害，而孔雀是蛇的天敌，因此古代印度人素有孔雀崇拜的信仰。在佛教中，孔雀明王的咒语《佛母大孔雀明王陀罗尼》被认为具有消除各种鬼魅、毒害、恶疾的法力。宝光寺罗汉堂将孔雀明王塑为和蔼温柔的中年女子形象，以五彩斑斓的孔雀为坐骑，色调温暖，形态优雅，面容慈爱，充满母性光辉。

【济公和尚】

在中国家喻户晓的济公和尚，历史上确有其人，即南宋临济宗杨岐派僧人道济（1148～1209年）。道济俗名李修缘（一名李心远），浙江天台人，初在杭州灵隐寺出家，后得法于瞎堂慧远禅师门下。道济生性洒脱，行事疏狂，嗜酒肉，将中土禅宗不拘形制、活泼自在的特点发挥到极致，故又称"济颠"。他喜欢与市井人物交游，在民间留下许多有趣的传说。南宋时就已经有人将这些传说收集成书，与今天人们熟悉的济公故事已非常接近，明末清初天花藏主人编撰的《济颠大师醉菩提全传》，是佛教界公认的描写济公事迹的最好作品，书中所录《济颠禅师语录》，接近史实原貌。2006年，"济公传说"被列入第一批国家级非物质文化遗产名录。传说中的济公和尚，常以癫狂之举，行慈悲济世之事。据说，有一天济公路过一户人家，见门前有一酱缸，就蹲到上面大便，还在墙上写了一首打油诗："你家酱一缸，内有毒蛇藏，若无老僧说，人口俱被伤。"主人家叫苦不迭，只好把酱缸倒掉，不料倒出两条赤练蛇来，这才知道济公救了一家人的性命。诸如此类的传说，体现了民间对济公的喜爱。人们认为他是降龙罗汉转世，为了度化世人，才故意以癫狂的形象显化世间。如此，狂放癫痴的济公恰恰成了佛家大慈大悲的一个经典符号。

宝光寺罗汉堂中的济公和尚塑像，歪戴僧帽，手揣酒杯，趿拉着僧鞋，眼神迷离，嘴唇微张，惟妙惟肖地刻画出一副醉态，生动地再现了人们心目中的济公形象。仔细观察这尊塑像的面部表情，就能体会到传说中的"一半脸儿哭，一半脸儿笑"，这既可以说是雕塑师精准地把握了醉汉的面部特征，也可以理解为济公慈悲情怀的象征。千百年来，中国的老百姓都深知，癫狂放诞，喜乐风趣的活佛济公心怀对苍生的悲悯，其不拘戒律的行为，恰是对人世苦难的拯济。

十八罗汉

　　"十八罗汉"的说法，中国人耳熟能详，但在早期佛教传统中，遵从佛陀嘱托，永住世间守护正法的只有十六位罗汉。那么"十八罗汉"是怎么来的呢？相传是佛教传入中国后，在唐末才添加上去的，到了宋代，就很流行了。但增加的两位罗汉，有说是加入降龙、伏虎的，也有说是加入迦叶尊者、军徒钵叹的，并无定论。宝光寺所塑的十八罗汉为：宾度罗跋罗堕阇尊者、迦诺迦伐蹉尊者、迦诺迦跋黎堕阇尊者、苏频陀尊者、诺矩罗尊者、跋拖罗尊者、迦理迦尊者、伐阇罗弗多罗尊者、戍博尊迦尊者、半讬迦尊者、啰怙罗尊者、哪伽犀那尊者、因揭陀尊者、伐那婆斯尊者、阿氏多尊者、注荼半讬迦尊者、降龙尊者、宾头卢尊者。

　　将十八罗汉绘成画像，始于五代时期的画家张玄和名僧贯休。后来，宋代大文豪苏东坡为二人的画作题写了赞文，即《十八大阿罗汉颂》和《自海南归过清远峡宝林寺敬赞禅月所画十八大阿罗汉》，前文为张玄所画而作，未标罗汉名号；后文为贯休所画而作，在标罗汉名号时，将第十七位尊者标为庆友（庆友是《法住记》的作者，相传降服了龙王，故又称降龙罗汉），将第十八位尊者标为宾头卢，这其实是苏轼的疏忽，因为宾头卢就是第一尊者宾度罗跋罗堕阇尊者。宝光寺塑十八罗汉时，沿用了苏东坡的说法，加入了降龙尊者与宾头卢尊者，分别位于罗汉堂大门的两侧，其造型与金刚力士相似，手持法器，仿佛是罗汉堂的守护门神。因苏东坡之误，宝光寺罗汉堂为宾度罗跋罗堕阇尊者塑造了两个风格截然不同的形象，对比观之，十分有趣。误会反成趣谈，这既是因为苏东坡的名望，更是因为宝光寺罗汉雕塑技艺的精湛。

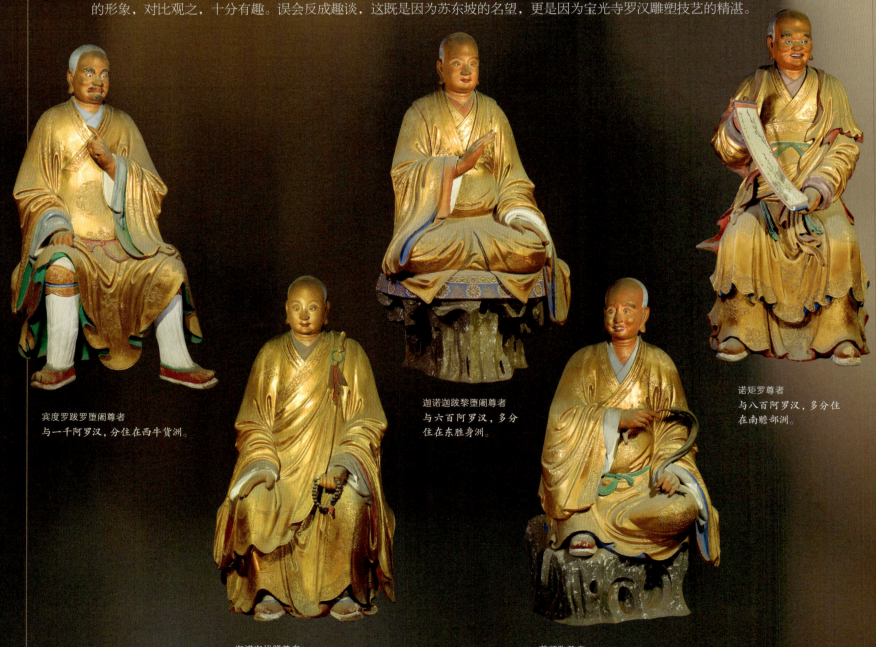

宾度罗跋罗堕阇尊者
与一千阿罗汉，分住在西牛货洲。

迦诺迦伐蹉尊者
与五百阿罗汉，多分住在印度北方的
迦湿弥罗国。

迦诺迦跋黎堕阇尊者
与六百阿罗汉，多分住在东胜身洲。

苏频陀尊者
与七百阿罗汉，多分住在北俱卢洲。

诺矩罗尊者
与八百阿罗汉，多分住在南赡部洲。

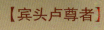

【宾头卢尊者】

宾头卢，全名宾度罗跋罗堕阇，是佛陀的弟子之一，年少出家，证悟了阿罗汉果。因无故在世人面前显现神通，受到佛陀斥责，不许他在阎浮提洲行化，只能去西牛货洲，后来又令他不入涅槃，永住南天竺的摩梨山变化众生。正因为是住世罗汉，宾头卢历来被视为圣僧，印度小乘佛教寺院也安置宾头卢像。中国自唐代以后，寺院中的僧堂（也兼作食堂）也流行安置宾头卢像。宾头卢本为白头长眉之相，宝光寺罗汉堂所塑其坐像就是以此为依据，但安置在罗汉堂大门一侧的这一位，则被塑为袒胸怒目，手持宝环的模样。宝环正是伏虎罗汉的法器，《大悲咒》称这一法器"除一切恶障，令得仆役"，降伏猛虎自然也不在话下。可见宝光寺将宾头卢塑为第十八罗汉时，主要是按照伏虎罗汉的形象来设计的。

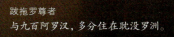

跋拖罗尊者
与九百阿罗汉，多分住在耽没罗洲。

迦理迦尊者
与一千阿罗汉，多分住在僧伽荼洲。

【降龙尊者】

关于降龙罗汉的来历，有不同说法。有人认为降龙罗汉就是庆友尊者，有的认为降龙罗汉曾经转世为济公和尚，但清代以后更流行的看法，是把降龙罗汉当作迦叶尊者。这是因为乾隆皇帝和当时的章嘉活佛都认为第十七位罗汉应该是降龙罗汉（嘎沙鸦巴尊者，也就是迦叶尊者），第十八位应该是伏虎罗汉（纳达密喇尊者，也就是弥勒尊者），这既是皇帝钦定，又得活佛首肯，降龙与伏虎两位罗汉从此在中国就变得非常有名了。

伐阇罗弗多罗尊者
与一千一百阿罗汉，多分住在
钵剌拏洲。

戍博迦尊者
与九百阿罗汉，多分住在香醉山中。

伐那婆斯尊者
与一千四百阿罗汉，多分住在可住山中。

阿氏多尊者
与一千五百阿罗汉，多分住在
鹫峰山中。

苏频陀尊者
与一千三百阿罗汉，多分住在
三十三天。

哪伽犀那尊者
与一千二百阿罗汉，多分住在半度波山。

因揭陀尊者
与一千三百阿罗汉，多分住在广胁山中。

注茶半讬迦尊者既是十六罗汉最后一尊，也在五百罗汉中现身，位列第四百九十八尊。他最为人熟知的名字是周利槃特或周利槃陀迦，出身印度最高种姓婆罗门，是佛陀的弟子。注茶半讬迦生性愚笨，听闻的佛法，诵过即忘，常被人耻笑，他自己也为此苦恼。佛陀就专门为他制定了一个法门，让他单单记住"拂尘除垢"这一句话，在为诸位比丘拂拭鞋袜时不断念诵，以消宿业。日复一日，他终于开悟，并证得了阿罗汉昊，从此心性灵明，具大神通，还曾经现法相为六群比丘讲法。注茶半讬迦的故事，是佛陀分类教化的典型，也体现了佛教众生平等的理念，无论何人，只要具备足够的诚心和坚持，终能大成。罗汉堂中的两位注茶半讬迦尊者，都被塑为端坐的老年沙门的形象，一慈眉善目，一肃穆庄重，各具特色。

【啰怙罗尊者】

啰怙罗本是释迦牟尼出家前所生的儿子，后或为佛陀十大弟子之一，以"密行第一"著称。啰怙罗，也译为啰睺罗、啰云等，意译"覆障"，因他生于啰睺罗阿修罗王障蚀月时，同时也因其在母胎中长大六年，为胎所覆，故有此名。据佛经记载，佛陀成道六年后返家，令啰怙罗出家受戒，从此他成为佛教中第一个沙弥，并最终证悟了阿罗汉果，同时也成为十六位住世阿罗汉之一。

祖师

　　宝光寺历史上人才辈出，为纪念那些对宝光寺的兴建、发展做出重要贡献的前辈，罗汉堂辟出专门区域陈列历代祖师的塑像。居第一位的是唐代的悟达国师，他是宝光寺开山之祖；宋代的圆悟克勤，为禅宗一代宗师，曾在此授徒讲法，进一步扩大了宝光寺的知名度；明清之际的著名禅师破山海明，作为宝光寺中兴之祖笑宗印密禅师的老师，也被宝光寺尊为祖师。除这三位重量级的大宗师之外，还设有笑宗印密、尔生超能、从芝明念、恢彰实阔、玉参际隆、月容了纯、行深达彰、映梅悟柏等高僧的塑像。在罗汉堂中陈列本寺祖师的塑像，是后人对前辈的礼敬，也是以一种独特的方式向信众及游人讲述宝光寺的历史。

【悟达国师】

　　悟达国师（809~881年），眉州洪雅（今四川洪雅）人，俗姓陈，法名知玄，是唐代佛学造诣渊深的高僧，朝廷赐封"国师"，在民间也很有声望，其生平事迹逐渐被传奇化。传说中，知玄是其母梦月而生，慧根早发，七岁时听法泰法师讲《涅槃经》，从此与佛门结缘。十一岁出家，两年后应丞相杜元颖邀请，在成都大慈寺普贤阁下升堂讲经，声名鹊起，蜀人称之为"陈菩萨"。后随师出川游学，唐文宗宣召入内讲法。因方言口音影响讲经传法的效果，知玄便在象耳山诵大悲咒，而后梦见神僧为其换舌，之后他的口音就变成秦地之音。唐武宗灭佛，佛教遭受严重打击，知玄因名望全身而退，归蜀隐居。民间还流传他是东汉袁盎的转世，为忏悔前世错斩晁错的罪孽，作《慈悲三昧水忏法》。

　　知玄与宝光寺的因缘，也因一段传说而被赋予传奇色彩。唐僖宗入蜀避难期间，某夜漫步，看到已成废墟的宝光寺佛塔中有光芒射出，急召知玄询问。知玄认为这是祥瑞，表示黄巢之乱即将平息，皇帝可以回转长安了。僖宗闻之大喜，命人发掘，果然从佛塔废墟中得到佛祖舍利。僖宗即命知玄重修宝光寺，并赐其"悟达国师"封号。宝光寺因悟达而重兴，宝光塔从此屹立千年，悟达国师因此被奉为宝光寺之祖。

【圆悟克勤】

圆悟克勤禅师（1063～1135年），宋代高僧，四川崇宁（今四川郫县唐昌镇）人，俗姓骆，法名克勤。出家后，先在成都修习佛教经论，后出川参学，在五祖法演禅师处得到印证，声名日隆。政和末年，奉诏住金陵蒋山，宣和中，又奉诏住持东京天宁寺。南宋初，高宗幸扬州，召克勤入对，高宗赐其"圆悟"封号，故后世称"圆悟克勤"禅师。南宋绍兴五年（1135年），在成都昭觉寺示寂。克勤是宋代禅宗（尤其文字禅）的代表人物之一，后世诸多禅宗法脉都是从他那里流传开来。他的弟子中，以大慧宗杲和虎丘绍隆最为知名，都堪称禅门的龙象人物。清道光年间，王果所撰写《宝光禅院创建重修端末记》，记载圆悟克勤禅师在此授徒传法的事迹，故宝光寺将克勤禅师视为本寺祖师之一，并为其在罗汉堂中塑像。

【笑宗印密】

笑宗印密禅师（1609～1683年），渝州（今重庆市）人，俗姓蹇。他是明清以来对宝光寺的发展贡献最大的禅师之一。20岁出家，28岁受具足戒，在四处游学的过程中，遇到住持梁平双桂堂的破山海明禅师，并从其处得法。印密追随破山禅师十几年，深得真传。清康熙九年（1670年），印密应新都知县毕成英的邀请，来到因战乱而萧条的宝光寺任住持。在印密的努力下，十几年间，宝光寺得以恢复，至今香火鼎盛。正因为印密复兴古刹的巨大功劳，被后代尊为宝光寺中兴祖师。

五百罗汉

　　五百罗汉是中国人根据佛经中五百弟子、五百比丘、五百上首等等提法附会出来的佛教艺术形象。按照佛教的说法，他们应都是亲耳聆听佛法而获证悟的声闻弟子。伴随罗汉信仰在中国的逐步推开，约在五代北宋之际，五百罗汉被分别赋予了各自的名号，并将佛教史上一些确有其人的高僧附会进去，整体地出现在一些佛教寺院和与佛教相关的艺术作品之中，成为一组独具魅力的佛教艺术形象。与之相应，罗汉阁、罗汉堂等也逐步发展成为佛教寺院的有机组成部分。以最早的杭州净慈寺五百罗汉为原型，经过历代继承与创造，至于明清，五百罗汉造像更加辉煌灿烂，往往成为寺院佛教艺术的精华所在。保存至今而又堪为代表的，有所谓"四大罗汉堂"群塑，即北京碧云寺、苏州西园寺、武汉归元寺与新都宝光寺的五百罗汉群塑。宝光寺罗汉堂以其独特的组合与硕大的体量，在中国现存的五百罗汉造像中占有非常突出的位置。

【阿若憍陈如尊者】（第一尊）

　　阿若憍陈如是佛陀在初转法轮时度化的五比丘之一。"五比丘"，即阿若憍陈如、跋陀罗、十力迦叶、波涩波、阿湿波誓。悉达多太子逾城出家时，其父净饭王派出阿若憍陈如等五人追赶太子，但他们见太子出家修行之心已决，就跟随他一起行苦行。释尊成道后，意识到一定要先度化这五人，就来到他们修苦行的树林，向他们开示四圣谛、八正道等早期佛教的基本义理，五人因此悟道。释尊的这次讲法，是佛陀第一次对大众宣说佛法奥义，故被称为"初转法轮"，这五人也成为最早的僧宝。阿若憍陈如以最早证悟而成为第一弟子。宝光寺塑五百罗汉时，以阿若憍陈如为第一尊，既符合佛教史传，也恰到好处地传递了象征意味：五百位尊者是佛教僧宝的象征，而僧宝又以阿若憍陈如为第一，那么阿若憍陈如皈依佛陀，可为后世一切僧侣具足证道的标志。

马胜尊者，即五比丘中的阿湿波誓，他跟随悉达多太子修行并成为佛陀初转法轮时最早证悟的弟子之一。马胜被佛教史传称道的事迹，就是他接引释迦牟尼十大弟子之一的舍利弗皈依了佛陀。马胜尊者在宝光寺罗汉堂中的塑像，不似普通僧人形象，而像是一位致士归隐的官绅，呈现出"富贵又有修养"的气质，代表了罗汉堂塑像中一个独特的类型。从着装上看，不着僧衣、袈裟，而是身披开氅，头披风帽，衣服上绣有蟒纹，符合其曾在净饭国为官的身份。从神态上看，面容安详，略带微笑，是一位和善长者的形象。这样的形象与马胜在佛教中的地位是相似的，作为释迦牟尼最早的弟子之一，他在僧团中是当然的长者。

【摩诃南尊者】（第三百九十八尊）

关于摩诃南尊者的身份，有两种说法，一说是五比丘中的十力迦叶，一说是佛陀十大弟子之一阿那律的兄长。据说释迦牟尼得道成佛后，回到迦毗罗卫国弘法，释迦族诸多年轻人都跟从佛陀出家，摩诃南就对弟弟阿那律说："如果我出家了，那你就要掌管家业。"但阿那律也不愿受缚于家业。反而先于摩诃南出家，摩诃南不得不留在家中经营产业。但摩诃南后来还是皈依了佛祖，成为一名优婆塞，也就是在家的男居士，他经常向僧众布施汤药饮食。

宝光寺罗汉堂所塑的摩诃南尊者，面貌颇似异域僧人。只见他跷着二郎腿，双手抱膝，如在小憩，姿态悠然，瞪目直视，大有睥睨一切、看透世间烦恼的派头。

佛国开胜景·艺海赞阿罗

123

【阇夜多尊者】（第二百九十五尊）

阇夜多是佛教史籍中确有其人的高僧，被中国禅宗尊为西天第二十祖，是北天竺人。据说，禅宗的西天第十九祖鸠摩罗多在中天竺游历时，遇到了阇夜多。此时的阇夜多正处于对善恶果报的疑惑之中，经鸠摩罗多的开导而开悟，终于明白在因缘和合与时机成熟的情况下，果报才会显现。阇夜多从此随鸠摩罗多出家，并成为他的嗣法弟子。

宝光寺罗汉堂的阇夜多尊者像，据说是康熙皇帝的形象。留长须，头戴风帽，身披黄色锦氅，着龙袍，俨然是帝王装束，尤其是在面部还点出一些斑点，以表现康熙因得过天花而麻脸这一特征。但雕塑师又为塑像赋予恬淡安详的神态，使帝王的威严感降低，以体现得道高僧的怡然神趣。

【婆苏槃豆尊者】（第十二尊）

婆苏槃豆尊者，是古印度佛教历史中一位非常知名的论师，中国称之为世亲，或天亲。他与其兄长无著论师一起，开创了佛教中极其重要的一个派别——瑜伽行派。唐代著名的玄奘法师回国后开创唯识宗，所遵从的法门正是瑜伽行派的佛法。

宝光寺罗汉堂所塑婆苏槃豆尊者像，眉毛下垂，眼睛斜视，嘴唇内撇，而且双手蜷起，身势向后倾斜，生动地刻画出一幅惊诧厌恶的神态，仿佛看到了什么不堪入目的事情。对人物表情的把握如此精准，可见雕塑师对日常生活的观察是多么细致入微。

【直福德尊者】（第三百六十尊）

佛教史籍中，并无直福德其人。不过在北魏菩提流支所译《佛说佛名经》中，记载有"直福德辟支佛"这个名号。所以在五百罗汉的名称中，也出现了这位尊者。在有的佛教经典中，曾将大乘佛教根本思想之一的"中道"观念比喻为男子，并称这位男子"质直福德"，意为本真质朴，福德天然。从这个层面讲，无论这个词语的字面意思还是其佛教寓意，都是非常吉祥的。

宝光寺罗汉堂中的直福德尊者像，据说是乾隆皇帝的形象，与第二百九十五尊康熙皇帝像相比，两者在着装和神态上几无二致，只是乾隆皇帝像的面部没有斑点，以示差别。

【伽耶迦叶尊者】（第二十六尊）

在宝光寺的罗汉塑像中，有一类罗汉的形象既非慈眉善目，也非庄严肃穆，雕塑师没有突出罗汉的"超悟"特征，而是把他们塑造得更像山门中护法的天王，通常是双眼圆睁，肌肉虬劲，大有金刚破魔般的气势。伽耶迦叶尊者就是这类罗汉塑像的代表，须发浓密，怒目而视，赤足袒胸，上身只系一根红绸，一手指天，一手紧握绸布下端，作势欲起，大有不降服对方不罢休的意思。风格粗犷，极富动感。

至于伽耶迦叶尊者其人，佛教史籍里确有记载，是释迦牟尼的早期弟子之一。入佛门前，他曾是一个以火为崇拜对象的拜火教徒，自己有二百五十位弟子，他皈依佛陀后，弟子们也自然随师归入佛门。伽耶迦叶尊者的事迹，从一个侧面说明了早期佛教吸纳外教、壮大声势的历史过程。

【敬首尊者】（第一百一十三尊）

在中国佛教史籍中，未曾记载"敬首"这样的高僧，不过在印度佛经中，却有敬首菩萨这样的神圣人物。最为世人熟悉的文殊菩萨，在他诸多名号中，就有一个是"敬首"，意思是万德万行的头首。文殊菩萨曾是七佛之师，在无量菩萨中，也居于首位，堪称"法王子"，所以文殊被称为"敬首"，与他在佛教中的地位是匹配的。

宝光寺罗汉堂中的敬首尊者像，出众之处在于对面部皱纹的精细刻画。额上抬头纹非常明显，正好烘托出眉毛上扬，双眼圆睁的面部动作。嘴部的造型也非常写实，对嘴唇内撇而产生的细小皱纹，都雕刻得一丝不苟。手部动作的设计，也颇具匠心，只见罗汉左手握住腰带，右手托着一只小鸟，为表现罗汉的慈悲，雕塑师还特意将罗汉塑成只用大拇指和食指轻轻握住鸟的尾巴，其余三指则托住小鸟的身体。这个手势，形象地传达出罗汉小心翼翼呵护生灵的态度。

【大忍尊者】（第一百零二尊）

佛教是非常讲究"忍"的宗教，佛教的六波罗蜜中，有一个就是"忍辱波罗蜜"。"波罗蜜"的意思是"到彼岸"，"忍辱波罗蜜"，就是指通过修持忍辱而到达证悟的彼岸。至于"大忍"，则是一种超越了凡生之忍的慈悲之忍与智慧之忍。宝光寺罗汉堂中的大忍尊者像，颧骨较高，身形消瘦，是民间普通老年男子的形象。比较奇特的是，塑像在额头上有一块突起，在佛教中，这往往是修行高深的表现之一。再看尊者的双手，一手指天，一手持葫芦，这一造型具有象征意味。在中国文化中，葫芦有"含藏"之意，通过葫芦包容、含藏的特征，暗示佛教的"忍"是超越世间言相的大忍。

在中国佛教史籍中，也有一位大忍法师，是魏晋时期非常知名的高僧，曾对中国佛教天台宗的开创者智颛法师有过赞誉，也间接帮助了智颛名声的创立。

【调达尊者】（第一百二十七尊）

调达，即佛教中大名鼎鼎的"叛佛者"提婆达多。据佛教史籍记载，调达是释迦牟尼的堂弟，也是一个十恶不赦的罪人。他曾跟随释迦牟尼学习佛法，但后来不仅叛教叛师，而且还多次试图谋杀释迦牟尼，也是杀害佛陀弟子莲华色比丘尼的凶手。不过，大乘佛教的义理中有"一阐提也可成佛"的说法，所谓"一阐提"指的就是断善根的极恶之人。调达虽然犯了重罪，但在大乘佛教看来，也是可以成佛的。所以有的佛典就记载了调达在未来世会成佛，名"南无辟支佛"。而宋代逐渐出现的五百罗汉名号中，调达也位列其中，成为一位罗汉。后人的这些做法，无疑是继承了大乘佛教宣扬的一切众生皆能成佛的思想。

宝光寺罗汉堂中的调达尊者，被塑成一个中年男子的形象，面相敦厚老戒，坐姿端正，两手上举，托起一尊佛像，态度十分恭敬，完全无法将其联想为奸诈阴狠的提婆达多。显然，雕塑师突出的是其"改邪归正"后的特征。

【龙猛尊者】（第一百八十一尊）

龙猛是真实存在的历史人物，即龙树菩萨，龙猛是其别称。他是印度佛教史上最伟大的论师，是中观学派的创立者，甚至大乘佛教也是因他而成立。龙树在中国同样是大名鼎鼎的圣者，中国佛教八大宗派，都尊龙树为共同的祖师，可见这位尊者对中国佛教影响之巨。

宝光寺罗汉堂所塑龙猛尊者可谓"像如其名"，完全被塑造成一个神情刚毅，身形勇猛的武士形象，只见他双眉倒竖，面有怒容，若不是胸前挂着佛珠，更像一尊金刚力士。罗汉右手持龙，龙目上视，流露出乞怜之意，这一细节反衬出罗汉的威猛，尤见雕塑师构思之巧妙。

罗汉堂 佛国开胜景 艺海赞阿罗

【罗旬尊者】（第一百九十一尊）

在佛教史传中，确有罗旬尊者其人，他是佛陀时代的人，还是婆罗门之子，但生来就被相师占算出薄福之命，所以12岁就被父母赶出家门。在皈依佛门之后，罗旬仍然因为自己"福薄命浅"的原因，总是忍饥挨饿，但最终却在佛陀的指引下，证得罗汉果位。

宝光寺罗汉堂中的这尊罗旬尊者像，面相颇有点"尖嘴猴腮"的味道，在中国人的观念中，这正是福薄之相。但雕塑师又特意为之设计了手持净瓶，从头顶倾倒净水的造型，似乎暗示着罗旬尊者洗脱了过去的罪孽，已入罗汉之列。

【无边身尊者】（第二百零七尊）

佛教非常善于运用譬喻来阐发教义，"无边身"一语，就是用身形无限广大、无法测量来比喻佛法的深广。唐代玄奘法师在《大唐西域记》中讲述了这样一个故事：有一位婆罗门，听说佛祖身长丈六，就拿着六丈长的竹竿去测量佛身，然而，在他测量的同时，佛身不断增高，六丈长的竹竿哪里长得过佛身呢。这位婆罗门见此，深感惊恐，只好弃竿而去。又据《大般涅槃经》记载，有一位无边身菩萨，身形广大无比，每个毛孔都生出一朵硕大莲花，每朵莲花上都有七万八千座城池。城池中的人民，生活幸福安乐，国王则每天为大众宣讲佛法。这个故事中的无边身菩萨，其实是佛教美好净土的象征，也体现了大乘佛教广大普度的特点。

然而宝光寺罗汉堂所塑的无边身尊者像，却瘦骨嶙峋，皮肤松弛，完全不能引起人们对"无边身"的联想。这或许是雕塑师有意为之，以显示佛身之无边广大，在神而不在形。

【摩尼宝尊者】(第二百三十二尊)

在佛教中,"摩尼"本就有珠、宝、如意等含义,是一个非常吉祥的词汇。佛祖名字中含有的"牟尼"二字,与"摩尼"实为同一个词的不同译法,所以"释迦牟尼"其实就是释迦族之宝的意思。

宝光寺罗汉堂中的摩尼宝尊者,头戴发箍,须眉浓密卷曲,显然是异域人的长相。雕塑师在取材时很可能参照了胡僧的形象。与其他罗汉塑像不同的是,摩尼宝尊者身旁还塑有一只麒麟。尊者面露微笑,手抚麒麟,似在俯身倾听麒麟传递给他的信息。而麒麟的表情也非常温柔乖巧,它抬起头,眼睛望着罗汉,呈现出一副善解人意的模样。罗汉与麒麟的情态动作相互呼应,传神地表达出他们之间的友善之情。

【议洗肠尊者】(第三百一十五尊)

议洗肠尊者是西晋时入华的僧人佛图澄(232~348年),天竺人,也有人认为是龟兹人,俗姓帛。这位高僧是中国佛教史上的著名人物之一,他不仅在中国广布佛法,门徒众多,同时也是一个具有"神通"的奇人。据说佛图澄左乳旁边有一个四五寸大小的孔,与腹腔相通,每当斋日饭毕,佛图澄就来到水边,从孔中将肠子拿出来清洗。

宝光寺罗汉堂在为议洗肠尊者塑像时,用了暗示的表现方法,以尊者手中所持净瓶,委婉含蓄地表达了"洗肠"之意,以免观者有不适之感。

【常欢喜尊者】（第三百一十二尊）

　　宝光寺罗汉堂中的常欢喜尊者，是最能令观者感受到喜乐的塑像之一。这是一个年轻小伙子的形象，圆圆的脸型搭配着弯弯的眉毛，目光柔和，笑意盈盈，既朝气蓬勃，又亲切和善。这尊塑像采用站姿造型，极具动感，左手玩耍着一套飞铙，右手指着这两个铙，似乎正在向大众炫耀自己飞铙的高超技艺。铙是佛教法器，飞铙是佛事活动中常见的技艺表演，深受民间信众喜爱。汪曾祺的小说《受戒》，就活灵活现地描绘了法会仪式中的飞铙表演。可见，雕塑师非常熟悉民间佛事活动，并特意提取了其中最有欢乐气氛的环节加以形象化，塑造了一尊名副其实的常欢喜尊者像。

【大药尊尊者】(第三百五十尊)

作为一种宗教，佛教有着很深的"治病救人"观念。在佛教的神圣人物中，就出现了大药王这样的角色，乃至佛陀都有"大药王"这样一个尊号。佛教中的"药王"，不仅是治病救人的良医，更是能启悟众生智慧的导师，所以在许多经典中都提到了药师佛、药王菩萨、大药王子等佛、菩萨的名号。据《观药王药上二菩萨经》记载，在过去阿僧祇劫，有佛名琉璃光照如来，上佛灭度后，有日藏比丘，为大众宣说大乘如来之无上智慧。听众中有一位星宿光长者，听闻此法后，心生大欢喜，就以雪山上的良药，供养日藏比丘及僧众，其弟电光明长者，也随同兄长，以醍醐良药供养日藏及诸僧。后来，两位长者成为药王、药上二菩萨。

宝光寺罗汉堂中的大药尊尊者像，以一身四头的造型来表现尊者遍救四方病苦的特点。塑像衣饰端庄，面容柔和，眉目之间流露出温婉慈悲之态，更接近女性的形象，和蔼可亲。

【飒陀怒尊者】(第三百八十八尊)

有人认为飒陀怒尊者就是佛教中有名的贤护菩萨，这位菩萨是八大菩萨及十六大菩萨之一，而且还是一位在家菩萨。据说这位尊者本是古印度王舍城最富有商人的儿子，因前世的善行，在今世得无量福报，他享有的快乐，甚至连忉利天和帝释天的天众都比不上。

宝光寺罗汉堂中所塑的飒陀怒尊者，就像走下佛龛的大肚弥勒菩萨，喜笑颜开，一副慈厚慈祥的模样。有趣的是，这位尊者身上还塑有六个淘气的童子，他们或挖尊者耳朵，或掏尊者肚脐，表现得非常活泼好动。走到这尊塑像面前，一副爷孙嬉闹，其乐融融的画面立刻给人留下深刻印象。

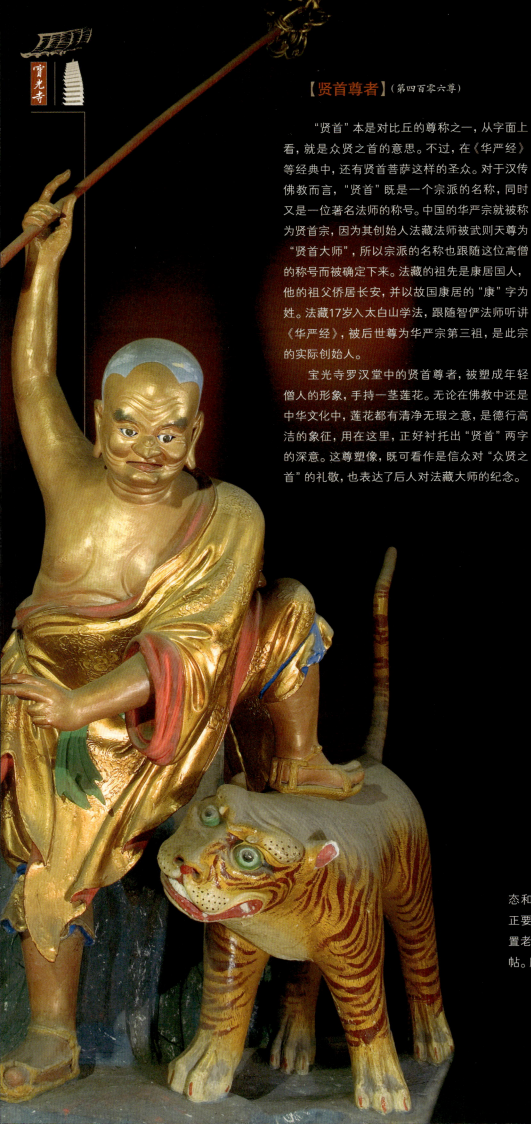

【贤首尊者】（第四百零六尊）

　　"贤首"本是对比丘的尊称之一，从字面上看，就是众贤之首的意思。不过，在《华严经》等经典中，还有贤首菩萨这样的圣众。对于汉传佛教而言，"贤首"既是一个宗派的名称，同时又是一位著名法师的称号。中国的华严宗就被称为贤首宗，因为其创始人法藏法师被武则天尊为"贤首大师"，所以宗派的名称也跟随这位高僧的称号而被确定下来。法藏的祖先是康居国人，他的祖父侨居长安，并以故国康居的"康"字为姓。法藏17岁入太白山学法，跟随智俨法师听讲《华严经》，被后世尊为华严宗第三祖，是此宗的实际创始人。

　　宝光寺罗汉堂中的贤首尊者，被塑成年轻僧人的形象，手持一茎莲花。无论在佛教中还是中华文化中，莲花都有清净无瑕之意，是德行高洁的象征，用在这里，正好衬托出"贤首"两字的深意。这尊塑像，既可看作是信众对"众贤之首"的礼敬，也表达了后人对法藏大师的纪念。

【最无比尊者】（第四百一十七尊）

　　宝光寺罗汉堂将最无比尊者塑成一副伏虎罗汉的模样，对人物姿态和动作的刻画颇为生动，罗汉左脚踏着虎背，右手高举禅杖，仿佛正要打虎。但从罗汉的面部表情来看，并无凶神恶煞之态，似乎无意置老虎于死地。而老虎的形象，也没有暴戾凶残之感，反而显得顺从服帖。雕塑师大概正是以此来突出最无比尊者不怒自威的形象。

【无垢称尊者】（第四百零九尊）

　　无垢称尊者，就是在佛教史籍中非常知名的维摩诘居士，也被称为"净名"。"无垢称"这个名字，是玄奘法师从印度回国后新译《维摩诘经》时使用的称呼，之前，中国还是习惯称维摩诘为"净名"。无论采用哪一种译法，这一名字本身具有两层含义，既意味着清净无垢，又意味着声名远播。维摩诘居士是佛陀时代的人，住在古印度的毗舍离城。他虽然是一位在家居士，却精通大乘佛法，即使是佛陀身边的十大弟子，都无法与其辩难，可见其修为之深。有一次，维摩诘居士生病，佛陀派弟子去探望，但弟子们都觉得以自己的智慧无法胜任这个任务，最后只有文殊菩萨应佛陀之请前去问疾。菩萨与居士相见后，并没有言语交流，却已达到心心相印的境界，这就是佛家典故"净名杜口"的来历。维摩诘以在家居士之身，却能修证无上菩提，这一事迹对中国文人士大夫产生了深远影响，深刻契合了他们既希望入世作为，又能出世修行获得心性解脱的心理。

　　宝光寺罗汉堂所塑无垢称尊者像，是一位安静沉稳的中年禅师形象，双手持一把拂子。拂子是佛门法物之一，可作除尘去垢之用，但更主要的是起一种象征作用，是传戒、说法等法事活动中的庄严仪节之物。在塑像中增加这一道具，既符合无垢称尊者的名号，又为他增添了几分神圣色彩。

【愿事众尊者】（第五百尊）

　　在佛教史籍中，愿事众尊者并非实有其人，之所以把这个想象出来的形象列在五百位罗汉压轴的位置，其实是表达一个美好的愿望。所谓"愿事众"，就是希望上面这些罗汉所代表的佛教推重的观念、思想、行持方式，能够真正得到实践，也希望通过弘扬佛教，使世间诸事和合，圆满无碍。正因为如此，宝光寺罗汉堂将这位尊者塑成双手合十的比丘形象，其神情态度、衣着举止，都与现实中的僧人没有多少差别。雕塑师有意塑造一位以僧装出现的罗汉，就是为了传递佛教的理念——深刻的道理和美好的愿望，都需要通过"行"才能落实到人世间；而人间诸事的和谐，也需要生活在这个世间的众生共同参与，才能够真正实现。

桂湖之畔，紫霞山前，
宝光寺是经声萦绕的佛土，
也是激扬文采、收藏丹青的福地。

因缘际会的过客，
在这里化眼前所见为纸上烟霞，
写心中所悟为笔下气象，
他们与这座千年古刹的邂逅，
从此成为后人凭吊的传奇。

寺中历代高僧亦不乏兼擅笔墨者，
四时风物，天光塔影，
得其吟咏点染，
无处不见诗意与禅心。

又有僧俗人众，
慕宝光寺之高义，
为之广收民间遗珠，
诸名不见经传之作，
遂因宝光寺之藏，
为世人留住了几乎散失的精彩。

书画

禅门留书香　丹青映紫霞

新都宝光寺自清代康熙九年（1670年）复建以来，依托深厚的传统，在短短两三百年内就迅速发展为长江流域四大禅宗丛林之一。其佛法、香火隆盛，所结善果之一，即为寺中所藏大量文物。今数点家珍，已居四川众寺收藏之首。在这些文物珍品中，书画藏品以它特有的艺术魅力独树一帜，有元、明、清、近现代名家绘画和书法近两千件，其中二百余件被鉴定为国家珍贵文物，数量和品质已达到一所普通市级博物馆的收藏水平。

自佛教传入中国以来，寺院就有收藏奇珍异宝的传统。宝光寺的书画收藏传统也相当悠久，但清代以前的藏品已随寺庙的毁损而湮灭，有实物可考的收藏史可追溯到康熙年间寺院复建之初。中兴首任方丈笑宗和尚是明末书法大家破山禅师的弟子，受师傅亲传，得书香墨韵熏陶，有深厚的文化修养。他雅好书画，喜与文人交往，元代光明禅师金银粉书《华严经》、破山海明草书轴、清代朱裳绘于乾隆三十五年（1770年）的《福禄寿喜图》等时代较早的书画作品陆续进入寺院，被珍藏在寺院库房等处，后来被转藏在一座粮仓内。粮仓至今犹存，屋檐下写有建库时寺内所有执事僧众的名字，落款时间为乾隆四十一年（1776年）。宝光寺文物收藏的序幕就此拉开。

宝光寺是清净幽深的佛门重地，擅园林之美，也是书画收藏的殿堂，拥翰墨丹青之妙。

Among the rich collections of cultural relics of Baoguang Monastery, calligraphic works and paintings are the most attractive with their unique artistic charm. The monastery possesses nearly 2,000 pieces of calligraphic works and paintings of masters of the Yuan, Ming and Qing Dynasties and modern times. Over 200 of these masterpieces are rated as precious national cultural relics, and the monastery has reached the level of municipal museum in terms of quantity and quality of its collections.

Since the introduction of Buddhism into China, there has been a tradition for monasteries to collect rare treasures. Baoguang Monastery has a very long tradition of collecting calligraphic works and paintings. However, history before the Qing Dynasty of the monastery has fallen into oblivion due to many times of damages in different periods. Its collection history with physical proof can be traced back to the Kangxi Period during which the monastery was restored. The first abbot in the revival period was Master Xiaozong who had profound cultural

2005年宝光寺文物精品馆开馆时，中国佛教协会会长一诚大和尚题词。

2012年，四川博物院盛建武院长与宝光寺僧众探讨文物保护与管理。

2008年5月29日，凤凰卫视总裁刘长乐在宝光寺东花园参观并与方丈合影。

宝光寺所藏书画主要有以下三种来源：

一、作者亲赠。知识阶层的参与，对推动佛教中国化起到了相当重要的作用，文人与僧人的交游也因此成为一种传统。名家为佛寺泼墨挥毫，既为敬献功德，又能使作品传之久远。而寺院得名家题咏，亦是为佛门增色的佳话。清代以来，宝光寺就吸引众多著名书画家前来礼佛游览，他们或以私人作品相赠，或当场题写留赠寺院。光绪年间，华阳知县王宫午游历此地，绘有多幅墨龙图赠送寺内众僧。其中巨幅作品《双墨龙》，乃应方丈普静禅师要求特为寺院绘制。此图风格凌厉，气吞河岳，可与元代陈容《墨龙图》比肩，被定为国家一级文物。晚清著名画僧竹禅和尚年轻时曾来宝光寺，与该寺结下深厚渊源。十九世纪末期，当他辗转游历至上海、武昌、南海等地时，曾先后按照宝光寺佛堂僧房的大小，绘写巨幅《捧沙献佛图》、九分禅字《华严经纶贯》《十六罗汉》图屏等，不辞千里派弟子星寿送回宝光寺。竹禅去世后，又有他的多幅作品因各种因缘陆续流入寺院。今日寺内所藏竹禅书画三十余幅，具有很高的艺术和文献价值，是研究这位清末画僧生平与艺术成就的重要依据，也是考察清末中国绘画史、书法史的佐证。

蜀中著名学者、书法家颜楷，晚年曾多次留住宝光寺。他深谙佛理，在此抄写《心经》，并写下若干传世诗作。1920年初冬，颜楷在宝光寺书赠十八代方丈无穷和尚七律诗一首。诗曰："九载重经礼上方，随缘来去莫思量。行行前辈升庵里，了了中田罗汉堂。舍利塔光容我住，曼陀花雨自天香。晨钟一饭须参透，定见空王是法王。"该诗以潇洒通脱的行书写就，可谓诗书双绝，皆为传世之作。颜楷的学识才具，与宝光寺的佛学渊深，堪称双璧，此作于吟咏走笔之际，为古城新都又添一段文采风流。

在1942年一个金桂飘香的午后，国画大师徐悲鸿在抗日名将陈离的陪同下游览了宝光寺。感慨国难时艰，佛寺尚存，在东花园内现场挥就《立马》和《古柏》二图，以骏马之昂扬和松柏之劲节，颂扬中华民族不屈不挠的精神。徐悲鸿一生画马很多，宝光寺此幅高近两米，是其传世马图中最大的一幅。五十年后，廖静文女士曾来寺亲做鉴定，凭吊徐悲鸿遗墨。1944年秋天，时称军中三画家之一的梁中铭游桂湖，特为宝光寺作画，留下《三猴嬉水》图。解放后梁中铭赴台任《中央日报》主笔，以一支画笔风靡台湾，他去台之前的画作在大陆并不多见，宝光寺所藏，着实珍贵。

宝光寺自建寺以来，始终受到军政界、文化界名人的青睐。乾隆时期的名将岳钟琪、钦差大臣向荣、四川总督丁宝桢、闽浙总督杨国桢、道光时期的军机大臣潘世恩、四川按察使黄云鹄、四川总督裕瑞、成都副都统庆云、民国时期二十八军军长邓锡侯等或曾向宝光寺送过匾额，或是留书以赠。清代著名书法家赵熙、包弢臣、龚晴皋、王懿荣、刘月渔，画家朱景云、石中坚、江兆筠等，也曾慷慨捐送自己的作品。进入现代，更多文化名人过访此地，如于右任、张大千、徐悲鸿、谢无量、娄师白、巴金、

attainment. He loved calligraphy and painting very much and had very close relations with literati of his time. Early calligraphic and painting works then began to be brought into the monastery, such as Avatamsaka Sutra written with gold and silver powder by Zen Master Guangming in the Yuan Dynasty, the scroll of cursive script by Poshan Haiming and the painting of safety and wish-fulfillment indicating good fortune, ideal salary, long life and happiness (*Fúlùshòuxǐ Tú*) by Zhu Shang in the 35th year of Qianlong Period (1770 A.D.). These works were carefully stored in a granary of the warehouse of Baoguang Monastery and became the first collections of the monastery.

The calligraphic and painting works of the monastery have mainly come from the following three sources:

First source, gifts directly from the authors. On the one hand, calligraphic and painting works by masters sent to monasteries can be regarded as merits and also have better chances of passing down to more generations; on the other hand, inscriptions and poems donated by celebrities can also enrich Buddhist circle with beautiful anecdotes. Since the Qing Dynasty, Baoguang Monastery has attracted numerous famous calligraphers and painters to visit it and pay homage to the Buddha. These celebrities either presented collections of their own works to the monastery as gifts, or inscribed or painted impromptu for the monastery.

During the Guangxu Period in the Qing Dynasty, Wang Gongwu, a magistrate of Huayang County, traveled to the monastery and painted several paintings of ink dragons as gifts to the monks of the monastery. Among these painting, the huge ink twine dragons (*Shuāngmòlóng*) painted by him has been rated as national Class I cultural relic and is a fair match of the ink dragon painting by Chen Rong of the Yuan Dynasty. Zhu Chan, a famous painter monk in late Qing Dynasty, took refuge in Baoguang Monastery in his youth and established very close relationship with the monastery. Successively he had painted huge screen paintings such as "Sand Offering to Buddha", Zen-style calligraphic work

艾芜、冯建吴、张采芹、董寿平、徐无闻、赵蕴玉、马识途、范曾、廖静文等，他们在寺院留下的作品，都具有非同寻常的文化价值。寺内还藏有张大千胞兄弟、著名画家张善孖1926年诗稿手本，是研究民国时期四川地区文化风貌的重要文献资料。

二、民间捐赠。寺院各方信众为捐献功德，或出资请名人作画，或购买传世画作，或将祖传藏品捐赠寺院，这类藏品是宝光寺收藏的另一重要来源。如张大千1941年所临榆林窟壁画水月观音图，融合传统国画与西洋技法，银钩铁划，青绿重彩，瑰丽难匹，画成后即震惊当世。后经时任四川省主席张群批示，新都邦人士女联合集资，于1945年巨资请进宝光寺，从此即为寺内铭心绝品，被奉为至宝。传为宋徽宗《白鹦鹉图》、赵孟頫《五马图》、慈禧太后《绿牡丹图》，都是清末游历外省的新都人重金购回，后来由其子孙无偿捐予寺院。这几幅作品虽为后人仿作，然古意盎然，品质不俗，时隔百余年后也成了不可复得的重要文物。再如明代陈遵《荷花双燕图》、清代李吉寿与李洵叔侄今日少见的真迹、陈廷璧《瑞应麒麟图》等，都经由类似的渠道进入寺院。其中《瑞应麒麟图》一幅，虽为道光年间仿明代宫廷绘画，却很好地保存了原作的风采。尤其照录了原画中沈度的长篇题记，为今人研究明代中非关系史保存了一段重要文献资料。

寺内还收藏有大量历代祖师影像、宗教人物画、水陆道场画，如地狱十殿图、佛三世图、密宗明王人物图、破山海明禅师画像图、光公老和尚图、佛德和尚图、道帆心公和尚图、照峰和尚图等，均为当时文人画家或民间画工所绘。这类画作虽然多数都没有留下作者姓名，却是研究清末人物肖像画和佛教艺术的重要资料。

寺内净土院中有念佛堂，堂中舍利塔后有巨幅彩绘壁画《释迦涅槃图》。壁画高达3米，宽4米有余，以典雅高贵的色泽，描绘了佛入涅槃时，众人举哀的场景。壁画构图以对称为主，谋求局部变化。人物形貌端严，衣褶飘带，合乎法度，作风谨严，虽取自佛经，亦掺入诸多世俗趣味，具有相当高的艺术价值；同时从绘画艺术的角度佐证了佛教的世俗化，亦具有重要的文化价值。此图在民国年间重绘过，1997年四川省文物考古所揭裱重修，基本保持了原画的面貌。此画是目前四川境内禅寺为数不多、保存较好的清代彩绘壁画。

道光二十八年（1848年），寺内修建藏经楼，在楼上两边墙壁彩绘十八诸天，沥粉贴金，光彩耀目。图像至今保存完好，与念佛堂《释迦涅槃图》一起，并称寺院壁画双璧。

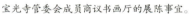
宝光寺管委会成员商议书画厅的展陈事宜。

各界人士纷纷为宝光寺泼墨挥毫。

廖静文女士参观宝光寺时题字，以一个"缘"字，追思悲鸿先生与宝光寺的因缘。

"Outline of Avatamsaka Sutra" (*Huáyánjīng Lúnguàn*) and screen painting "Sixteen Arhats", and had these works sent to Baoguang Monastery from several hundred kilometers away.

In the 33rd year of the Guangxu Period in the Qing Dynasty, Huang Caiming, a painter from Han Yuan County, sojourned in Xindu. He wrote a four-piece screen set "Cool Moonlight and Wintersweet in Snow" (*Hányuè Xuěméi Tú*) and sent to Zen Master Changchan, the then abbot of Baoguanag Monastery. Although more than a century has passed, the scene of fragrant wintersweet in Baoguang Monastery at night and the wonderful harmony of clear and bright moon with white snow are so vivid as if they were just in front of us.

Yan Kai, a famous Sichuan scholar and calligrapher, stayed for many times in Baoguang Monastery in his old age. In the early winter of 1920, he wrote a seven-character eight-line poem in Baoguang Monastery and presented it as a gift to the 18th-generation abbot Monk Wuqiong. This piece of work was written with natural and unrestrained running script, really a masterpiece both in terms of calligraphy and poetry.

In 1942, accompanied by famous anti-Japanese general Chen Li, Xu Beihong, master of traditional Chinese painting, paid a visit to Baoguang Monastery. Emotionally exclaiming at the existence of Buddhist monasteries at the difficult moment of national crisis, he painted impromptu two pictures i.e. "Standing Horse" (*Lìmǎ*) and "Ancient Cypress" (*gǔbǎi*) in the eastern garden. He used the high-spirited horse and dignified cypress to praise the indomitable spirit of the Chinese nation. Although Xu Beihong painted a lot of horses in his lifetime, the one he painted for Baoguang Monastery, 1.8 meters in height, is the largest one of his horse paintings. 50 years later, Ms. Liao Jingwen came to the monastery in person to identify and admire the two paintings as a way to commemorate Xu Beihong.

Since its birth, Baoguang Monastery has always been a place much favored by celebrities in military, political and cultural circles. Famous general Yue Zhongqi in Qianlong Period, imperial envoy Xiang Rong and Sichuan Governor Ding Baozhen had sent inscription boards or left their own calligraphic works to the monastery. Famous calligraphers in the Qing Dynasty, such as Zhao Xi, Bao Bichen and Gong Qinggao had all donated their works to the monastery generously. In modern times, a great number of cultural celebrities, such as Lou Shibai, Ba Jin, Ai Wu and Fan Zeng have paid visits to the monastery and left to it their works of unusual cultural value.

Second source, private donations. In order to accumulate merits, Buddhist believers paid to invite

三、僧人自作。自清初重兴，宝光寺不少僧人对绘画书法情有独钟，且艺术造诣颇为可观，如照峰和尚、佛贞和尚、贯一法师、自信和尚、云晏法师、遍能法师等，都各有擅长。贯一和尚1921年任宝光寺方丈，精于佛学，博通文史，喜诗文，好书法。楷书以颜、柳为宗，颇具法度；隶书从汉魏入手，用笔放纵而不越规矩；尤善榜书，笔墨酣畅，气势磅礴。遍能法师早年师事清末翰林、蜀中名士赵熙，积累了丰富的文化底蕴。他精于文物鉴赏，又是书法名家，其书法端庄而不板滞，灵便而不轻浮，往往令一般浅涉墨翰而侈谈神气韵味者望尘莫及。此外，一些与宝光寺常有交往的川内高僧，也在宝光寺留有作品，如乘三法师擅长行书，如蜻蜓点水，脱略恣逸。隆莲法师，善行楷，端庄平正，温文尔雅。这些具有不俗文化功底的僧人不仅留下了自己的创作，还致力于从各方收集作品，经数代人的努力，终使宝光寺的书画收藏蔚为大观。这批藏品，其意义不止于书画艺术本身，更是僧人文化修养与艺术才能的见证，足见宝光寺既是经声萦绕的佛土，又是翰墨流香丹青映彩之地。

宝光寺所藏书画上迄元代，下至近现代，既包含大量蜀地名作，也有来自南粤、京津、湖广各地的名家作品，可谓时接千载，荟萃南北。书法方面，包括各类佛经、诗词、札记、对联，往往深含佛教义理；绘画方面，多为人物花鸟。人物多佛教人物、祖师像、历代高贤隐士图，花鸟多梅、兰、竹、鹤之类。无论书法还是绘画，既有显而易见的佛教色彩，又深得中国水墨艺术之美。书画藏品是宝光寺寺院文化的一个重要组成部分，艺术所达之境，文心与佛心，在禅院香火与晨钟暮鼓之中交织一体，给寺内僧徒以艺术的熏陶和灵性的启迪，更给礼佛求法的信众以文化的浸润和生命的安慰。

宝光寺收藏能拥有今天的成就，是寺僧和信众代代传承的香火与善缘。佛家视万物平等，无尊卑贵贱之分，也正是此平常之心，成就了它保存文化的功业。这些收藏有两大特点，一是不局限于金钱价值与作者名望。无数名不见经传的画家和民间画工的作品，甚至佚名的书画作品都得以入藏。这样的收藏，恰能补典籍史书之缺，使后世得以领略一个时代艺术风貌的丰富性。随着时间的流逝，这些藏品有的因其本身的艺术价值而成为珍品，有的则因其文化价值与史料价值而成为不同于经典名家之作的另一种宝藏。另一个特点是不局限于时代远近。当代人的作品，即使为普通人所作，但凡有缘入寺，都被僧众郑重对待。这两个特点，使寺院收藏不同于一般世俗收藏重经典轻日常，重古代轻当下的传统，却暗合现代博物馆的两大收藏理念——一是文化经典与反映日常生活的文物并重，二是为了历史，收藏今天。在这个意义上，古代寺院收藏并不只是起到锦上添花的作用，而是对世俗收藏必不可少的补充。

五十年后，廖静文女士见到宝光寺所藏徐悲鸿《立马图》，睹物思人，感慨万千。

celebrities to paint for the monastery, or purchased masterpieces from markets or private hands, or donated their ancestral collections to the monastery. These collections constitute another important source for the collections of Baoguang Monastery. For example, the copy of water-moon Avalokitesvara Bodhisattva (*Guānyīn*) according to the Yulin mural paintings by Zhang Daqian in 1941 was purchased and sent to Baoguang Monastery with the fund raised by Xindu locals with the approval of the then Sichuan Governor Zhang Qun. This painting has been regarded as one of the few much-valued collections of the monastery. It is said that the paintings "White Parrot" (*Báiyīngwǔ Tú*) by Huizong of the Song Dynasty, "Five Horses" (*Wǔmǎ Tú*) by Zhao Mengfu and "Green Peony" (*Lùmǔdān Tú*) by Empress Dowager Cixi were all purchased by Xindu people traveling outside Sichuan. Later, their descendants donated them gratis to the monastery. Although these works are just imitations of the originals by later people, they have already become important, exceptional cultural relics of superior quality after over a hundred years.

Inside the monastery, collected are also a large number of pictures of Buddhist masters, religious figures and land and water rituals, which are all works of contemporary literati, painting masters or folk painters. Although these works are mostly anonymous, they are still very important materials for the study of figure painting and Buddhist art in late Qing Dynasty.

In the 22nd year of Daoguang Period (1842 A.D.) in the Qing Dynasty, Monk Miaosheng built the Pureland Court inside the monastery. Monks and believers raised fund to hire eminent painters in Sichuan Province to paint inside the Pureland Court a huge mural "Sakyamuni Entering Nirvana" (*Shìjiā Nièpán Tú*), which is 3 meters high and 4 meters wide. With elegant and sublime coloring, the painting depicts the mournful expressions of the disciples of Sakyamuni Buddha at the moment of his entering nirvana. Although the painting was made mainly according to the accounts of Buddhist sutras, some secular elements were also adopted with considerable artistic value. On the walls of the two sides of the Tripitaka Pavilion are painted with 18 lokapalas gilded, shining, and well preserved. The mural painting "Sakyamuni Entering Nirvana" in the Pureland Court and the painting with the same title in the Buddhist Chanting Hall are called the best mural pair of the monastery.

Third source, works by monks of the monastery. Since the revival of the monastery in early Qing Dynasty, many monks of the monastery were fond of painting and calligraphy and had achieved very considerable artistic level. For examples, Zen Master Shichang, Master Wuqiong, Master Guangyi and Master Bianneng, were all experts in some fields. These monks have not only left their own works to later generations, but also collected such kind of works from all channels. The significance of these collections is not merely limited to purely artistic aspect, they also serve as proofs of cultural accomplishment and artistic creativity of monks.

The collections of paintings and calligraphic works of Baoguang Monastery range from the Yuan Dynasty to modern times, including large quantities of local masterpieces, as well as masterpieces from southern Guangdong, Beijing, Tianjin, Hubei and Hunan. With a timespan covering over a thousand years, whether they are calligraphic works or paintings, these masterpieces from the south and the north contain easily recognizable Buddhist traits and are best representatives of the beauty of Chinese ink calligraphy and painting.

The collections of Baoguang Monastery have experienced a period of four hundred years. This is the result of concerted efforts and goodness of generations of monks of the monastery and believers. The collections bear two characteristics: one is that they are not confined to the monetary value and the fame of the authors; another is that they are not limited to particular period of time. Many works of contemporaries and even of common people, as long as they are of special significance, the monks of the monastery would

宝光寺僧人效仿东晋慧远大师，在寺中建白莲社，传承佛门与文人交游的高风雅韵，也使寺院得收藏丹青之便利。任流光悠悠，世事变迁，一脉书香始终萦绕在宝光寺的青瓦雕窗之间。

宝光寺书画藏品正是这方面的杰出代表。

　　宝光寺书画收藏，除得益于寺僧的文化功力与精心藏护之外，也受惠于知识阶层、显贵要人、民间社会三方面的共同支持维护，以及佛教界同人的襄助。这体现了新都各界对宝光寺的信任与尊重，也体现了艺术的魅力不仅可以超越时空，也可以消除人心的隔膜与鸿沟。恰是各界人士对文化、宗教和艺术的这一份尊崇与礼重，使得新都在世事并不安稳的近现代却依然能够葆有宝光寺的经声香火，依然能够养成人文荟萃之地。

　　时光荏苒，宝光寺文物收藏事业在20世纪末迎来了新的发展。1964年周恩来总理在视察宝光寺时指示僧众加强文物保护，"文化大革命"期间又指示驻军对宝光寺加以保护。1978年，时任国务院副总理的方毅为宝光寺题字"文物重地"，以后宝光寺又接待了多位中央领导人，都对寺内文物大加赞赏，并提议修建陈列馆进行展览。20世纪80年代，遍能法师出任方丈，主持清理文物，修建文物库房，实施园林建设规划。90年代初，寺内僧众首次对文物字画进行了全面整理清点，将库房北厢改建为崭新的文物库房。2001年5月，宝光寺被国务院列为全国重点文物保护单位。2005年8月25日，在清代云水堂旧址兴建的文物精品馆正式对外开放。这是国内第一个由寺院修建的文物博物馆，其硬件设施完全达到了现代博物馆的陈列要求，开寺院文物收藏展览之先河。自此，宝光寺书画藏品得以走出重门深殿，在更大的范围内惠及世人。

注：在本书书画和器物部分所录题字和碑文中，"□"表示一字磨灭不可识读；"图"表示该文字漶漫不清，推测可能是"某"字；
　　　"○"表示文中空格；"/"表示原文分行。

treat them seriously. These two features actually have coincided with the two concepts of modern museums i.e. emphasis on cultural classics and cultural relics reflecting people's daily life, and the idea of preserving today for history's sake.

The collections of calligraphic works and paintings of Baoguang Monastery indeed indicate the respect for and trust in the monastery by all social circles in Xindu. The chanting of sutra and the enlightening wisdom light of the monastery have made it a cultural sanctuary, while the charm of art is beyond time and space, eliminating the psychological gap between people.

In 1978, the then Vice Premier Fang Yi made an inscription "Treasure House of Cultural Relics" for Baoguang Monastery. After that, several leaders of the Central Government also visited the monastery and highly praised its collections. In the 1980s, Master Bianneng became the abbot of the monastery, he presided over the sorting of cultural relics, built warehouse for them and carried out landscaping for the monastery. In early 1990s, monks of the monastery made a first comprehensive sorting of the cultural relics (calligraphic works and paintings) in the monastery and built a brand-new warehouse on the south flank of the Eastern Garden. In May 2001, Baoguang Monastery was rated as a national key cultural relic protection unit. On 25 August, 2005, the Exhibition Hall of Selected Cultural Relics built on the original site of Yunshui Hall of the Qing Dynasty was open to the public. It is the first cultural relic museum in China ever built by a monastery. The hardware facilities of the exhibition hall are up to the requirements of modern museums. Since then, the collections of calligraphic works and paintings once accessible to only a few began to be available to more people

【双燕荷花图轴·陈遵】

藏品号：000587
年代：明
尺寸：纵146厘米，横89厘米

陈遵，明代画家，生卒年不详。字汝循，浙江嘉兴人。少年即寄情翰墨。善画花鸟、蔬果、草虫，构图新颖，笔力苍劲，栩栩如生。海内鉴赏家重金购求，然非其人辄弗应。从艺活动约在明万历年间。

此幅纸本，工笔设色，属明后期花鸟画上乘之作。其精妙之处，一在用色温雅，一在构图和谐。荷叶用淡墨细勾轮廓与筋脉，续用深浅不一的石绿、花青层层渲染叶色，老叶呈深青，嫩叶为新黄，略枯之叶，则在边缘熏以赭色，以留白现虫蚀之痕，似轻描淡写，却有细致推敲。荷花或用朱砂写盛开之势，或用铅粉揉含苞之态；写离枝之瓣，则深点殷红，中心露蕚。亭亭根茎处，是无波的水面，浮以荇藻，纷以菖蒲。画幅上方剪尾双燕，一只栖于莲蓬，一只翔于半空，双燕相向而鸣，空中似迸出清脆鸟鸣，在一池翠叶粉荷间回荡。

陈遵花鸟取法南宋宫廷院画，用色更为雅淡。刻画虽精，却不求尽似，所谓工而不俗，无丝毫匠气。此幅作于明万历三十八年（1610年），款署"万历庚戌长至日写于宝墨斋中。古吴陈遵"。钤"陈遵私印""陈氏汝循"双白文印。画右钤"歙许伯龙收藏"，可知此画民国年间曾入安徽歙县收藏家许伯龙之手，后不知何故，辗转千里西入宝光寺。

【绣球竹石图轴·钱善言】

藏品号：000598
年代：清
尺寸：纵92厘米，横46厘米

钱善言（1781~1853年），原名钱昌言，字岱雨，浙江海盐人。清代著名书画家钱载之孙，自幼家学渊源，书画有胜出祖父之势。宦游入川，善兰竹花卉，运腕捷如草书，极淋漓潇洒之致。题句书法，无一不妙。三光寺藏有他的多幅花鸟画作。

此幅作于清咸丰三年（1853年），是其七十一岁高龄时的作品。缣本，淡设色，写绣球花、山石与丛竹。叶用淡墨柔瓣，浓墨勾筋。绣球花瓣用圈瓣法，堆簇紧致，色用藤黄，中点蛤粉，似有明亮的光线照射，又似晶莹晨露，遂使纸上花叶焕发出无限生机。竹子用笔不多，纯用蘸水朱砂没骨描出，亦得扶疏掩映之态。画面左上方题句："此花只好闺房种，绿鬓团圞到白头。"款署"咸丰癸丑夏四月佛生前三日写于乔木山馆。岱雨钱善言时年七十有一"。钤印："钱善言印"（白）、"岱雨"（朱）、"锋石斋"（白）。

【瑞应麒麟图轴·陈廷璧】

藏品号：000590

年代：清

尺寸：纵82厘米，横54厘米

陈廷璧，号云帆，贵州贵定人，生平不详。此幅为陈氏摹明代沈度原画而作。

据《明太宗实录》载，永乐十二年（1414年），榜葛剌国进贡麒麟一头，明成祖朱棣令宫中绘图以贺。明谢肇淛《五杂俎》："永乐中曾获麟，命工图画，传赐大臣。余尝于一故家得见之，其身全似鹿，但颈甚长，可三四尺耳。所谓麇身、牛尾、马蹄者，近之，与今俗所画迥不类也。"今台北故宫博物院藏有明代佚名《麒麟图》一幅，画面内容与新都宝光寺所藏清代陈廷璧绘《瑞应麒麟图》完全一致。

此幅纸本，工笔设色。图绘穿耳、络腮胡须番人一名，着靴、戴风帽，着右衽大红毡袍，牵拉着一头褐红色长颈鹿。画面上方录明代翰林院修撰沈度所作《瑞应麒麟图序》一文。左右两端为此画作者陈廷璧所作跋诗，写明图像绘制缘由。据陈氏言，沈度所作《瑞应麒麟图》为清代做过知州官的陈梅亭家族所有。嘉庆十九年（1814年），陈氏从其手中借而摹写，遂成此本。

此幅麒麟图虽为摹绘，却具有非常重要的史料价值。其一，它完整收录了沈度序文，是明代中国和东非国家往来重要的文献材料；其二，图中所绘动物和《五杂俎》文字描述完全吻合，由此我们确知明代人心目中的麒麟形象，实为长颈鹿模样；其三，也更为重要的是，正是通过这幅清代摹本，我们可确认永乐年间宫中所绘麒麟图的作者即明朝著名书画家沈度。沈度的原作在1814年曾为陈廷璧所见，此后即流落民间不知所踪。而今日台北故宫藏《瑞应麒麟图》虽经鉴定为明代作品，却同样是当时宫廷画工据沈度原本所作摹本。

【雪夜梅花图轴·赵锡龄】

藏品号：000631
年代：清
尺寸：纵178厘米，横93厘米

赵锡龄，号鹤鸣，四川彭县（今彭州市）人，主要活动于清代道光、咸丰年间。此幅纸本墨笔，写雪景梅花，气象清幽，格高不俗。图中月下老梅一枝，干用淡墨，稍有飞白带出雪意。雪中花开并不繁茂，只有零落断枝，倔强露头。花瓣用圈瓣法，底留白，即成稀疏零雪。枝柯上方一轮冷月，清光映梅，观之令人忘俗。

画幅左侧有作者自题《西江月》词一首："前身应是明月，而今修到梅花。披霜带雪实堪嘉，自是耐寒声价。玉骨长留清气，冰姿不慕荣华。癯仙高格令人夸，留作吟坛佳话。"款落"戊午仲冬作于天彭惜荫书室，以为悟勤方丈大禅师即祈教政。渝江鹤鸣赵锡龄"。可知赵锡龄咸丰八年（1858年）仲冬在彭州写此梅图，赠送给彭县龙兴寺方丈悟勤禅师留念。钤印："赵锡龄印"（白）、"鹤鸣"（朱）。

【墨梅图卷·李吉寿】

藏品号：000591

年代：清

尺寸：纵47厘米，横136厘米

李吉寿（1815~1896年），字次星，号桐江渔，广西永福人，道光二十三年（1843年）举人。著名画家李熙垣（1780~1869年）的长子，师从著名画家金农，工写墨梅。尝种梅数百株，以供写生。兼工山水，摹古人画作逼真。晚年融诸家于一炉，对树石、花卉、鸟虫、人物无不精妙。书法秀丽，尤工八分，瘦硬直追汉魏。草篆亦有法度。

此幅纸本水墨，图写老梅一枝，枝干成苍龙横扫之势，直若无根之木傲立天地。主干粗逾一人环抱，干上老结、鳞痂、深苔密布。疏枝上白梅密结，用圈花点蕊法画出，多疏淡之笔。布局巧分三段，从左至右，为起、平、起的节奏，正是一唱三叹，回旋不已。用笔生辣坚强，写梅之傲势，颇见功力，可比其师金农传世杰作《玉壶春色图》。前人叹李吉寿墨梅"于梅之清高孤逸

融汇心目中，信手写之，疏影暗香，生气迥出。"由此图观之，实非过誉。此画作于清同治十三年（1874年），为李吉寿任属吏时酬赠上司所作，画上自题"□□大人训政 同治甲戌古重阳日 属吏李吉寿"，字有金农八分书神韵。钤 "李吉寿印" （半朱半白）、"次星"（朱）、"暗香疏影"（白）三印。

李吉寿画作存世极少，仅广西博物馆、美国密歇根博物馆有数幅收藏。宝光寺所藏此幅墨梅，实为不可多得之珍品。

【十六罗汉图屏·竹禅】

藏品号：000582

年代：清

尺寸：纵265厘米，横96厘米

竹禅（1824～1900年），清代著名画家。俗姓王，号熹公，四川梁山县（今重庆梁平县）人，14岁出家于梁山报国寺，受戒于双桂堂，住锡上海、普陀山等处寺院，光绪二十六年（1900年）返蜀，任梁山双桂堂第十代方丈。擅书画、金石雕刻，绘画自成一格。水墨人物、山水、竹石，别成一派，题画诗亦多佳作。著有《画家三昧》六卷传世。

竹禅是晚清闻名遐迩的画坛怪杰。40岁左右云游大江南北，在北京、上海、重庆等地以卖画为生，"所至名山古刹，多有留墨，体格高超，轶唐迈宋，人是以珍重之"。以后又多次到北京，出入于王公巨卿间，与翁同龢等相友善，一时名满天下。他圆寂后，人们在他墓前题联评价："携大笔一枝，纵横天下；与破山齐名，脍炙人间。"竹禅年轻时曾到宝光寺，与宝光寺有深厚的渊源。他现存世画作弥足珍贵，其中30余幅藏于宝光寺。

十六罗汉图屏，纸本，一堂共计十六幅，每幅格局一致。画的上部，以"九分禅字"题罗汉名号，画心左侧或上方以草书题罗汉来历。据佛经言，十六罗汉是佛的十六位弟子。受佛的嘱托，不入涅槃，在人间佑护众生。古人画十六罗汉最著名的是五代的贯休和尚。《宣和画谱》言贯休所绘罗汉"状貌古野，殊不类世间所传，丰颐蹙额，深目大鼻，或巨颡楈项，黝然若夷獠异类。"竹禅年轻时曾得贯休画十六罗汉石刻拓片，以为至宝，数年中潜心摹绘了十几堂，送各丛林供奉。收藏于宝光寺的这堂罗汉像，是他于光绪十五年（1889年）秋在湖北武昌画好后寄回蜀中的，也是目前保存最完整的竹禅十六罗汉图。

竹禅画罗汉虽取法贯休，却不泥守古人，呈现出全新的风貌。十六幅构图一致，罗汉均穿宽大僧袍，倚石而坐。神情举止各有差异，或举桃，或端坐念佛，或跗足挖鼻，或合十祷颂。面相不论清癯瘦削，还是胖头宽颐，皆平凡如世人，少了高古奇怪之相，而更多出尘悲悯的意味。山石与人物衣纹皆用饱水粗笔涂抹，看似不经意，却有不羁的风骨。

相传竹禅为绘制此堂罗汉，曾细阅佛典，琢磨分析，指出了贯休画中的错处，并根据《弥陀经》所述进行了重构。他所创作的罗汉来自世间，又出乎世外；是神，又是人。睹之亲切，别有随喜人间的亲和力量。

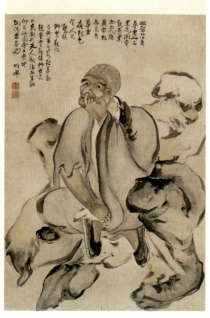

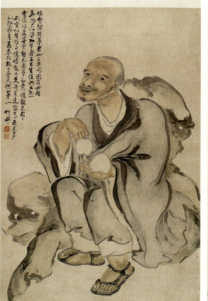

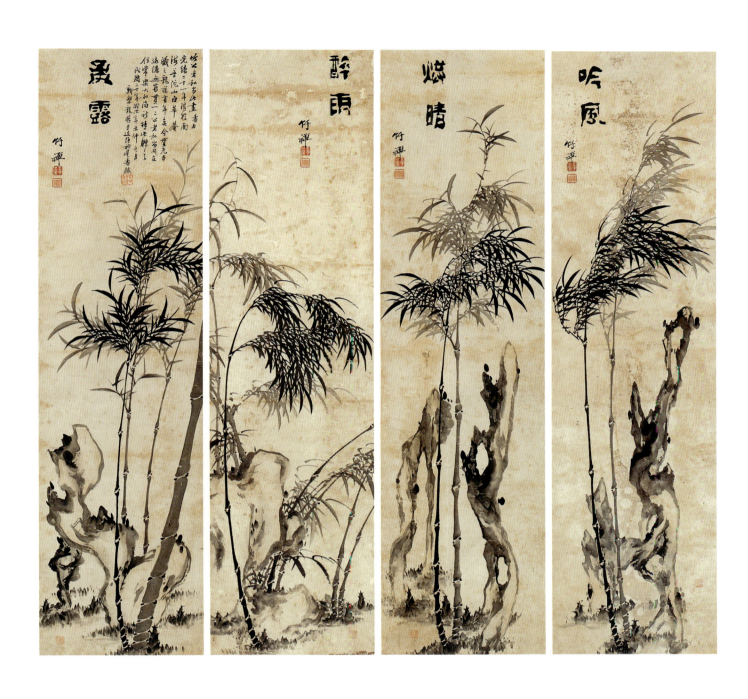

【风晴雨露竹石图屏·竹禅】

藏品号： 000605　　　**年代：** 清　　　**尺寸：** 纵179厘米，横47厘米

　　川西多竹林，素得文人骚客钟情。宋有苏轼、文同，清有竹禅。竹禅平生爱竹，其号即得名于竹。他曾常年辗转于蜀山竹林口细致观察竹子的各种形态，自言"必得成竹于胸中，上而尖顶，下而笋根，使全身透露，影现檀栾，庶几风晨月夕，恍惚遇之"。宝光寺今存竹禅数幅竹画，其中风晴雨露竹石图屏，可见其画竹技艺之一斑。屏含四幅，纸本淡设色。写"吟风""烘晴""醉雨""承露"四时姿态，清新潇洒富有生意。竹竿劲健挺峭，竹枝横斜，竹叶飘洒。竹禅发挥毛笔的特性，用软毫撇出竹叶，以浓淡墨区分竹叶的正背，上承文同墨竹一派。竹叶之大小、转侧都表现得很生动，对竹竿和叶稍出现的飞白笔触也不加修饰，一任自然。下部竹节坚实，浅淡墨色所写新笋挺立，渲染细微动人。竹禅虽自言取法于郑板桥，然而他的竹子重在写实，不同于郑板桥意笔，已形成自己的风格。

　　"承露"一幅，上有龙藏寺星寿和尚跋语，写明此画来历："竹公老和尚此画，寿由光绪二十一年得于南海普陀山白华庵，藏之龙藏有年矣。今宝光寺退隐无穷、贯一二公老和尚，同在位常乐大和尚祈，特此赠之。民国二十年岁次辛未仲冬月，新繁龙藏寺退隐衲星寿跋。"可知光绪二十一年（1895年），竹禅在南海普陀山白华庵绘此图屏，交由星寿和尚带回龙藏寺。36年后，星寿将这些画转赠给宝光寺。钤"王子出家"（白）、"竹禅"（朱）、"宝峰山星寿记"鉴藏印。

【捧沙献佛图中堂 · 竹禅】

藏品号: 000583　　　年代: 清　　　尺寸: 纵582厘米, 横480厘米

　　佛经中有小儿捧土施佛的故事,《捧沙献佛图》是竹禅根据这个故事创作的大型巨幅中堂。画高近6米, 宽约5米, 由十张单宣拼合而成。纸本淡设色, 绘高松几株, 修竹若干, 为舍卫国城外景象。左侧松树下有几个巨大的沙包, 其旁两小儿, 一小儿蹲立在后, 一小儿手捧沙土, 欲与面前之人。左侧四人, 前三人身形较小, 第一为阿难, 持钵俯身面对小儿。三人身后螺发圆光, 身形高大的佛祖倾身站立, 眼睛注视小儿, 面容含笑, 神情高贵。整幅仅用墨、赭双色, 敷色简淡。人物衣纹用粗笔, 淡墨加赭石层层渍染, 有行云流水之感。松树略用皴法, 叶用点簇, 梢间缀有松果, 浓浓变化中推出纵深。画面宏大而布局谨严: 释迦佛的庄严慈悲, 童子的天真纯洁, 阿难等弟子的各有所悟, 都得到细致准确的表现。

　　竹禅和尚绘制此画时已73岁, 笔力犹壮。佛理所言之慈悲、平等、高尚、纯正, 都可从这幅画作中慢慢寻获。此画落款"光绪二十二年丙申秋八月, 九八加一老比丘　竹"。

【墨狮图轴·竹禅】

藏品号： 000608
年代： 清
尺寸： 纵181厘米，横94厘米

竹禅不仅擅长画人物、花鸟，还擅长描绘动物。宝光寺收藏的这幅墨狮，引人入胜，实为神笔。画中狮子昂头翘尾、脚踏团云从天而至。狮子的体量感用墨色的浓淡干湿加以渲染。狮尾着力最多，蓬松茸毛皆用细笔一一描出，接近根部的位置墨色加深，尾梢渐细如发丝，直似一记横扫太虚片云。写狮背笔法类似卷云皴，积如云絮，显得厚实。狮子翘起的鼻头正嗅着什么。眼珠用藤黄色点睛，无论从哪个角度看，狮子眼睛仿佛都直盯着观者。

画左有竹禅自题七绝一首："竹解虚心叶似个，我不成佛也是错。维摩室中方丈地，能容八万狮子座。"落款为"宝光寺供奉 竹禅"。钤"竹禅"（朱）、"王子出家"（白）。

【仙山楼阁图屏·佚名】

藏品号：000637　　　年代：清　　　尺寸：纵159厘米，横40厘米

　　作者佚名，纸本，共四幅。工笔设色。描绘山水、楼阁、人物形象。幅一，远景绘南极仙翁乘鹤翔于半空，中景有老者携童子对空祝祷，近景一帝王打扮的男子缓步前行。幅二，山腰亭台上有女子烧香对空遥拜，空中一仙女乘彩鸾而下，身后两侍女羽扇高举。近处一红衣人仰头观看，身旁一丫髻侍女手提果篮，篮中满盛石榴、佛手和桃。幅三，一座深宅大院，树木掩映着绣楼，月洞门内面容清秀的一主一婢正在交谈。院外有溪流潺潺，一老者乘舟至岸，岸边一公子门前迎接，俯身作揖。远望高山耸峙，上有楼阁，一只巨大的鸾鸟盘旋于云间。幅四，古松下绿衣老者扶杖而坐。沿溪石桥上，红衣女捧物前行，童子手捧葫芦矮身在后。对岸山荫道上，道士负剑，背手而立，身后紧随一头轻捷的山羊。

　　四幅可单独成图。但见仙山楼阁间，白云缭绕，飞花掩映，谡谡苍松，灼灼枫叶，朱翠交萦，众美毕陈，神人共处，一派逍遥境界，可谓刻意经营之佳构。采用高远、深远法构图，山石层层叠起，楼台殿阁自山脚下湖水边随着山势逶迤推高，直至半山。远山屏立，峰峦高耸，层次清晰。山石空勾，用淡墨皴染出阴凹处，笔意柔和。树法多变化，界画精整。用灰、黑、白等冷色调涂抹较大面积的仙山与云彩，用青、绿、红、蓝等色调描绘楼阁、人物、鸾鸟与花卉，给人明丽润泽、秀逸清新之感。

　　画面主题寓意升仙与祝寿，是清代民间同类题材绘画中的上乘之作。

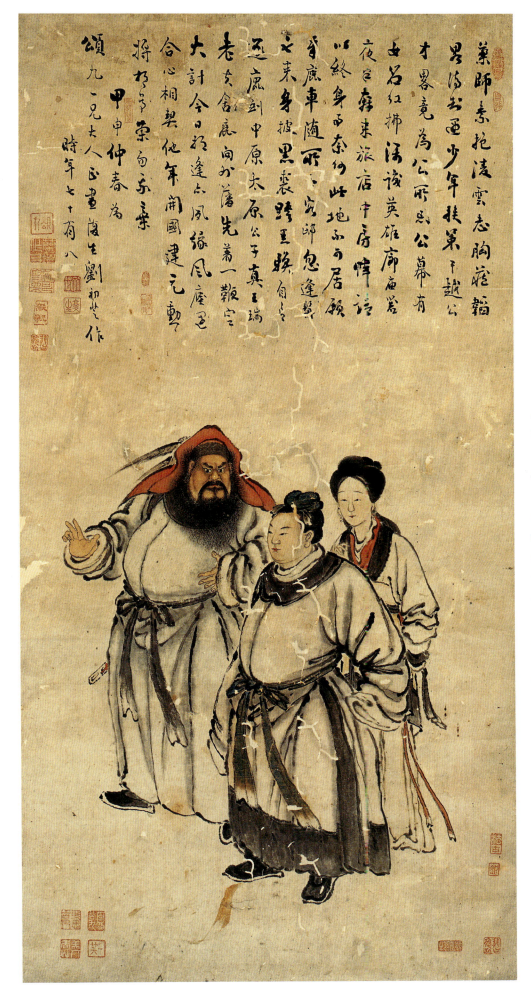

【风尘三侠图轴·刘复生】

藏品号：000620
年代：清
尺寸：纵90厘米，横49厘米

刘复生，字初芝，生平不详，四川阆中人，与陈兰陔、田鹤琴等并为晚清阆中名画家。尤工画人物、花鸟画。

此幅纸本，小写意，写传说中初唐风尘三侠李靖、红拂与虬髯客，作于光绪十年（1884年）。

画中三人，李靖在前，少年模样。虬髯客居左，浓髯豹眼，裹猩红头巾，一手叉腰，一手上推，正与李靖言语。红拂掩半身在李靖左侧，发髻如堆云，面容温雅，亭亭玉立。三人呈三角形构图集中于画面中部。两名男子均身形魁梧，鼓腹挺胸，有唐人风范。虬髯客虽然身量最大，然目光所在，与红拂一样集中在中心人物李靖身上。这位大唐未来的开国元勋立如铁塔，□沉如水，似胸中风云滚滚，天下大势运于掌间。全幅用墨笔，唯虬髯客头巾、红拂衣领、飘带染以朱砂，李靖头巾、飘带铺以石绿，增强了画面的美感。

画上方有作者自题长诗："药师素抱凌云志，胸藏韬略待知遇。少年扶策干越公，才略竟为公所忌。公幕有女名红拂，深识英雄廊庙器，夜半奔来旅店中，旁咻请以终身事。奈何此地不可居，愿乘鹿车随所之。客邸忽逢髯口来，身披黑裘跨黑骥，自言逐鹿到中原，太原公子真王瑞。老夫舍鹿向外藩，先着一鞭定大计。今日相逢亦夙缘，风尘运合心相契。他年开国建元勋，将相尊荣勿我弃。"款署"甲申仲春，为颂九一兄大人正画。复生刘初芝作。时年七十有八。"钤印："复生"（朱）、"初芝"（白）等。收藏印"颂九"（朱）等。

【双墨龙卷·王宫午】

藏品号：000584
年代：清
尺寸：纵136厘米，横356厘米

　　王宫午字介卿，河南固始人，一作祥符（今河南开封）人，咸丰十年（1860年）进士。同治七年（1868年）到光绪八年（1882年）间，先后出任巴县、富顺、灌县、江津、彭山、华阳等县知县。善画墨龙，兼工山水、花卉、人物、仕女，设色淋漓，苍润中更饶幽雅之致。光绪十九年（1893年），他游览宝光寺，与寺僧谈论佛理，意兴飞湍之至，绘下多幅《墨龙图》，分赠诸人。朋友钟云舫当即题写《墨龙赞》诗："山泽之气，河岳之精，一静而天下清，一动而天下春。宜其鳞爪一见，而甘霖已遍苍生。"

　　后来王宫午又作双墨龙一幅，专为宝光寺装池补壁，用力最多，也最有神韵。

　　此巨幅横卷，长近4米。墨笔，不着色，仅以水墨烘染云龙，墨气森严可畏。图中双龙腾云驾雾，昂首瞋目，张牙舞爪，极其威武雄奇。龙之爪首在云雾蒸腾中时隐时现，似乎画家漫不经心，却都归于神妙之中。云气壮阔，如翻江而倒海，强烈地衬托出龙的"扶河汉，解华嵩；普厥施，收成功；骑元气，游太空"，风掣雷电的非凡气概。勾笔劲健，既有龙身的细笔积染，又有云气的粗笔涂抹，正所谓"泼墨成云，噀水成雾"。王宫午所绘墨龙上承南宋陈容《墨龙图》画法，是一种堂堂正正、胸怀宽阔、威武自强、无坚不摧的精神的化身，也正是他一生为人的写照。画上有作者的题诗，可见画者之心："万丈掣金蛇，风雷撼山岳。谁把并州刀，剪取天一角。"

　　拖尾跋："宝光寺索拙画屡矣。索画方丈或飞锡诸山，辄携之走，故寺无存者。光绪癸巳，方丈为普静大和尚，约定为作巨幅，装池补壁，以当坡仙玉带，永镇山门。普静能守不妄语戒，乃解衣槃薄，为画此纸。言物有造化，果能悬诸寺壁，与天地同其悠久耶！癸巳巧月介卿跋。"钤"介卿"朱文方印。

　　斯人已渺，而一对气吞山河的双墨龙却镌在宝光寺的佛堂上，与天地同存。

【墨竹图轴·陈家炳】

藏品号：000658

年代：清

尺寸：纵80厘米，横46厘米

陈家炳，字烺廷，四川德阳人，清代画家。善于临摹宋、元书画，颇具风格。

此幅纸本，作于光绪丙午年（1906年）。墨笔写风竹一杆，用水较多，用墨较少。画家似乎着刀不多，然笔笔见力，处处通神，观者立于画前，顿感枝叶飘摇，风雨扑面。画上录元代张弘范《墨竹》诗一首："麝墨芸香小玉丛，淡烟横月翠玲珑。小屏春锁绿窗梦，也胜湖江烟雨丰。"款署"丙午立冬后五日，烺廷戏笔于惜阴山馆。"钤四印："烺廷书画之章"（白）、"巨炳画印"（白）、"德珰陈家炳印"（朱）、"兴之所至"（白）。

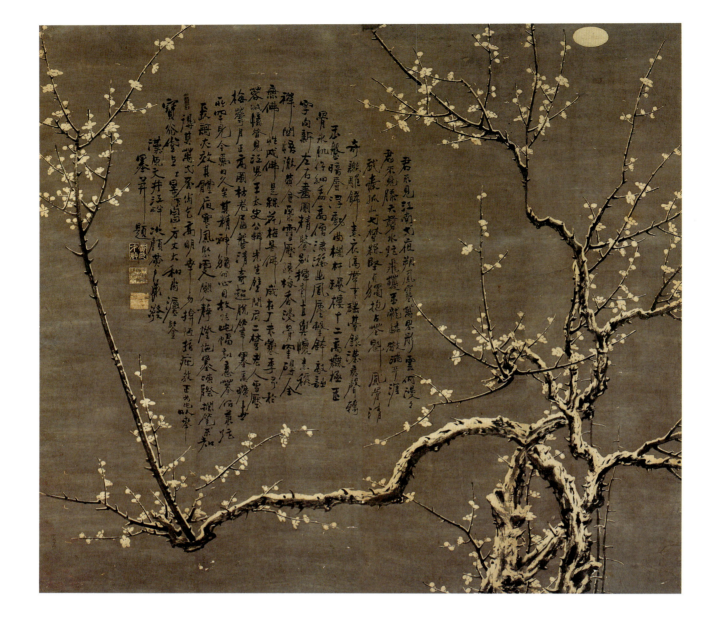

【雪月寒梅图屏·黄才敏】

藏品号：000609　　年代：清　　尺寸：纵176厘米，横46厘米

　　黄才敏，字达聪，号次颜，清末四川汉源人。光绪三十三年（1907年），他寓居成都，连夜作画四幅，赠与宝光寺十六代方丈时昌禅师。

　　此四幅纸本，可拼合为整幅画屏，称为"通景屏"。绘夜月下寒梅一株，枯老屈盘，凝雪吐芬。画面构图极巧，月居右方天空，主干置于图画下方，横式拖出，再在最左方奇跃而上，呈一"凹"字形。中段大量留白用以题诗，文字随梅枝荡漾，如清浅水面的粼粼波纹。梅花不用传统的圈瓣法，和枝杈的积雪、圆月一样，均采用留白法表现，故使整幅画面有凹凸明暗之感。那单纯的白梅也似暗夜中的精灵，伸手可触。画上方空白处，有作者以板桥体书写的歌行诗："君不见江南一夜朔风寒，万里彤云何漫漫。君不见滕六剪水作飞花，玉龙鳞散满天涯。我爱孤山一树梅，坚贞独抱占花魁。风骨清奇谢雕饰，素衣缟带下瑶台。银汉无声转玉盘，暗香浮动曲栏杆。琼楼十二高无极，玉骨冰肌仔细看。高僧潇洒出风尘，击钵敲诗字句新。左右画图精鉴别，挥毫直与怀素称。禅关悟澈黄金粟，雪压疏梅香浸骨。挂碍全无佛性成，佛是梅花梅是佛。"

　　其后言此画缘起："岁在丁未寒季，予于蓉城忆昔见江阳王太史公辅先生，壁间有二树老人《雪压梅花月正高》图，枯老屈盘，清奇超脱。笔墨高旷，世所罕见。今为日久矣，其精神犹在心目。故作此幅，刻意摹仿，兼作长歌，亦效其体。夜寒风紧，更阑人静。灯地墨东际搁笔，不知得其万一否，尚乞高明，幸勿掩陋，指疵教正。为此以奉宝光堂上﹁时﹂昌方丈大和尚法鉴。汉原文井江畔次颜黄才敏泼墨并题"。钤"黄才敏印"（白），"字达聪号次颜汉源人"（朱）。

【游赤壁图轴·游肇源】

藏品号：000612

年代：清

尺寸：纵181厘米，横47厘米

　　游肇源，字问渠，清代汉州（今四川广汉）人，生卒年不详。擅长画山水、人物。志慕高逸，多绘方外事。曾作《文箫采鸾图》，飘飘然似有仙风道骨。又有《铸鉴图》传于世。

　　据此画款署"时丁未暮冬，敬请超乘禅师法家上人斧政，问渠游肇源"，推测大致作于光绪丁未年（1907年）。宝光寺收藏有多幅游肇源画作，多为人物画，此为品质较高的一幅，取苏东坡游黄州赤壁事。纵长条幅上，一坡岸如斧劈，斜搠入江。远景更有绵邈群山。近景为一簇新树后的一叶扁舟。舟上三人，裹帻大胡子为东坡居士，一肘依案，一手指点江流。其右侧吹箫的胖大和尚或为佛印。二人正对男子为东坡好友，正侧身回看江流，似乎正感叹人世代谢。人物衣纹用战笔水纹描，肤色用含水较高的赭红。构图上，斜向右下倾侧的风景和斜向左下倾侧的小舟实现了平衡。全幅用色温雅蕴藉。三人脸上的笑意，暗示彼此间的谈话已到"客喜而笑"的阶段。此后，则"洗盏更酌，肴核既尽，杯盘狼藉。相与枕藉乎舟中，不知东方之既白。"

　　钤印："肇源之印"（白），"问渠"（朱）。

【立公禅师像轴·杨觐颜】

藏品号：000650
年代：清
尺寸：纵106厘米，横60厘米

立公禅师，即宝光寺第十五代方丈德相宗立（1855～1904年）禅师。宗立字本立，号道生，1896年至1903年在方丈位。

此幅纸本，作于光绪三十三年（1907年）。采用传统的肖像画技法。禅师占据画面中部的大部分空间，着绛色僧袍，披红色袈裟，结跏趺居中端坐于石座上。双手持一串念珠，手指纤长，叩翘间珠子窸窣滑落，似在宣佛。面相清癯，容色枯淡。左侧石上香炉一注袅烟，右侧身后一株古柏，几杆修竹，枝叶秀挺向禅师欹侧，禅师面影即在竹柏影间，正如像赞所言："明月前身，流水后境。古柏交加，千秋坐隐。"

衣纹用铁线描，转折圆俏有力而不尖锐，使禅师袍服呈现浓厚的质感。面容、服色皆用烘染法，采用西洋绘画明暗凹凸技巧，将深陷的眼眉、通天鼻梁刻画得极其传神。身躯如岩石般坚硬，是意志的表征。画竹用双钩，柏树枝干用淡墨稍皴，略有点苔。针叶杂沓于枝柯间，密而不乱。

画上方有"立公禅师遗像赞"，其文曰："有客披图，瞻仰贤僧。道韵平淡，绝俗超尘。形骸脱略，神明若亲。我钦法号，弗愧立公。立定脚跟，屏绝憧憧。公溥为怀，圣学之宗。丹青写照，法相从容。生也不道，死也不道。不生死不（当为"不生不死"——编者识），个中玄妙。立也听伊，卧也听伊，不立不卧，无上菩提。偈说六如，其一曰影。影已非真，而况粉本。或者现身，而视正等。明月前身，流水后境，古柏交加，千秋坐隐。"末署"光绪丁未俗子杨觐颜撰并书"。

作者杨觐颜，《简阳县志》上记载其曾于民国九年（1920年）在简阳县官任上，余皆不详。

【释迦十弟子像轴·佚名】

藏品号：000640

年代：清

尺寸：纵186厘米，横90厘米

此幅作者不详。绢本设色，绘释迦牟尼佛十大弟子：第一摩诃迦叶，苦行第一；第二阿难陀，多闻第一；第三舍利弗，智慧第一；第四须菩提，解空第一；第五富楼那，说法第一；第六大目犍连，神通第一；第七摩诃迦旃延，论义第一；第八阿那律，天眼第一；第九优婆离，持戒第一；第十啰怙罗，密行第一。一弟子皆浮身于云空，或合十，或持钵，或补衣，或击铃，或捧经，或拈叶，或骑龙持铃。人物用白描手法，敷色浅淡，以不同的穿着、举止、形貌、神情来传达释迦十弟子的各自神通，栩栩如生。

此幅为清代不知名僧人或民间画工所绘，虽笔力较弱，但保存尚好，作为流传至今为数不多的释迦十弟子像，非常珍贵。

【墨荷图轴·纪襄平】

藏品号: 000593

年代: 清

尺寸: 纵144厘米, 横76厘米

　　作者纪襄平生平不详, 画史无载。此幅纸本墨笔, 构图简练, 仅三五茎荷花, 一两只鹭鸶而已。墨多水而浅淡, 叶浓于花, 匠心独具之处, 在于用书法的笔意写低处偃伏多姿的纬草, 和无痕水面丛生的菖蒲, 突出了清雅洗练的画风。两只鹭鸶在蒲草上站立, 尖长的喙, 漆黑的眼, 细瘦的脚构成大意, 再用极简的笔触勾勒出松蓬尾羽。如此形成的整幅画面, 情思清幽, 意境高远。

　　画上作者自题"学陈老莲画法"。老莲为明末杰出画家陈洪绶, 生前酷爱莲荷, 有《莲石图》《墨荷图》《鸳鸯荷花图》等作品传世。此幅构图不及老莲奇绝, 笔法也较为幼弱, 然照应得体, 自有新意, 轻描淡写之间, 已成就一池夏日荷风流荡。

【七贤人物图屏·赖镶】

藏品号: 000628
年代: 清
尺寸: 纵176厘米, 横47厘米

作者赖镶生平不详, 画史无查。此屏纸本, 共八幅, 写意淡设色。

此幅绘于清末, 然品质极佳, 可称晚清人物画佳作。画中有七名骑驴老者, 一手握鞭, 头戴斗笠, 露浅蓝笠沿, 穿袍。长裇与神态各有不同: 白眉白须者三人, 一人正侧面, 目光上注, 似有所见; 一人七分面斜望前方, 一人矮身上望树梢。长髯清癯者三人, 一人掩身于巨松之后, 一人扬鞭驱驴, 一人昂首正视观者, 目光凝定。络腮胡者一人, 躬身在后。七匹驴, 或埋头, 或仰首直立, 或奋蹄前行。为避免布局呆板, 画者将一列排开的七人作了巧妙的安排, 呈起伏状。前五人与后二人之间略有间隔, 第一人回身向后, 中间五人面向观者, 最后一人侧身向前, 成开合之势。七人之后, 浓密的松林以七棵大树表示, 老干松枝自有偃侧, 针叶用浓墨勾线, 再以饱水墨笔渲染。枝杈上以靛蓝偶作点染, 与七贤帽檐的蓝色呼应, 也为整幅物象的墨色加注了一点明亮的色调。这种用色法可上溯到明代武林派代表人物蓝瑛。

末幅作者自题: "七贤长隐归何处, 无限松阴是旧踪。时甲午初秋, 读孔论, 作老七人, 因之有感。戏以朱海南画意会心等等, 徒博高人一笑耳。裕昌大兄大雅法家正可。宝珊弟赖镶写。" 钤印: "葆珊" (朱)、"戏墨" (白)。

【三猴戏水图轴·王元智】

藏品号: 000630

年代: 清

尺寸: 纵157厘米, 横86厘米

王元智, 号愚谷, 生平不详, 传世画作亦少见。此图于民国年间入藏宝光寺。纸本设色。绘一瀑飞泻山崖, 下聚成潭。崖侧有红枫, 三只猴子连成一串, 从树梢倒缒至水面。画中所绘"猴子捞月"故事来自印度, 典出《法苑珠林》, 言伽师国内有波罗奈城, 城郊人迹罕至的森林中, 生存着数百只猴子。某夜群猴嬉戏至井边, 忽然发现月影在井中摇晃, 以为月落入水, 惊恐不已, 遂议定打捞。于是群猴攀上树梢, 一个接一个连成长串缒向水面, 谁料连在一起的猴群太重, 树枝承受不住, "咔嚓"折断, 猴群都掉进水里。佛教以此劝喻世人, 凡事需深思熟虑。若庸人自扰, 必会招致灾祸。

四川峨眉山多猴群。清咸丰初王元智游览此地, 对山间群猴细作观察, 绘制了多幅猴图。他笔下的猴子灵动轻捷, 尤其身上茸毛, 均为淡墨轻毫一笔一笔耐心描出。在第二只猴子的前爪中, 第三只猴子的后爪正悄然滑脱, 此猴失去依持, 下巴已磕进水面, 细节描绘极为传神。此画深具禅意, 入藏宝光寺, 可谓得其所归。

此画是王元智由峨眉山返嘉定(今乐山市)而作, 赠送给时任知府的俞文诏(号麟士)。款署"麟士先生大人钧政 王元智。"

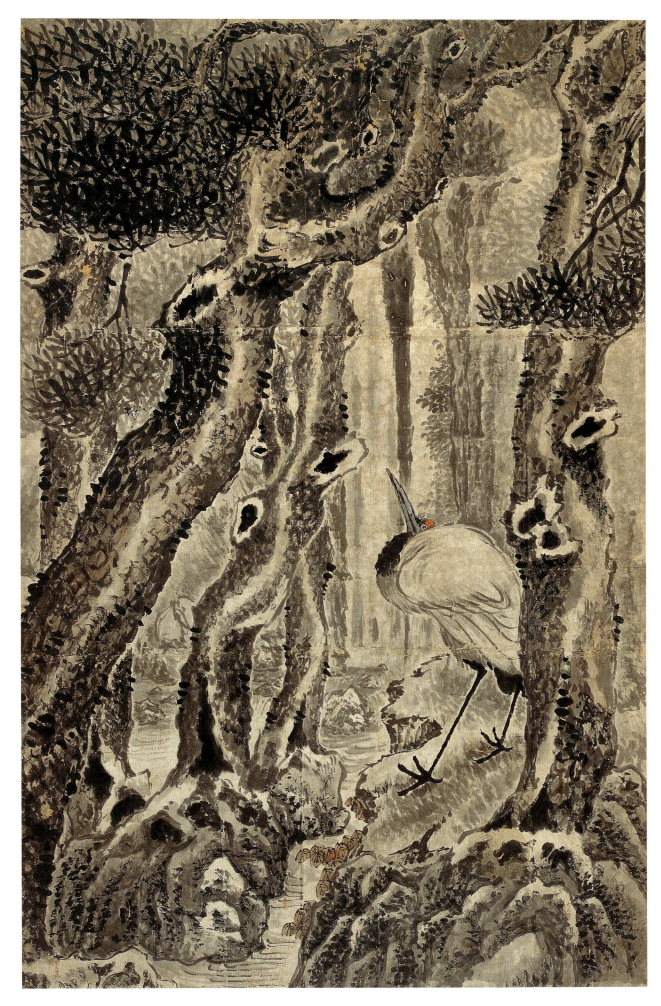

【松鹤图轴·佚名】

藏品号：000638
年代：清
尺寸：纵233厘米，横146厘米

纸本，无款，水墨淡设色。虽为清代无名画家所绘，品质却非常优秀。全幅物象充满，无一丝留白。用墨极浓，画面却反呈清刚明亮的光感，采用的是类似清早期金陵八家之一龚贤的"亮墨"技法。

人迹罕至的松林，壮硕的老松棵棵向上。老干鳞皱密密，深扎入坚岩，树结硕大突出。枝干间以留白来表现立体感，又仿佛是透进松林的光线。近景处不经意点缀暗橘色花叶，掩着一条幽微的小路，宛游入密林。峥嵘的岩石在有无间断续，制造出物象的纵深。近高处与林深间，松叶蓬蓬连缀，初看似乱麻，细审却见清晰的线条。林中仙鹤一只傲然屹立。墨笔简写，唯鹤顶一抹深红，成就了全景中最明丽的色彩，也凸显了白鹤桀骜不群的隐士形象。

【白鹦鹉图轴·佚名】

藏品号：000853
年代：清
尺寸：纵80厘米，横38厘米

绢本设色。画面正中绘鹦鹉一只，站立在一挂卷轴之上。卷镶锦纹，垂青红绸带，下缀深红心结。鹦鹉背向观者站立，全身素白，唯尾羽两梢漆黑。眼珠如漆点，颇有生气。片羽用褐色勾边，腹部细绒全用白粉揉成，传递着肌肤的触感。整体构图不俗，用色雅洁。画上方正中钤"宣和国宝"朱文方印，上书"御笔"。画右有题词："宋自南渡后，汴京图籍笔墨留者绝少，惟徽宗有白鹦一帧（"帧"当为"帧"——编者识），最所罕见。闻其色用珍珠粉画就，羽翼如生，仿佛欲逝。宝之宝之。成亲王。"钤印"成亲王""皇十一子"。左为吴溶行书跋语："余京陵时，天气暑溽，止旅邸中。适有客自粤东来者，携有名人书画，惟此幅生动有神，把玩不忍释。因以□□赠之，常置案头，无聊一睹，以悦精神也。合肥吴溶记。"钤"柽华"（朱）。

宋徽宗是著名的花鸟画家，今有《五色鹦鹉图》传世，藏于美国波士顿博物馆。画史上并无其绘制白鹦鹉的记载。此幅所绘鹦鹉神气稍弱，细节逊色，非徽宗亲笔。安徽人吴溶见此画时画右上方尚无成亲王题词，"宣和国宝"印、成亲王鉴语、印章皆为后人伪托。究竟是谁人所作，仍待详考。然绢色古旧，构图均衡，用色用笔类乎清代花鸟画家邹一桂手笔，不失为一幅动人的清代画作。

据寺中老僧介绍，此画为清末曾在外省做官的某位新都人携回家中珍藏，民国年间此人去世，其子孙1974年将此画捐予宝光寺。

【群雀图轴·毕映涛】

藏品号: 000668

年代: 民国

尺寸: 纵116厘米, 横45厘米

毕映涛（1843~1938年），清末民初画家，号莲州，四川内江人。家学渊源，书法绘画、金石篆刻皆精通。擅长花鸟画，尤精兰花。早年曾专心研习宋末元初郑所南风格，后期模仿郑板桥，渐至炉火纯青的境界。他与张大千交往深厚，二人有共同创作作品传世。

此幅纸本设色，作于民国庚申年（1920年）。构图极简，唯数条枝叶，数只寒雀。画雀用没骨法，构形准确，或宛转于叶间，或在空中轻盈飞动，形态各异。物象虽少，却因飞雀强烈的动势，煽起满纸生意。款署"君牧先生大人雅属。庚申伏初作于竹溪草堂。莲州毕映涛。时年七十有七。" 钤"毕氏莲州"（白）、"涛画"（朱）。

【花鸟图册页·蒋少农】

藏品号: 000669

年代: 民国

尺寸: 纵27厘米, 横33厘米

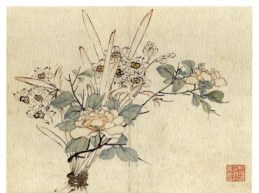

蒋少农, 字宗霖, 四川罗江人, 为花农之子。承其家法, 善画菊兰等花卉。

此册纸本, 工笔设色。共十幅, 分写桃花、芍药、牡丹、水仙、蜡梅、菊花、樱桃等花卉, 以及春燕、山雉等鸟。蒋少农家中种植花卉, 对植物的观察细致入微。他采用没骨渲染、双钩填色等多种方法表现不同的景物, 技法不拘一格, 只为了表达物象的精准与微妙的细节。整体用色温和, 在淡枝疏花间, 处处流露出柔和, 富有诗意。款署"雅亭二兄大人法家指正, 少农蒋宗霖作于兰竹山房", 钤印: "臣宗霖印"(白)、"少农"(朱白各一)、"宗霖"(朱)、"吾乃淡荡人"(朱)、"吟香书屋蒋氏书画印"(白)等。

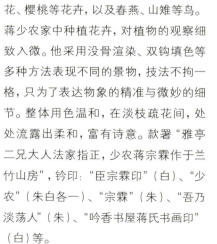

【水月观音图轴·张大千】

藏品号：000580
年代：现代
尺寸：纵165厘米，横75厘米

张大千（1899~1983年），原名张正权，又名爰，字季爰，号大千，别号大千居士。祖籍广东番禺，生于四川内江。张大千是20世纪中国画坛影响巨大，又最为传奇的国画大师，在绘画、书法、篆刻、诗词方面都有相当造诣。早年专心研习古人书画，在山水画实践和理论方面颇有建树。后旅居海外，画风渐变，工笔与写意结合，重彩与水墨融为一体，尤其是开创泼墨与泼彩的绘画技术，发展了中国画新的艺术风格。

此幅纸本，工笔重彩。大致绘于1941至1945之间，正值大千先生盛年。图中观音菩萨呈优游坐姿倚于岩石上，头顶松石法冠，身披天衣璎珞，露臂跣脚，左手抚膝，右手置胸前作吉祥指，脸部微扬凝视半空。观音身后，一轮淡蓝色圆光明晰如皓月，圆光上浮动青、红、白三色云彩；云际山石间，数枝修篁清刚劲健，泼泼而生。左边石上横置蕉叶，叶上立杨枝净瓶，瓶中杨枝娉折垂头，梢间清露玄滴。整幅用色浓烈光艳，逼人眼目。人物用亮蓝、深红、石绿烘托，金色勾边。身体裸露部先用蛤粉渲染，显得肌肤如雪，润泽丰腻。大千此帧水月观音是女神，也是母神，美丽天成，明艳不可方物。此出尘脱俗之完美境界，既是观音菩萨慈悲为怀，泽被众生的最高体现，也是中国文人士大夫传承千年的审美情趣与精神需求的高度凝缩。

据史载，水月观音图像最早的绘制者是唐代周昉，其妙创水月之体，"衣裳劲简，彩色柔丽，菩萨端严"。周昉所绘今已不存。张大千此幅临摹自西夏榆林窟第2窟壁画水月观音，构形基本一致，唯裁截右小半量物象，细节亦稍作改动。宣纸上极度瑰丽的敷色，流畅柔劲的线条，精微不苟的造型，皆是大千先生对千载以前石窟图像务求切近的追拟与再现。尤其菩萨所坐下方山石，采用渍染、留白、烘托、深浅浓淡来表现凹凸感，是对史载六朝以来所传入西域凹凸技法的遥遥致敬。

画右有民国书画家姚石倩所录题记一则，写明宝光寺这件铭心绝品的来历："张君大千，蜀人而善画，名于一代。民国卅四年十月作画展于成都。有水月大士一帧，是其一生杰作，计值百万。四川教育厅郭厅长有守，以关国粹，请示兼理四川省政府主席张公岳军，谕为醵金置寺院，交余措诸宝光寺。邦人士女，热烈相成。谨缀缘起，各并勒名。妙轮上人其永宝之。行政院存记行政督察专员、实授四川新都县长冉崇亮敬诉。桐城姚石倩恭录。"

画左有大千自题："重阳蜀郡清信士张大千敬造"，钤"张大千印"（白）、"大千"（朱）。

【立马图轴·徐悲鸿】

藏品号：000581
年代：现代
尺寸：纵177厘米，横95厘米

徐悲鸿（1895~1953年），江苏宜兴人。中国现代美术事业的奠基者，20世纪杰出的绘画艺术大师和美术教育家。擅长西画，兼工国画，尤以画马为世所称。其作品气魄雄厚，笔力豪壮，布局设色，均有新意。

1942年10月下旬的一天，徐悲鸿在爱国抗日将领陈离将军等人的陪同下，游览了新都宝光寺，并即兴挥毫作《立马图》一幅，留赠寺院。画面落长文题记，叙述了他对陈将军的赞许和对宝光寺的观感：

"新都宝光寺为中土最大丛林之一。民国初建，四川演成世界稀有之黑暗防区之制。无穷、贯一两师，适主是寺。幸有静珊陈将军，秉仁慈之德，守坚贞之操，统兵此境十年，卒能护持名刹，独免于厄。今日丛桂散香，高楠交翠，宝光弗替，名都常新，虽佛力所庇佑，亦将军之泽也。壬午晚秋，蒙将军导游兹土，适届月满，入夜倾谈，叹为平生之乐。翌晨写此，聊寄胜慨，以献寺中。同游者：严立三、华林、陈隆培（将军长公子也）。悲鸿写竟并记。"钤"徐悲鸿"朱文方印。

徐悲鸿画马名满天下。他笔下的马往往傲骨嶙峋，具有独创性和时代感。此幅《立马图》，纸本，墨笔，是宝光寺所藏名画精品之一。图中骏马昂然屹立在草色枯黄的荒野上，前腿蹦直，后腿微曲，挺胸昂首，高傲的头颅桀骜不驯地偏向后方，鬃毛飞扬，正是骏马狂奔后的骤然停步，气势未堕，草间仍有呼呼风声。马虽削瘦，却骨力硬劲，英气勃勃。中国人民在抗日战争最艰苦年代中那种处逆境而顽强抗争的不屈风骨，跃然纸上。

1964年4月10日，周恩来总理到新都视察，在宝光寺东方丈问本堂看到徐悲鸿的《立马图》后，驻足良久，并郑重嘱托寺僧好好保存。

【古柏图轴·徐悲鸿】

藏品号: 000678
年代: 现代
尺寸: 纵82厘米，横38厘米

徐悲鸿1942年游览宝光寺期间，除了绘制著名的《立马图》，还写《古柏》图一幅，赠与无穷法师。这是徐悲鸿国画作品中的上佳之作。纸本，淡设色。全幅纯用墨色，枝干略有淡赭。除转折处用战笔浓墨勾线，余皆用皴、揉、擦法，表现老干披风裹月，鳞皴累累之态。叶亦用擦法揉出，似蒙茸乱云。取法青藤白阳的大水墨写意，却自有收束，表现柏树深厚而内敛的生命力。此幅最奇特处在于构图，仅截取一株古柏的中段，无根无梢，顶天而立，名为古柏，却有勃勃生意。可以想象在画幅以外，这棵活了千年的生命之树，根无限向地底延展，叶无边向天空招摇。这似乎就是庄子《逍遥游》里，无穷之涯，广漠之野的那棵大树。

款署"无穷老法师哂存　悲鸿壬午"，钤印"徐悲鸿"（白）。

【幽兰图轴·张采芹】

藏品号：000690

年代：现代

尺寸：纵179厘米，横97厘米

张采芹（1901~1984年），重庆江津人。我国近代教育家、国画家。擅长花卉翎毛，尤擅墨竹，融汇中西画技，自成一格。早期作品皆基于传统，上追唐宋，又得八大山人、扬州八怪、吴昌硕神髓，追求潜逸，墨色润泽，章法严谨。抗战期间，受徐悲鸿先生的影响，不惑之年变法，洋为中用，古为今用，将西方画理中的透视原理、色彩应用、光影技法应用渗入到中国花鸟画中。

此幅纸本，墨笔，勾绘嶙峋山石上的数丛幽兰。山石用粗硬的线条勾勒形状，块面用较浅的墨，干笔、涩笔斜皴，折角采用马远技法，显得石头坚硬如铁。凹处数丛幽兰，叶用芦叶折带描，一笔到底酣畅淋漓。花用没骨法，色彩为较浅层次的淡墨。整幅水墨滋润，元气淋漓，蕴含无限生机。草叶与疏花交辉，墨色之中摇曳着无边苍翠。

此幅绘于1977年。画上题："幽兰在山谷，本自无人识。只为馨香重，求者遍山隅。陈毅同志诗。丁巳秋写于宝光寺 采芹"。钤印"采芹"（朱）、"采芹七十以后所作"（白）、"诗情画意"（白）、"丹青不知老至"（朱）。

【白鹇珙桐图轴·李琼久】

藏品号：C00689
年代：现代
尺寸：纵182厘米，横95厘米

李琼久（1908~1990年），笔名九躬、九公，堂号永好堂，四川乐山人。1932年毕业于成都四川美术专科学校，后长期从事中国画、书法及金石创作，擅长山水、花鸟、人物，创嘉州画派（嘉州即今乐山）。

此幅纸本设色。全幅用水特多，显得墨色水色淋漓，却并无滋蔓之感，只有无穷的温润。珙桐支干并用墨与赭色，空染无皴，是一株风华岁月的树。叶与花均下垂。叶用水墨，浓墨勾筋，淡墨熏染，近处较浓，稍远稍高处色淡。间杂以新绿，也是青春勃发的色彩。珙桐花稳约于繁叶之间，与叶融为一体，又因花心的一抹深红妩媚开去。横枝上的白鹇是点睛之笔，用没骨法画成，深红双爪紧紧扪住花枝，尾羽铺散如流泉。整幅构图新奇，物象满幅，整个重心沉沉下坠，恰似银瓶初破，珠玉泻地。

此画作于1977年春天。款署"宝光寺压壁，琼久写白鹇珙桐 丁巳建亥早春"，钤印"久"（朱）。

【墨梅图轴·董寿平】

藏品号：000702
年代：现代
尺寸：纵114厘米，横65厘米

董寿平（1904～1997年），原名董揆，山西洪洞县人。以画松、竹、梅、兰著称，晚年画山水喜以黄山为题，亦善书法。善画梅竹，朱砂红梅堪称绝技；写竹时笔墨简练，坚挺轩昂，构图空灵，以书法笔意入画，浑厚古朴。所写墨松富有生活气息，笔墨苍劲，繁简相宜。山水画则多以黄山奇峰老松为题材，不拘峰石之形似，而求整幅气韵的统一，在画界享有"董梅""寿平竹""黄山巨擘"等雅誉。

此幅纸本，墨笔。仿《石渠宝笈》所录元代陈立善的《墨梅图》，图中上首有明人俞山题诗，董寿平照录："不须檀板共金樽，疏影横拖水墨痕。最爱月明人静后，寻诗徙倚到柴门。"并补记："陈立善于元代作家中别见风格，此俞山题句也，而画则与煮石相近，所谓结习难除者。乙酉深秋，董寿平"。董寿平此幅梅花非用陈立善法，全幅布局较满，以含水极高的淡墨写老干，用笔不实，交代也虚，实为险笔。余枝也细，主势为横式，几无苔点。画梅采用北宋杨无咎的圈瓣法，以苔点暗示含苞的花蕾，稍有内凹的卵圆形图案象征初吐的花蕊，怒放的梅花为五瓣散播的盘状，中揉以精致的点状或线状花蕊。采用粗细略有差异的线条，使花心呈现出微妙的隆起，是其独到之处。全幅用色虽淡，然笔力生辣，无柔弱之态，挺拔的枝条，怒放的花朵，尽显生机盎然，所谓疏影横斜，暗香摇动，梅的轻倩风致流走于画幅之间，令人神往。

跋语"乙酉秋日，倭敌请降，四海同欢。吾亦行将北返中原，匆匆写此，奉贻新都宝光禅院妙轮禅师法正，藉作纪念。并践前岁之言云尔。董寿平"。此画作于1945年，当时董寿平41岁。

【青城六月图轴·冯建吴】

藏品号：000586

年代：现代

尺寸：纵148厘米，横83厘米

冯建吴（1910～1989年），四川仁寿人，字大虞，别字游，斋名蔗境堂、小徘徊楼，擅国画、书法、篆刻。其画从书出，均有深厚的传统功力和浓郁的个性色彩。生前曾任重庆国画院副院长。

此幅为纸本，写意淡设色，是冯建吴1979年游历新都时为宝光寺所作。画面选取方构图，大胆突破传统，舍弃三远取景法，中段大幅留白，以富有抽象意味的笔墨表现物象，在中国传统的笔墨程式运用上，借鉴了印象派对色彩的处理方式。深山、斜径、古木、古寺及寺中闲人，皆融会在恍兮惚兮的绿林云雾中。笔法雄强有魄力，无论勾枝点叶，均以沉雄霸悍的笔法出之，点画以长枪大戟，森然相向。不作描头画脚的琐碎纫笔，正是冯建吴国画一贯的气势与独特之处。

画右题："青城六月风光好，一路鸣蝉送入山。步步莓苔赴幽意，绿云深处一亭闲。宝光寺存正。七九年春，建吴写于新都"书沄清健，转折有力。钤"冯建吴"朱文圆印和"大虞'白文方印。

【荷花图轴·陈子庄】

藏品号：000585
年代：现代
尺寸：纵242厘米，横121厘米

　　陈子庄（1913～1976年），名福贵，又名思进，别号兰园、石壶、南原下里巴人，四川荣昌（今属重庆永川）人。自幼习书画，15岁后以卖画为生。艺术上学习继承唐宋元明传统，兼取民间技法，博采众长，自成一格。著有《石壶论画要语》《石壶书画篆刻集》《陈子庄画集》等。

　　对于绘画，陈子庄追求简淡孤洁的风格。简淡是中国艺术的至高境界，灿烂之极复归平淡，是艺术也是人生的体验。陈子庄此幅《荷花图》，正是他艺术与人生追求的体现。此幅纸本，叶用浓淡墨泼出，再层层渍染，熏以黯紫，形成细微难言的层次。花全用朱砂，簇红如火焰，在黑色卷云叶的携裹下，数缕深红动人心魂。荷叶茎干细挺，从上而下一笔直落，颇见其功力。水禽构形只见大略，长颈如拱门的两道弧线，打破了总体横平竖直的构图，是最值得玩味的一笔。看似不经意的"偶得"，却是画家匠心独运的结果。

　　画幅高近二米半，是陈子庄难得的巨幅大作。款署"写荷花　南原。"

【珙桐花图轴·娄师白】

藏品号：000579
年代：现代
尺寸：纵138厘米，横69厘米

娄师白（1913~2012年），湖南浏阳人。原名娄绍怀，曾用名娄少怀，字亦鸣，斋号老安馆。善国画。幼年师从齐白石，为齐派重要传人。

此幅纸本，淡设色。截取珙桐一枝，从半空悬垂而下。叶用浓淡墨色区分阴阳向背，间熏以淡蓝，有新绿之感。珙桐花用淡墨勾瓣，用嫩黄勾纹脉，花心点以朱砂红，呈现油润如丝缎的质地。下垂小枝向左斜逸，花叶翩然欲飞。此幅行笔散淡，用力不多，却使人睹之难忘。

珙桐是中国特有的珍稀植物，全世界仅见于我国西南地区。每年的四五月间开放。珙桐花盛开时，两片乳白色苞片状如鸽翅，微风吹动，花片舞动于叶间，犹如千万只白鸽在枝头展翅，蔚为壮观，故珙桐又被称为鸽子树。娄师白曾于1978年初夏游历蜀中，正为珙桐盛开时节，即兴作画，流传至今。

款署"宝光寺留念 一九七八年娄师白作于新都"。钤"亦鸣"白文方印。

【临敦煌大梵天王图轴·赵蕴玉】

藏品号：000674
年代：现代
尺寸：纵90厘米，横57厘米

赵蕴玉（1916～2003年），原名文蔚，后改名赵石，字蕴玉，四川阆中人。1945年到成都，入大风堂，师从张大千。绘画功力深厚，造诣精湛。举凡人物、花鸟、山水均有所长，工笔重彩、写意、白描各类表达技法随手拈来，无不自然成章。

赵蕴玉人物画得张大千真传，颇有稳重雅逸之气。素擅双钩花卉和金碧山水，所绘人物往往设色精工，配景技巧之高妙，可与仇十洲媲美。

此画绘于1948年1月（农历丁亥年腊月），临敦煌莫高窟大梵天王像，以唐人工笔重彩设色参以现代工笔法。天王站立正中，胡须勾画一丝不苟，法衣敷色浓蓝亮红，手举一枚宝扇，表情似笑非笑。身后跟随两名身形较小的侍女，头挽飞仙髻，着素色袍，二人之间似有交谈。人物面部均用白粉妆成，面颊用淡朱砂烘染，鼻梁用粉塑型，稍有立体感。天王衣袍用铁线描，古雅庄重。侍女用高古游丝描，清秀典雅。佛教人物在赵蕴玉的笔下既具现代人物的亲和感，又颇得古朴的情趣，艳而不俗，浓丽超逸。

右上角有款署"临敦煌莫高窟唐人大梵天王相。强圉大渊献嘉平月蕴玉赵石。妙轮上人清供。阆中佛弟子赵石敬奉。罗崇礼敬题戊子四月"。

钤印"赵石之印"（白）和"蕴玉"（朱）。

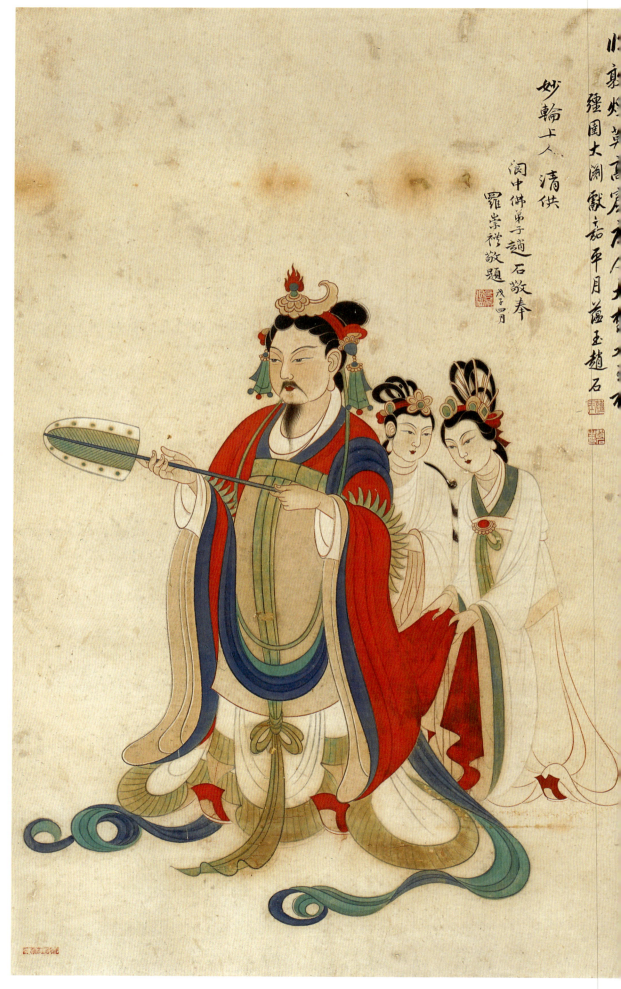

【草书诗文轴·破山明】

藏品号: 000503
年代: 明
尺寸: 纵110厘米, 横28厘米

破山明, 俗姓蹇, 名海明, 号旭东。四川大竹县人。万历四十四年 (1616年)出家为僧。天启三年(1623年)赴浙江宁波天童寺拜密云为师, 得其嫡传。崇祯五年(1632年)回川, 住梁平县太平寺。破山海明精通释典, 能诗善画, 尤工书法。其字俊逸潇洒, 珠圆玉润, 溶王、颜、欧、苏之精华为一炉, 是明代自成一格的书法大家, 著有《破山禅师语录》, 共二十一卷。

明亡后, 破山海明一日游历至湖北黄梅县破头山, 见此山双峰合抱, 气势磅礴, 痛感大明江山易主, 国破家亡, 颂柳宗元《破额山》诗句, 易名破山。相传蜀乱时, 李占春迎和尚于军营中, 破山劝其止杀, 李氏以犬豕肉进, 声称如果和尚破戒食肉, 他就愿意放下屠刀。破山遂破戒食肉。此一义举, 拯救了当地千百无辜百姓免遭涂炭, 传为善谈。

今世存破山和尚书法真迹罕见。宝光寺所藏草书条轴, 为破山和尚在梁山双桂堂所写, 后由其徒弟笑宗和尚携至宝光寺。书题五言二句: "迢迢千里梦, 不肯到人间。"款署"破山明"。上钤"双桂堂"白文长方印, 下钤"破山明印"白文方印, "玄机"朱文方印。

书轴诗句近似偈语, 有思乡怀旧情绪, 却别含禅机。寥寥十字, 一气呵成, 用笔酣畅刚劲。章法呈三、二, 三、二的排列, 有音乐的节奏。第二行"人间"二字结体稍大, 最为醒目, 是耐人寻味之笔。落款"破山明"三字刻意压扁, 字距紧凑, 似可见毛笔在纸上的飞速滑动, 直若观公孙大娘舞剑, 剑痕过处, 两腋生凉。此轴在宝光寺珍藏340余年, 为国家一级文物, 已成古刹宝物。

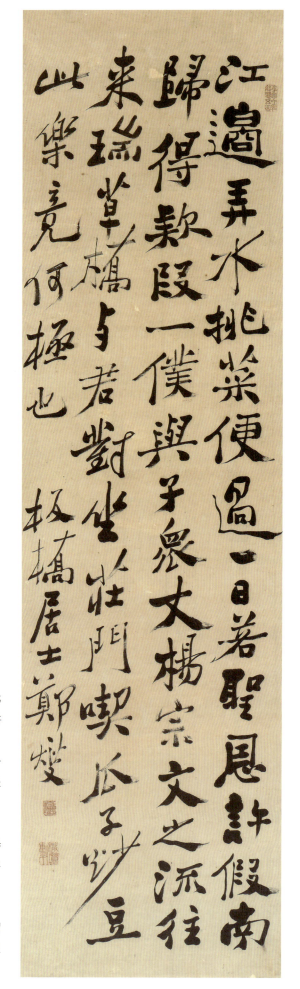

【行书诗文轴·郑燮】

藏品号：000505
年代：清
尺寸：纵180厘米，横47厘米

　　郑燮（1693～1765年），字克柔，号板桥居士，江苏兴化人。清代著名画家、书法家，擅画花卉木石，尤长兰竹。书法亦有别致，隶、楷参半，自称"六分半书"，著有《板桥全集》。

　　此幅纸本，录自苏轼《与王元直书》，字句稍有出入："江边弄水挑菜，便过一日。若圣恩许假南归，得款段一仆，与子众丈、杨宗文之流，往来瑞草桥。与君对坐庄门，吃瓜子、炒豆，此乐竟何极也。"落款"板桥居士郑燮"。钤印"郑燮"（白）、"橄榄轩"（朱）、"游思六经结想五岳"（朱）。

　　郑板桥是清代比较有代表性的文人书画家，其六分半书，以隶书笔法形体掺入行楷，又以兰竹画笔出之，自成面目。宝光寺所藏此幅纸本为其行书代表作，字体呈左低右高的扁方形状，结体或疏或密、或正或斜。点画或粗或细、或浓或淡、或长或短，都一任自然，略做夸张的表现，形成一种随物赋形、随形就势的特点。在总体章法上，纵有行而横无列，且字与字、行与行之间疏密错落、揖让相谐，可谓"乱石铺街"，奇而不诡，缤纷不可方物。以画意驱策书艺，随写潇洒散淡之文，显示出独特深沉的审美情趣。

【行书轴·王文治】

藏品号：000514
年代：清
尺寸：纵107厘米，横54厘米

王文治（1730～1802年），字禹卿，号梦楼，江苏丹徒（今江苏镇江）人。乾隆二十五年（1760年）探花，官翰林侍读，后任云南知府。其书法秀逸天成，专取风神，得董其昌神髓，与钱塘梁同书齐名。能诗善画，诗有唐人风范。

此幅纸本，行书录七律一首："玉堂老凤留衣钵，沧海长虹卷钓丝。旧事都随云寂灭，新词欣见锦纷披。殊方那易逢佳士，识面无如是别时。自负平生能说项，珊瑚几失网中枝。"此诗头两句出自云南彝族诗人李鸿龄（字松屋）赠王文治诗，后六句为王氏所续，诗前有题记，说明了其中渊源：'茶甸布衣李松屋，工为诗。余守郡三年，未之知也。解郡后，松屋以诗来谒，清韵婉丽，有西昆风。余既惜相识之晚，尤深惋采访之疏矣。余遄归有日，松屋赋诗四章赠行，其警句云：'玉堂老凤留衣钵，沧海长虹卷钓丝。'才力博大，尤为难得。余辄效渔洋《赠费密》诗体，为长句以答。犹将携其卷帙，遍示京华、乡里诸同学，不欲使之泯没无传焉。"落款"梦楼王文治"，钤"王文治印"（白）、"王道平印"（白）、"笔经沧海"（白）、"扫叶"（朱）、"菊人"（朱）等印。

王文治有"淡墨探花"之誉，其人风流倜傥，又笃信佛教，品行高洁。他的书法用笔淡而有味，脱尘去俗，充满佛家清虚超脱的意趣，如其自评"诗字皆禅理"，这幅作品用笔规矩而洒落，结构紧密而内敛，墨色以淡为主，无论从用笔、结体到风貌，均有浓郁的董其昌书法的风貌。然王文治虽忠实秉承帖意，却无传统帖学的流转圆媚与轻滑。用笔转少折多，以折为主，显得果断有致，干净利落。瘦硬的笔画略带圆转，既妩媚动人，又俊爽豪逸，笔端毫尖处流露出才情。

【《老子铭》隶书屏·何绍基】

藏品号: 000513

年代: 清

尺寸: 纵128厘米, 横37厘米

何绍基（1799~1873年），湖南道州（今道县）人，字子贞，号东洲居士，晚年号蝯叟，道光十六年（1836年）进士。工经术辞章，尤精说文考订之学，旁及金石碑版文字。书法体颜真卿，上溯周、秦、两汉篆隶，下至六朝南北碑，皆心摹手追，卓然自成一家。草书尤为一代之冠。晚年以篆、隶法写兰竹石，寥寥数笔，金石书卷之气盎然。偶作山水，不屑摹仿形似，随意挥毫，取境荒寒，得石涛晚年神髓，惜流传者少。著有《惜道味斋经说》《说文段注驳正》《东洲草堂诗钞》《东洲草堂文钞》等。

此屏纸本，隶书录汉代边韶著《老子铭》部分段落，录文如下："以老子离合于混沌之气，与三光为终始，观天作谶，降升〔斗〕（此漏一"斗"字——编者识）星，随日九变，与时消息，规矩三光，四灵在旁。存想丹田，大一紫房。"

何绍基是清代书法大家，他的隶书富于变化，笔法源自《石门颂》《礼器碑》《张迁碑》等，又不受其约束，而是在临摹汉隶的基础上熔铸古人，形成自己独特的风格。《老子铭》是其隶书的代表作。字取纵势，结体如楷书，一反汉隶方扁的特点。中锋用笔，逆入平出。线条变化多端，一横之中也多曲折，字中穿插许多小而短之笔，增加了趣味。通篇体势严整，笔法稳健，秀逸而又雄浑古朴。何绍基的执笔法是一种特殊的回腕法。在跋《张黑女墓志》时他曾说："每一临写，必回腕高悬，通身力到，方能成字，约不及半，汗浃衣襦也。"可见用此法写字十分吃力，但这种执笔法能保持中锋入纸，避免了直率流滑。正是这种丝毫不能偷懒的执笔法，成就了何绍基隶书如虬劲老藤，立体感极强，在古代众多篆、隶书家中独树一帜。

款署"寿生世大兄雅属，蝯叟对雨作"，钤印"何绍基印"（朱）、"子贞"（白）。

【九分禅字《华严经纶贯》中堂·竹禅】

藏品号：000506
年代：清
尺寸：纵582厘米，横82厘米

九分禅字《华严经纶贯》是一幅面积约28平方米的巨幅书法作品，为竹禅和尚晚年按照宝光寺法堂两壁的尺寸大小精心写作。秦末，上谷人王次仲造八分书，取隶字八分，小篆二分，书体似隶而多波磔。竹禅和尚在八分书的基础上创造了九分书，目言"析加一分即禅味矣"。和尚自诩"如是之字体，从古未有也，曾经五十余年写成。如是，夏其名曰'九分禅字'，与八分隶书而为筹"。宝光寺藏《华严经纶贯》大型中堂，是竹禅九分禅字的惊世之作。

全幅1002字，字高15厘米，宽10厘米，自首至尾用笔峥嵘峻峭，古朴苍劲。结体方中略长，横平竖直，折笔圆转，多有短笔，收束较紧。字间距、行间距虽布置均匀，却因字体的特殊一扫乏味平淡之感。用笔力重，似铁笔勾勒，刚劲沉着，同时具有篆书和隶书的艺术风格。

文后竹禅自题行书跋语一则，说明此字体的来历与写字的时间、地点。钤"破山法嗣""竹禅"朱文印。

这幅字与《捧沙献佛图》大小相同、左右对称，同为宝光寺法堂墙壁装池所用。竹禅于1896年在上海完成这两幅巨著后，托龙藏寺雪堂禅师的弟子星寿从上海带回，此后即成宝光寺绝世珍宝。

此为竹禅九分禅字《华严经纶贯》中堂局部。

【行书轴·王懿荣】

藏品号：000533

年代：清

尺寸：纵177厘米，横44厘米

王懿荣（1845~1900年），字正儒，一字廉生，山东福山（今烟台市）人，光绪六年（1880年）进士。清代书法家，尤工行楷和隶书；金石学家，擅长训诂金石之学，著有《汉石存目》。因最早发现商代甲骨文，又被誉为甲骨文之父。

此行书一轴，记录了他和新繁龙藏寺雪堂和尚的一段旧事。光绪七年（1881年），王懿荣到四川探望其父、时任成都知府的王祖源，结识了雪堂方丈，遂结下忘年之交。次年八月，王懿荣从成都返京，雪堂、邓质为其送行，当晚夜宿宝光寺，翌晨共访东汉兖州刺史王稚子石阙。几天后，王懿荣行至罗江鹿头关，写下《罗江道上寄怀雪堂和尚、文甫（邓质）同年》一诗："宝光寺内离筵晚，稚子碑前客意闲。今日忆君在何处，斜风细雨鹿头关。"托人转交雪堂和尚。光绪十年（1884年）秋，王懿荣在北京病中怀念雪堂，写诗一首，并制"雪堂老衲"铜印一枚，请人从北京送往龙藏寺。雪堂睹物思人，请画家尹彭寿绘《新都读碑图》一幅，追忆两年前三人同游旧事。光绪十八年冬，年近古稀的雪堂老人专程赴新都，请人将此图石刻嵌于石阙附近，以期不朽。《新都访碑》诗轴亦赠送宝光寺，成为记录一代风流的珍贵文物。

王懿荣虽为进士出生，行书却较少受馆阁体的束缚。此幅结字稍长，总体规整，厚重中见灵动，刚健中见清华。偶有逸笔，正是其行书自由洒脱、随兴而发的一面，明显受苏轼与黄庭坚的影响。款署"新都访碑录呈雪公长老　懿荣"，钤"半村半郭人家"白文长方印。右上方有雪堂和尚鉴藏印"潜西精舍"（白）。

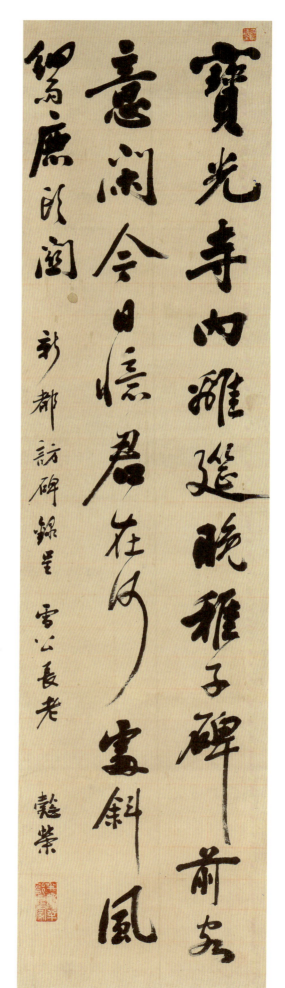

【黄庭坚《观世音赞》草书屏·杨承禧】

藏品号：000532
年代：清
尺寸：纵169厘米，横41厘米

杨承禧（1858～1935年），字蕙庵，号致存，湖北江夏人，清代画家、书法家。光绪二十七年（1901年）出任四川候补道。

此屏纸本，共八幅。录北宋黄庭坚《观世音赞六首》中的前五首，书赠宝光寺第十七代方丈静照应明禅师。录文如下：

海岸孤绝补陀岩，有一众生圆正觉。八万四千清净眼，见尘劳中华藏海。八万四千母陀臂，接引有情到彼岸。涅槃生死不二见，是则名为施无畏。八风吹播老病死，无一众生得安稳。心华照了十方空，即见观世音慈眼。设欲真见观世音，金沙滩头马郎妇。

自心海岸孤绝处，戒定慧香补陀伽，观身实相净圣果，自度众生大悲愿。——沤沤镜本空，八万四千垂手处，梦时捉得水中月，亲与猕猴观古镜。

圣慈悲愿观自在，海岸孤绝补陀岩，贯花璎珞普庄严，度生如幻现微笑。有一众生起圆觉，即现三十二应身，壁立千仞无依倚，住空还以自念力。

以法界印，印诸善根。以平等印，印普诸业。八万四千母陀臂，诸佛承我称提力。八万四千清净眼，众生依我成正觉。补陀岩下白花风，月照海漩三昧底。

圣慈悲愿观自在，小白花山住道场。海漩三昧觉澄圆，三十二应施无畏。有一众生发大心，愿度我身及舍识。万仞峰前撒手过，观音岂复异人乎？

此幅洋洋洒洒二百五十余字，一气呵成，字间结构稳中有变，章法严谨，洒脱如意，行气畅通，是杨承禧草书的代表作。款署"右山谷道人观音赞，应明大师方丈法可。蕙庵杨承禧"。钤印"江夏杨承禧印"（白）、"蕙庵"（朱）。

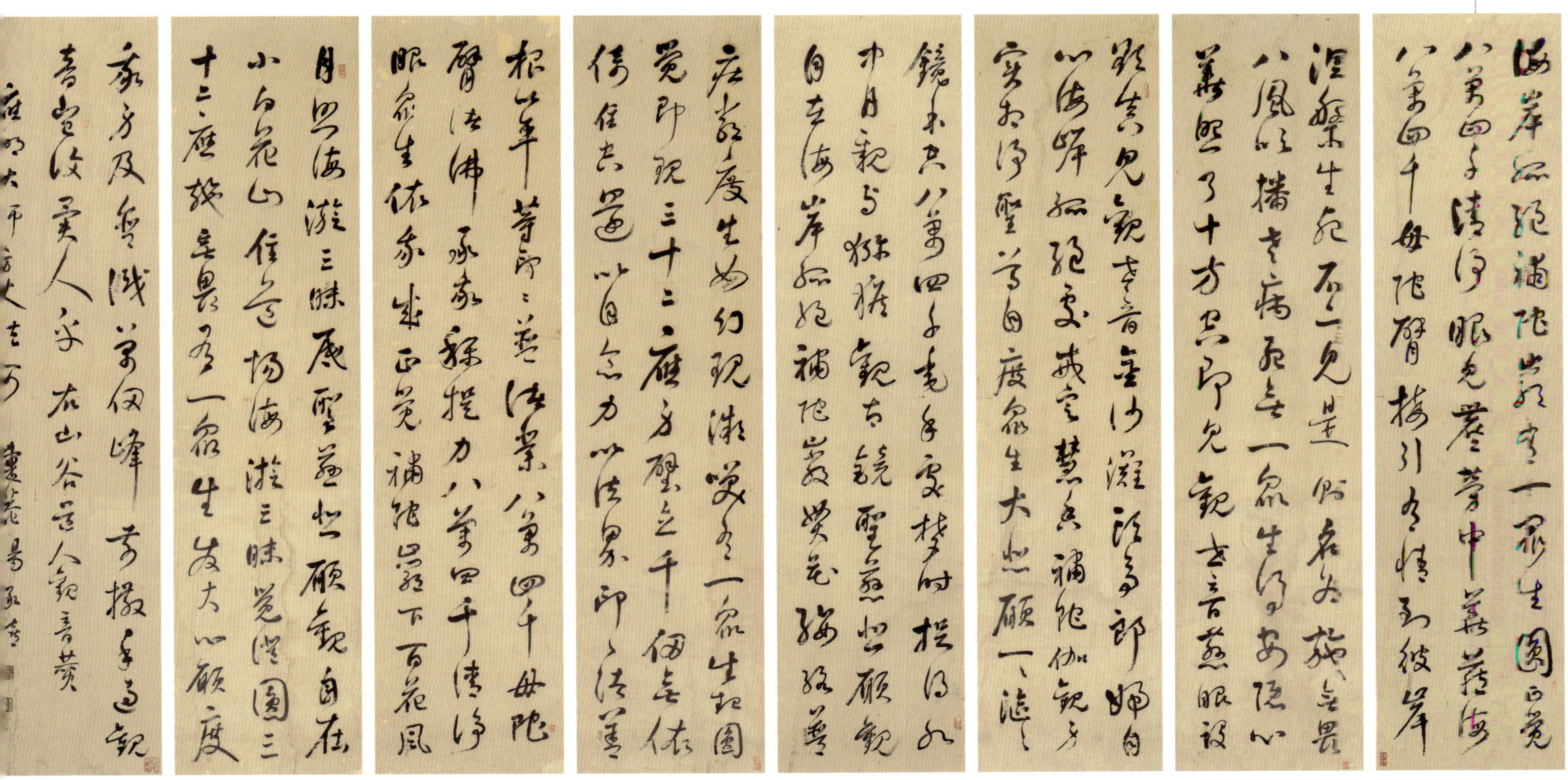

【《圆证直指真际赵州谂禅师语录御制序》行书屏·胡襄 】

藏品号：000510　　年代：清　　尺寸：单幅纵167厘米，横35厘米

作者胡襄，字兰暄，又字兰轩，四川崇庆州（今崇州市人），擅长诗文书法、尤善鸡毫书。生活在清末民初，今崇州陆游祠有其题联。

此行书条屏，共四幅，为胡兰暄为世昌禅师录雍正十一年(1733年)御笔亲书的《圆证直指真际赵州谂禅师语录御制序》一文。录文如下："夫达摩西来，九年面壁，无多言句，而能直指人心，见性成佛，首开震旦之风。后人演唱提持，照用权实，呜涂毒鼓，挥太阿锋于言象不该之表，形名未兆之先，机如电掣雷奔，谈似河流海注。青莲花纷飘舌本，大师子吼断十方，穿透百千诸佛耳根，踪跳三十三天空外。究其所归，不过铺荆列棘，遍地生枝，甘草黄连，自心甘苦耳。然则自利利他，固不在于多言欤。赵州谂禅师，圆证无生法忍，以本分事接人。龙门之桐，高百尺而无枝，朕阅其言句，真所谓皮肤剥落尽，独见一真实者，诚达摩之所护念。狮吼（"吼"当为"乳"——编者识）一滴，足迸散千斛驴乳，但禅师垂示如五色珠，若小知浅见，会于言表，则辜负我佛之慈悲，落草之婆心也。观师信手拈来，信口说出，皆令十方智者，一时直入如来地，可谓壁立万仞，月印千江。如赵州之接人，诚为直指人心，见性成佛之古佛云。爰录其精粹者著于篇，以示后学，俾知真宗轨范，如是如是尔。" 款署"世昌禅师方丈校正　兰暄胡襄鸡毫书"。 落款所言世昌禅师，原为清末崇州光严禅院住持，光绪二十九年任宝光寺第十六代方丈，1914年圆寂。此屏联品质较高，用鸡毫书写在洒金红笺上，字迹磊落，笔笔滋润。结体工整不浮，不湿不燥。四百字长文娓娓录来，从容蕴藉，极具潇洒自如的风貌。

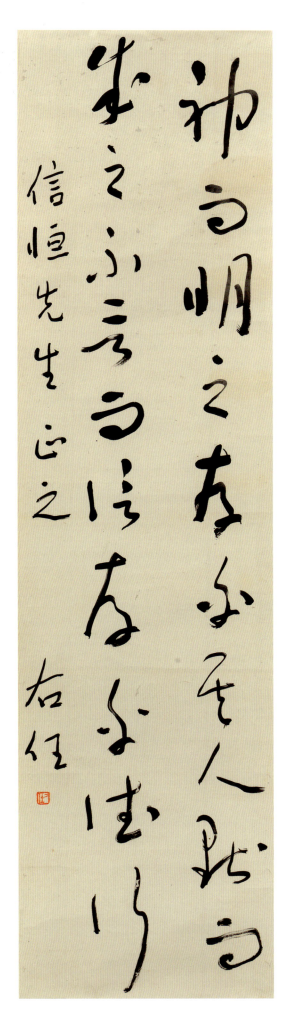

【草书轴·于右任】

藏品号：000552
年代：民国
尺寸：纵142厘米，横36厘米

于右任（1879~1964年），名伯循，字右任，国民党元老。近现代著名书法家，有"近代草圣"之誉。

1932年，于右任先生在上海创办标准草书社，整理、研究与推广草书，以易识、易写、准确、美丽为原则，系统整理草书代表符号，集字编成《标准草书千字文》（1936年由上海文正楷印书局初版），影响深远，至今仍在重印。

1943年，于右任先生游历新都宝光寺，书写了"宝相光明"匾、赠无穷和尚联、赠妙轮和尚联等多幅墨宝。

此幅纸本，录《易·系辞》一段文字："神而明之，存乎其人。默而成之，不言而信，存乎德行。"全幅为不相连属的今草，也有章草的笔法。结体重心偏下，用笔含蓄倾势，笔笔随意，字字有别，大小斜正，恰到好处。短短20字，呈现不同的变化。用笔几乎笔笔中锋，精气内蓄，墨酣力足，给人饱满浑厚的感觉。深具于右任草书易识易写、准确美丽的基本特点。以如此流利劲健的书体陈述《易》所言做人的道理，书、文交相辉映，引人沉思。

款署"信恒先生正之　右任"。钤印"右任"（朱）。

这里有流光溢彩，
这里有古朴端严。
或沉睡千年重见天日，
或万水千山远道而来，
或出自佛门圣地、皇家典藏，
或是寺院生活、民风民俗的遗留，
宝光寺丰富的器物收藏，
使这里成为一座佛教文化的博物馆。
灵器无声，中有大道，
它们以独特的语言，
讲述了佛教东传的历史和佛法的博大精深，
书写了宝光寺的兴衰史与人物志，
也印证了古蜀之地灿烂的文化成就与活跃的文化交流。

器物

古器铭史事　金石证法缘

宝光寺是一座历史悠久，兼容各宗，在海内外佛教界都享有盛誉的禅宗大丛林，同时也是一座佛教文化的博物馆。这里不仅有不同时代的佛教建筑，规模宏大的罗汉堂，丰富多彩的匾额楹联，还拥有众多珍贵的文物藏品。

宝光寺的文物收藏中，器物类藏品数量最多，品种也最丰富。就材质而言，有金、银、铜、铁、锡、瓷、陶、玉、石、泥、木、纸、丝；就品类而言，有器皿、雕塑、织品、碑刻、书籍之类；就用途而论，以佛教文物的数量最为庞大，如造像、法物、经书、碑刻等等，此外也有与道教相关的文物，还有用于日常生活的杯、盘、碗、盏，用于商业用途的各类货币如汉代五铢钱、清代铜钱、民国铜圆等，以及反映民俗文化的各种器具如古代花钱等。宝光寺的文物收藏在数量、珍贵程度和保存状况各个方面都名列前茅。据国家文物部门鉴定，符合国家一、二、三级文物标准的就有250套、7733件之多。

宝光寺文物的收藏与保护，体现了历代僧人为后世保存佛教历史记录的自觉意识和传承发扬佛教文化的高度责任感，也证实了宝光寺这一类的寺院在中国古代社会不仅是一个宗教活动场所，同时还起到了一个文化机构的作用。

宝光寺器物藏品来源多样，有寺院翻修时从地下出土的珍品，有宝光寺历年法事活动的遗留，有远游求法的僧人迎回的经书、佛像、佛舍利，有其他寺院的拨交托付，也有在寺院交往中所得的贺仪和馈赠。这些来源，本身就反映了宝光寺建寺、弘法的历史，也印证了宝光寺在佛教界的地位以及在世俗社会中的影响。而藏品的来源，通常也能反映收藏者的意图。宝光寺主要以佛事活动和寺院生活为来源选择藏品，正体现了它对自身历史的重视，以及寺院收藏普遍具有的浓郁宗教色彩。然而宝光寺也收集了不少反映世俗生活的藏品，比如清乾隆年间的蓝釉长颈瓷瓶，绘有曹大家、李白等历史人物的茶杯，清光绪年间新都文庙的龙纹铜挂钟等等。藏品来源的多样化，从一个侧面说明了中国的宗教生活与世俗社会并非相互隔绝的两个世界。

这些文物之所以完好保存至今，得益于宝光寺历代僧人的精心维护。过去，宝光寺文物主要存放于藏经楼、衣钵寮和清乾隆时期所建库房，在收藏条件非常有限的情况下，僧人们采用了手工翻拣、晾晒防潮、烟草樟脑防蛀等种种办法，终于使这些藏品得以妥善保存。自唐代以来，宝光寺经过了多次损毁和重建才走到今天，而寺中的文物藏品非但没有散落，反而不断积累，并接纳了其他寺院无力保护的珍贵文物如南朝千佛碑等，终至今日的洋洋大观、琳琅满目。其中的收集之功和维护之德，实为宝光寺僧众惠及四方、造福后世的一桩文化功德。今天，在原云水堂遗址上建成了文物精品馆，先进设施齐备，使宝光寺文物保护进入了一个新阶段。

就寺院收藏而言，佛教文物通常数量最多，价值也最高，宝光寺也不例外。但宝光寺的佛教藏品又有自己的特色：

首先是这些藏品的涵盖面相当广，囊括了造像、法器、呗器、供器、佛经、碑刻以至僧人日常生活用品，类型齐全。造像如明代铸造观音铜像，清代铸造鎏金释迦牟尼佛铜坐像、药师佛铜坐像、韦陀菩萨铜立像、监斋菩萨铜立像等，呗器如清代大型雕刻木鱼、乾隆年制兽钮花卉铭文铜钟、光绪年铸造铭文铜磬等，法器如清代制人面明咒铭文铜法器、五佛银冠等，供器如清代优昙花铜树等，佛经如元代至元年间光明禅师手书金银粉书《华严经》册页，道光年制乾隆内府《大藏经》册页等，碑刻如清代光绪年制《宝光寺方丈铭心碑记》石刻碑、道光年制《恭请龙藏碑序》石刻碑等，僧人日常生活用品如清代嘉庆款《心经》带盖紫砂钵等。而且，这些文物不仅是作为藏品保存在寺内，有的仍然在殿堂陈设、佛事活动、寺院日常生活中实际使用，体现了藏用一体的特点。因此，这些文物既可谓全面、直观、生动地反映了佛教寺院的生活与文化，证明宝光寺作为佛门重寺规模宏大、仪制完备，也充分说明寺院文物收藏不是简单地把

▶ 1996年在宝光寺出土的唐开元施衣社华严三圣造像石刻碑，以天然红砂石雕成，色泽庄重富丽，雕刻细腻流畅，保存完好，观之即见盛唐气象。

藏品作为过去岁月的遗迹来陈列展示，而是使藏品继续参与传统的承载与发展，因而这些藏品对宝光寺历史和佛教历史的记录并没有终止，它们还在继续书写宝光寺对佛教事业的贡献。

其二，宝光寺所藏器物时间跨度大，反映了不同时期的社会文化风貌和佛教的发展传播，具有很高的史料价值。这批文物中，年代最早的可上溯到南朝。梁普通二年（521年）制六边形铭文天女花卉纹石柱和大同六年（540年）制龙首铭文千佛造像石刻碑，反映了早期佛教在新都乃至整个四川地区的流播，也体现出当时蜀地的石刻艺术已相当成熟。唐代开元年间施衣社华严三圣造像石刻碑，表明宝光寺早在唐开元二十九年（741年）就已经在新都建成，这是宝光寺悠久历史的确凿证据，也是新都佛教文化隆盛的历史见证。宝光寺藏品中也有大量清代以至民国时期的文物，但其史料价值并不因时间晚近而无足轻重，对于研究宝光寺在清代中兴以后的历史，尤其是对于探讨佛教如何与世俗政权形成良好的合作关系，佛教界的交流如何促进了近代佛教的发展，扩大了宝光寺的影响，以及宝光寺对推动现代佛学教育所作的努力，这些文物都是不可或缺的第一手材料。咸丰年制《宝光寺罗汉堂记》石刻碑，记录了宝光寺创建罗汉堂的缘由、过程与意义，承载了宝光寺古建筑兴建与维修的重要历史信息，也从一个侧面反映了中土佛教的罗汉信仰。道光年间清廷向宝光寺颁赐的乾隆内府《大藏经》册页，和同治时期所制《护僧榜》木刻印版，反映了佛教与世俗政府的密切联系，前者体现清王朝对宝光寺和佛教的支持以及以国家力量介入佛学的文化政治意图，后者则体现寺院和僧人也希望借助世俗政权的力量维护自身利益的愿望。宝光寺之所以在清代得以重建和复兴，在很大程度上正是因为佛教界借助了清廷大力推行佛教来完成自身弘法传教的夙愿。自信和尚塔铭石刻碑记载了光绪年间宝光寺第十一代方丈自信禅师复建成都大慈寺、扩建彭县龙兴寺，一人兼任宝光寺、大慈寺、龙兴寺三大著名寺院方丈的事迹，是宝光寺以一寺之力推进蜀中佛教发展的明证。光绪年制紫檀木玉如意，反映了宝光寺与云南筇竹寺、宝峰寺等古寺的密切交往。真修和尚从缅甸迎回的汉白玉释迦牟尼佛像，则是宝光寺与海外佛教界交流的见证。从这些藏品中，可以了解宝光寺重视交流，以互通有无来推动佛学精进、发展佛教事业的寺风和传统，也可了解宝光寺在当时佛教界的影响与地位。器物是历史的有

文物精品馆内景。

A museum of Buddhist culture, Baoguang Monastery showcases Buddhist architectures of different historical periods, large quantity of inscriptions boards and couplets, spectacular arhat hall and a large collection of precious cultural relics.

Among the relics collection, artifacts account for the largest number with greatest diversity. In terms of purposes, Buddhist cultural relics are of the largest number, including statues, dharma items, scriptures and tablet inscriptions. In addition, these artifacts also include some cultural relics related to Taoism and various kinds of currencies include Wuzhu coins of the Han Dynasty, copper coins of the Qing Dynasty, and copper coins of the Republic of China period. According to information released, the cultural relics of Baoguang Monastery take the leading position in China in terms of quantity, rarity and state of preservation. According to evaluations of related state institutions, 250 sets and 7,733 pieces of cultural relics of the collections of Baoguang Monastery comply with the national Grade 1, Grade 2 and Grade 3 criteria for cultural relics.

藏经楼内所藏铜铸佛像。

These collections of Baoguang Monastery have multiple sources: some are rare objects unearthed during renovations of the monastery, some have been handed down from successive dharma activities of the monastery, some are scriptures and Buddha's sariras brought back by monks traveling in remote land to learn dharma, some are entrusted by other monasteries for preservation, and still some are gratuity and gifts from exchanges with other monasteries. Diversified sources of these artifacts have just proved that religious life and secular life have not been two parallel worlds completely separated from each other.

The reason why these relics have been preserved so well is much because of the careful protection by generations of monks of Baoguang Monastery. In the past, the cultural relics of Baoguang Monastery were mainly stored in the tripitaka pavilion, abbot court and granary built in Qianlong Period in the Qing Dynasty. Under very limited preservation conditions, monks of the monastery prevented the relics from moisture by adopting regular turns with their hands and from worms with tobacco leaves and camphor. Since the Tang Dynasty, Baoguang Monastery had experienced damages and renovations for several times, yet its collections of cultural relics have been steadily increased instead of getting scattered. This owes much to the arduous and persistent efforts of monks of Baoguang Monastery. Today, upon the original site of Yunshui Hall (*Yúnshuǐ Táng*) the Exhibition Hall of Selected Cultural Relics has sprung up furnished with advanced equipment and bringing cultural relics preservation of Baoguang Monastery into a new era.

The Buddhist collections of Baoguang Monastery are unique first in its extensive coverage of diversified aspects of life, including statues, dharma instruments, percussive instruments, Buddhist scriptures and stele carvings, as well as comprehensive types of monastic daily necessities. Examples of statues include copper Avalokitesvara made in the Ming Dynasty, gilt bronze Sakyamuni; examples of percussive instruments include the huge woodcut woodblock (*Mùyú*) of the Qing Dynasty and copper bell with beast buttons, flowers and inscriptions; examples of dharma instruments include human-faced copper dharma instrument with mantras and five-dhyani buddha silver crown made in the Qing Dynasty; examples of offering implements include copper tree with udumbara flowers; examples of Buddhist scriptures include hand-written sheets of Avatamsaka Sutra with gold and silver powder by Zen Master Guangming in Ziyuan Period and sheets of Tripitaka of Qianlong Imperial Storehouse made in Daoguang Period of the Qing Dynasty; tablet inscriptions include stone-carved "Tablet of Abbot Code of Conduct of Baoguang Monastery" (*Báoguāngsì Fāngzhàng Míngxīn Bēijì*) made in the Guangxu Period of the Qing Dynasty and stone-carved "Tablet of Preface on Welcoming Chien-Lung Tripitaka" (*Gōngqìng Lóngzàng Bēixù*) made in Daoguang Period of the Qing Dynasty; and examples of monastic daily necessities include purple-clay (*Zǐshā*) alms bow with lid with heart

民国菱形宝光佛学院木印章。木印无钮，印面呈菱形，印文为阳文楷书"新都宝光佛学院阅览室"十字，分三行排列。这枚印章体量精巧，造型朴拙，以实物的形式反映了民国时期佛教界的时代风尚，记录了宝光寺在佛学教育和研究方面所作的重要努力。

形载体，是凝聚着故事、时代、人物、精神、情感等诸多信息的符号，即使是一枚小小的"民国菱形宝光佛学院木印章"，也足以透过时光的尘埃，把方丈贯一禅师建宝光佛学院，推行佛学教育的制度化，倡导对佛教教义的深究与精研，为四川以至全国佛教界培养人才的那一段历史重新带回到我们面前。

这些产生于不同年代、不同背景的器物，因各种机缘成为宝光寺文物藏品，它们所负载的丰富而散乱的信息，被宝光寺这一线索串连起来，每一件藏品，都讲述了一个关于宝光寺的故事，这对于研究宝光寺历史和四川地区的佛教史，以及从佛教的角度考察社会史、政治史、文化交流史都具有重要的史料价值。文物的意义，不仅在于它本身拥有的价值，还在于文物与收藏者的关系所透露的种种历史文化信息。对宝光寺所藏器物的解读与研究，不能离开对这座"博物馆"本身的深度了解。

同样，对这些文物的认识和把握也不能离开对佛学、艺术和文学的了解。宝光寺的佛教文物拥有多方面的佛学价值，或是较为完整地保存了佛法的精髓，为了解佛经的编纂、印制提供了绝佳的实物范例，如"清乾隆内府《大藏经》册页"；或是展现了僧人佛教信仰的无比虔诚，如备受宝光寺僧人珍视的"元至元光明禅师金银粉书《华严经》册页"；或是反映了中外佛教文化交流的成果，如清末真修和尚从东南亚请回的"清巴利文贝多罗真经"；或是体现了佛教神灵体系的丰富与复杂，如"南朝梁大同龙首铭文千佛造像石刻碑""唐开元施衣社华严三圣造像石刻碑""明观音铜坐像""清鎏金释迦牟尼佛铜坐像""清药师佛铜坐像""清如意观音铜坐像""清监斋菩萨铜立像""清弥勒佛青玉坐像""清圆雕四方佛木坐像"；或是呈示出宝光寺以禅宗为主同时又善于吸收各家各派佛法精义的修行特点，兼容并蓄，奉行禅净双修、显密并重的佛学理念，如"明观音铜坐像""清人面明咒铭文铜法器"等。这些藏品为世人了解、研习佛学打开了一扇扇窗户，也从多个侧面体现了宝光寺僧人的佛学修为。

宝光寺所藏佛教器物在雕刻、造像、书法等方面具有重要的艺术价值。佛教器物中，雕刻工艺的使用非常广泛，宝光寺所藏各种玉雕、石雕、木雕，种类丰富，线条流畅，形象生动。无论是早期石刻如"南朝梁大同龙首铭文千佛造像石刻碑""唐开元施衣社华严三圣造像石刻碑"等，还是晚期的玉雕如"缅甸汉白玉佛像"、木雕如"清圆雕四方佛木坐像"，都展现了当时工匠们高超的雕刻工艺水平。宝光寺藏品还运用了浮雕、镂空等多种雕刻手法，技术精湛，如唐代施衣社碑以浮雕手法雕成华严三圣等多尊佛像，顶端以团花卷叶宝盖为装饰，两侧以衣袂飘飘的飞天为衬托，极富盛唐气象，又如念佛堂中的石刻舍利塔，由三块巨石镂空雕成，都堪称古代雕刻艺术的精品。在造型艺术上，不少铜造像、供器形态优美，制作精致，极富观赏性，如"明观音铜像""清乾隆双耳铭文三足铜香炉""清优昙花铜树"等。书法艺术主要体现于各种碑刻文字，书体多样，有庄重谨严的楷书，如"宝光寺罗汉堂记""宝光方丈铭心碑记"，有矫健流畅的行书，如"清嘉庆培修无垢宝塔石刻碑""清光绪自信和尚塔铭石刻碑"，这些碑刻不仅记录了宝光寺的历史，更是一篇篇精美的书法艺术佳作。宝光寺器物藏品在雕刻、造像、书法等方面的艺术成就，充分说明外来宗教文化与本土艺术的相互渗透，也反映了西域艺术随佛教的传播而进入汉文化版图的历史，为今人切身感受古代艺术的交流发展

sutra inscription made in Jiaqing Period of the Qing Dynasty, etc. These cultural relics are kept in the monastery not merely as collections, in fact, some of them are still in service.

Secondly, the collections of Baoguang Monastery cover a long timespan and reflect social and cultural conditions and dissemination of Buddhism in different historical periods. Therefore, they are of great historical value. Among these cultural relics, the earliest ones can date back to the Southern Dynasties. The hexagonal flying goddess stone pillars with flower texture made in the 2nd year of Putong Period of the Liang Dynasty (521 A.D.) and the dragon-head thousand-buddha inscription tablet made in the 6th year of Datong Period of the Liang Dynasty (540 A.D.) reflect the dissemination of early Buddhism in Xindu as well as in other parts of Sichuan. The stone-carved "Tablet of Avatamsaka Triad and Inscription by Clothes Donating Society" is a solid proof of the ancient history of Baoguang Monastery indicating that as early as in the 29th year of Kaiyuan Period (741 A.D.) in the Tang Dynasty, Baoguang Monastery was already built in Xindu. Among the collections of Baoguang Monastery are also many cultural relics from the Qing Dynasty to the Republican Period and they serve as indispensable firsthand materials for research on the history of Baoguang Monastery after its revival in the Qing Dynasty. The stone-carved Tablet of Arhat Hall Record of Baoguang Monastery records the origination, process and significance of building the Arhat Hall. The sheets of Tripitaka of Qianlong Imperial Storehouse granted to Baoguang Monastery in Daoguang Period of the Qing Dynasty and the woodcut plate of name list of monastic patrons made in Tongzhi Period in the Qing Dynasty reflect the close ties between Buddhism and the secular government. The reconstruction and revival of Baoguang Monastery in the Qing Dynasty were fulfilled largely because the Buddhist circle availed the vigorous promotion of Buddhism by the imperial court of the Qing Dynasty. The white marble Sakyamuni statue brought back by Monk Zhenxiu from Burma is an evidence of exchanges of Baoguang Monastery with overseas Buddhist circles. Even a small rhombohedral Republican-period woodcut stamp of Baoguang Buddhist Institute can vividly tell us the history of how Zen Master Abbot Guanyi founded the Buddhist Institute, promoted systematic Buddhist education, advocated in-depth study of

宝光塔外围■青石■栏
呈十二边形，兰板上雕
刻佛教题材浮雕。

提供了珍贵的实物依据。

　　碑刻不仅是书法艺术的载体，通常也富于文学价值。"清嘉庆培修无垢宝塔石刻碑"，以诗歌的形式描述了宝光塔的风采，记述了宋、明、清三代对宝光塔的维修，吟咏其文字，不觉令人对宝光塔之神奇，对历代僧人信仰之虔敬心生向往。"清咸丰新都县宝光寺重修藏经楼功德石刻碑"，用优美的骈文笔调为宝光寺藏经楼的雄伟壮丽图形写像，读之顿觉身临其境。"清光绪自信和尚塔铭石刻碑"，采用传记的方式记录了宝光寺自信禅师的事迹，平实而精练地刻画出一位为弘传佛法鞠躬尽瘁的大德高僧的形象。此外，这些碑刻文字也为了解文人与寺院的交往提供了线索，是考察古代四川地区文化生活史的生动素材。

　　丰富的文物收藏是宝光寺之佛教地位和文化影响力的证据与象征。灵器无声，中有大道，作为文化的瑰宝，佛门的圣物，它们以独特的语言讲述了佛教传承流播的历史，记录着寺院几经兴衰而僧人弘法之志始终如一、前后相继的坚韧，它们见证了宝光寺禅净双修、显密互证的博大信仰和精深佛法，它们也体现了古蜀之地灿烂的文化成就与活跃的文化交流。而宝光寺作为这些文物的藏护之地，就不仅仅是提供一个储存陈列的空间，它是一个活的博物馆，使藏品存在于佛门仪制之中，使文物参与寺院生活，是对佛教文化的立体展示，也动态地呈现了佛教与本土文化的交融，与世俗生活的共处。

Buddhist teachings and trained Buddhist talents for Sichuan and China. From the above collections, we can understand the traditional emphasis of Baoguang Monastery on exchanges as well as the influence and status of the monastery in corresponding historical periods.

　　Because of various coincidences, these artifacts from different historical periods and backgrounds have become collections of Baoguang Monastery. The research and interpretation of them can not be done without in-depth understanding of this museum itself. Similarly, cognition of these cultural relics can not be done without understanding of Buddhism, art and literature.

　　The Buddhist artifacts of Baoguang Monastery are of great artistic value in the fields of carving, statue making, calligraphy and literature. Early stone carvings such as dragon-head thousand-buddha inscription tablet made in Datong Period of the Liang Dynasty and stone-carved "Tablet of Avatamsaka Triad and Inscription by Clothes Donating Society", jade carvings of the later period of Buddhism such as "Burma white marble Buddha statue", and wooden carvings such as modern wooden circular engravure of four-faced sitting Buddha, have all demonstrated superb carving art at that time. Collections of Baoguang Monastery have also adopted exquisite techniques such as relief and hollowing. For example, the Tablet of Avatamsaka Triad and Inscription by Clothes Donating Society adopted relief technique in carving statues of Avatamsaka Triad and is full of the flavor of Prime Tang Period. Another example is the stone-carved sarira dagoba in the Buddhist Chanting Hall. Made of three huge hollowed stones, it is a masterpiece of ancient carving. With regard to formative art, quite a lot of copper statues and offering implements are exquisitely produced with elegant shapes and of great ornamental value. Calligraphic art can be found mainly in various kinds of inscriptions, including simple and graceful official script and dynamic and unrestrained running script. These stone-carved inscriptions have not only recorded the history of Baoguang Monastery, but also become known by people as superb calligraphic works. These inscriptions are not only carriers of calligraphic art, but also works of great literary value providing clues on communications of literati with the monastery as well as serving as vivid raw materials for investigating the history of cultural life in Sichuan area in ancient times.

　　Rich collections of cultural relics serve as evidence and symbol for the status of Baoguang Monastery in Buddhist circle and its cultural influence. These silent, sacred artifacts narrate in their unique language the history of Buddhism dissemination, the determination and continued efforts of monks of the monastery in its ups and downs. They have witnessed the profound Buddhist legacy of Baoguang Monastery with integration of the Zen Sect with Pureland Sect, as well as harmonious complementation of the Exotic Buddhism and Esoteric Buddhism. Moreover, they have also represented the accomplishments of splendid Ba and Shu culture and dynamic cultural exchanges. As the treasure house for these artifacts, Baoguang Monastery does not only provide a space of display, but also a living museum which makes them part of monastic life and offers three-dimensional presentation of Buddhist culture, giving a dynamic picture of integration of Buddhism with local culture and peaceful co-existence of Buddhist life with secular life.

【南朝梁大同龙首铭文千佛造像石刻碑】

藏品号：000003

年代：南朝梁大同六年（540年）

尺寸：高150厘米、宽87厘米、厚11.5厘米

此碑用四川地区常见的红砂石雕琢而成，原在新都正因寺，1973年移入宝光寺珍藏。碑额雕刻双龙，形体矫健，首尾相接，活灵活现；双龙之间又雕刻有图像，碑正面为一佛二胁侍，碑背面为接引佛，佛像下有一足印。碑身四面纵横有序地雕刻着千尊佛像，佛像精巧玲珑，高仅5厘米左右，堪称世上最小的石刻佛像。正面菩萨立像旁有"女弟子赵□□敬造永远供养"等铭文。碑两侧下端雕刻天王像，手持法器，神态勇武威严；边缘铭刻数行铭文，依稀可见"梁大同六年造立千佛碑""咸通二年十一月十八日""咸通四年岁次癸未"和"大元至元太岁己卯"等题记。

这通造像碑图案雕刻精细，造型优美，线条流畅，布局合理，实为我国古代石刻艺术的杰作，在佛教艺术史上具有极高的价值。1939年11月，著名建筑学家梁思成、刘敦桢到新都考察古代建筑，在正因寺目睹此碑后，给予高度评价。梁思成先生说："南朝造像碑，稀如星凤，获此足弥其阙。"刘敦桢先生认为，此碑"为梁碑中鲜见之例"。魏晋南北朝时期反映千佛信仰的艺术品，主要发现于中原地区，南方地区极少发现，此通碑填补了这一空白。它的存在表明，南北朝时，新都已是佛法盛行之地。

【唐开元施衣社华严三圣造像石刻碑】

藏品号：000001
年代：唐开元二十九年（741年）
尺寸：高206厘米、宽76厘米、厚17厘米

　　此碑于1996年宝光寺修建素餐厅时自地下挖掘出土，用红砂石雕刻而成。碑正面和背面上部均雕刻"华严三圣说法图"，下部两边分别雕刻六排男女社人坐像，碑正面中间铭刻"施衣社铭并序"，右侧边缘铭刻"维大唐开元廿九年"等纪年文字，碑背面中间铭刻"施衣社功德颂并序"，铭文皆为行楷。碑正面"施衣社铭并序"铭文为：

　　施衣社铭并序。敕板授陵州仁寿县令李仁义述。／
　　夫法相澄澈，出于空有之外；妙理凝玄，超乎生灭之表。体十利者，则金地光明；会四缘者，／则宝戒清净。或聚沙为塔，或缋画成尊，或施衣御寒，或赈穷救乏者，即我师主，蒲姓／字惟质。戒行凝清，道心天拔，归崇三教，守不二门，劝率众徒，争求胜业。今有益州新／都县宝光寺安乐院施衣社，总七十余家，并江汉粹灵，岷峨挺秀，遗荣锦里，不事王／侯。体正而察彼虚邪，悟空而了知实想。尔乃纤纩云聚，同谢庭之皓雪；缯帛雾集，似／吴门之曳练。岂于一佛、二佛而种善根，不可以思议力也。于是采莲花之琰石，镌珊瑚之金／人，斫龙树之真容，写象王之妙迹。玉豪丛艳，辉夜月之晗晓；宝质舒光，混朝霞之灿烂。爰／命老叟而为颂曰：

　　华阳达人，当修福惠。爰率社众，施衣普济。证报难穷，祥符有契。／同悟彼分四生，共达超兮三界。

　　碑背面"施衣社功德颂并序"铭文为：

　　施衣社功德颂并序。草泽黄仙游述，太原王璯书。／
　　道而不形，理□无凑，秘由玄鉴，义匪蒙求。心非遥而靡穷，脐是近而何噬？亦犹晓镜涵象，夜月澄澜，虽／视之见容，而揽不盈手。至要之□，其在喻乎？门师□公，道高□□，上座第一，化导无双。女弟子等，／四德凤彰，三乘早悟，志坚金石，体箧绢纨，尝叹曰："是身如芭蕉，是身如泡幻。"欲祈无上，功在有为，相／与谐伽蓝，罄金帛，连峻宇，引层台。卉木周映，栏楯四设，势倚晴汉，辉生绿潭。但集以施资，造必于／是，堂不虚月，□无断烟。每岁肇春，刓诚于睍。念兹上善，恤彼下田。锡以麻衣，则鹑捐百结；惠以□□／，乃人充二时。善哉善哉！叹未曾有。营厥像事，骤得其真。爰命谫才而为之颂。颂曰：／
　　至哉大觉恒处世，蔑尔群迷自多黩。惟此上善忻相缔，悟彼玄津勤能诣。庄严楼槛光巨丽，／赈给贫穷是弘济。神功莫列，乃垂范于前修；圣道潜通，必流祥于后裔。

"施衣社铭并序"和"施衣社功德颂并序"两篇铭文，主要叙述了新都宝光寺组织佛教信徒，建立施衣社，开展兴建佛寺、赈济贫困的活动。这说明早在唐代，宝光寺就已开始组织有规模的慈善活动。

碑的左右两侧各雕刻十尊佛像，第一尊佛像残失，现存佛像的一旁有"第二式佛""第三随叶佛""第四拘楼秦佛""第五拘那含牟尼佛""第六迦叶佛""第七释迦牟尼佛""当来下生弥勒佛""极乐世界阿弥陀佛""药师瑠璃光佛"等佛名题记，每尊佛像的另一旁还刻有供养人名，现已残缺。

宝光寺是一座历史悠久的古寺，但其历史究竟可以追溯到什么时代，由于以往缺乏可靠依据，一直没有定论。这通造像碑的发现，为解决这个千古难题带来了曙光。碑身铭文充分说明，在公元741年时宝光寺就已矗立在新都大地上，广开佛事，香火鼎盛，在四川地区已有相当的影响。隋唐时期，四川地区盛行摩崖石窟造像，造像碑极为少见，宝光寺出土的这通造像碑实为首次发现。该碑正面和背面皆刻华严三圣，两侧雕七佛和兜率天弥勒佛、西方极乐世界阿弥陀佛、东方瑠璃世界药师傅三方净土的教主，将华严、七佛、净土信仰集于一体，世所罕见。雕刻精细，线条流畅，艺术水准极高。这通造像碑既是宝光寺千年历史的真实见证，又是了解佛法信仰的极佳例证，更是唐代佛教艺术的珍品。

【唐贴金观音菩萨石刻头像】

藏品号：000021

年代：唐

尺寸：高30.2厘米

　　此尊头像，于1996年宝光寺修建素餐厅时自地下挖掘出土，与"唐开元施衣社华严三圣造像石刻碑"出土的时间和地点基本相同，惜只有头部而无身躯，或为唐武宗"会昌法难"所毁。头像用红砂石雕琢而成。观音面部丰腴，头戴宝冠，宝冠高耸，冠前曾饰宝珠，惜已脱落，额饰白毫相，双眼微阖，双唇微闭，双耳下垂，冠涂蓝彩，面、耳贴金，金片略有剥落。

　　这尊观音头像，当为观音造像中典型的"圣观音"造像。其天冠虽有毁损，但仍然可见正中有阿弥陀佛（接引佛）站立像。此头像雕刻精细，装饰繁复，颇具唐代辉煌的时代气息，反映了唐代佛教造像艺术的典型特点，堪称新都地区唐代佛教造像的杰出代表，也反映了当时的观音崇拜。像上贴金历经千年岁月磨蚀至今犹存，当年圣像的庄严和古人佛教信仰的虔诚，犹可追想。

【明贴金观音菩萨铜坐像】

藏品号：000120
年代：明
尺寸：通高21.5厘米

此尊观音铜像通体贴金，金片略有剥落。观音头戴宝冠，双耳垂饰，上身赤裸，双臂各戴一钏，右臂下垂至膝，左臂半举，两手各持一束莲花。腰部纤细，下身着裙，裙饰缠枝纹，双腿结跏趺坐于莲座上。

这尊观音像体态优美，婀娜多姿，美感十足，实为明代佛教造像艺术的精品，是汉传密宗造像的典型代表。宝光寺是一座修行上主张"显密圆融"的佛教寺院，主修禅学而又不排斥其他宗派，这尊铜像就深切反映了这一特点。

【清鎏金释迦牟尼佛铜坐像】

藏品号：000048
年代：清
尺寸：通高20厘米

此尊铜佛像通体鎏金，唯佛头螺发及莲台面涂蓝彩。此佛身穿半披式袈裟，腰系丝绦，双手施禅定印，结跏趺坐于莲台上。佛像神情肃穆，双眼微阖，仿佛正在俯视众生。佛像体现了佛特别具有的"三十二相"，如遍体金色、毛发青色、眉间白毫、顶成肉髻、鼻高额广、双耳垂肩等。

这尊铜像形体制作精致，比例匀称，时光虽逝，我们今天仍可从中强烈感知古人对释迦牟尼的尊崇。

【清鎏金药师佛铜坐像】

藏品号：000118
年代：清
尺寸：通高17.5厘米

　　此尊佛像通体鎏金。头有螺发，顶有高肉髻，髻正中嵌一圆珠，螺发和肉髻涂以蓝彩，双眼微阖，双耳下垂，颈部有蚕节纹，身穿双领下垂式佛衣，腰系丝绦，双手施禅定印，掌心托一盛装甘露的药钵，结跏趺坐于莲座上。

　　药师佛为东方净琉璃净土世界的教主，深受广大佛教徒的崇奉。《佛说药师如来本愿经》说，药师佛还是菩萨时，发过十二大愿以解救众生；成佛后，众生只要敬念药师佛名号，就可以解脱生、老、病、死等苦难。

　　此尊药师佛像制作精美，保存完好，仿佛新制，宛若刚从东方净土下到凡间，护佑着一方百姓。

【清弥勒佛青玉坐像】

藏品号：000146
年代：清
尺寸：高13.2厘米

　　这尊弥勒佛像用整块青玉雕刻而成。弥勒佛作布袋和尚的模样，双眼微眯，口大张，满面笑容，大耳下垂至肩，身躯肥硕，丰胸，大肚，赤足，结半跏趺坐，右手握念珠置于右膝上，左手置于左腿上，掌心握布袋口。

　　弥勒佛是未来佛，住在兜率天净土内院。在现在的佛教寺院中，弥勒佛通常作满面笑容、袒胸露腹、大肚滚圆的胖和尚模样，据说这种造型来源于五代时期的布袋和尚，是佛教中国化的艺术再现。

　　宝光寺收藏的这尊玉雕弥勒佛像做工考究，雕刻细腻，形象生动，准确地勾画出了人们心目中弥勒佛和蔼可亲的形象，堪称清代玉雕艺术的杰作。

【清贴金如意观音菩萨铜坐像】

藏品号：000182
年代：清
尺寸：通高22厘米

这尊观音菩萨铜坐像通体贴金。观音头戴宝冠，双目微阖，面容慈祥，胸佩璎珞，双手斜执一柄如意，结跏趺坐于莲台上。

观音、普贤、文殊、地藏是汉传佛教中广为民众信奉的四大菩萨，其中又以观音信仰流传最广。民间谚语"人人念弥陀，户户拜观音"就十分生动地描绘了观音深入人心的景况。观音的化身很多，如意观音是其中的一种。此观音手持如意，寓意事事如意吉祥，传达了古人渴望美好生活的心声，也反映了如意观音造像的一般特点。

【清韦陀菩萨铜立像】

藏品号：000042
年代：清
尺寸：通高33厘米

此尊韦陀头部戴盔，面带微笑，身披甲胄，身侧飘帛带，右手平举至胸前作施礼状，左手下垂，拄金刚杵，双足站立于方形台上。

韦陀是南方增长天王座下的八神将之一，是广为民众熟悉的佛教护法神，担当佛地的"卫戍工作"，负责驱除邪魔，护持佛法，护助出家人，其形象通常作中国古代武将的装扮。据说，韦陀造像动作不同，有不同的含义，如果双手合十、金刚杵横置于腕，表示寺院财力雄厚，欢迎游方僧人前来挂单、做客；如果一手拄金刚杵于地，另一手叉腰，则表示寺院财力有限，不能接待远方来客。

宝光寺收藏的这尊韦陀像，虽然左手拄金刚杵于地，但他面带笑容，右手施礼，不叉腰，并非一副拒人千里之外的模样，究竟有什么寓意，还是一个值得探究的谜。

【清鎏金监斋菩萨铜立像】

藏品号：001002

年代：清

尺寸：通高35厘米

此尊菩萨像通体鎏金，须弥座髹以红漆。菩萨头戴戒箍，浓眉大眼，头侧有双角，上身赤裸，背负一水瓶，双手平举，下身着裙，手足皆佩钏饰，赤足站立于方形须弥座上。

监斋菩萨，本名紧那罗，又名"乐天"，声音绝美，为诸天的音乐神之一，也是佛教天神"天龙八部"之一。传说，紧那罗曾化身为少林寺香积厨火头僧，在元末红巾军围攻寺院时，大显神通逼退红巾军，使少林寺免遭大难，僧众由此知道他的真实身份，遂被尊为"大圣紧那罗王菩萨"，后为纪念他的护寺功劳，特为其塑像，尊之为"护法伽蓝""监斋菩萨"。随着这个传说的流传，天下寺院纷纷效法少林寺，也在寺中供奉起了"监斋菩萨"。宝光寺的监斋菩萨，供奉于寺内大寮香积厨正中龛内，菩萨高约2米，全身贴金，形态庄严，每天接受厨僧们的香火、饭菜供养。农历腊月廿三日为监斋菩萨圣诞日，寺僧特别要念经、上供。

宝光寺收藏的这尊监斋菩萨像，正是作火头僧的模样。此像做工考究，形象生动，动感十足，极富生活气息，具有很高的工艺水平。

【清释迦牟尼佛汉白玉像】

藏品号：000030
年代：清末
尺寸：通高64厘米

　　这尊玉佛属于南传佛教造像，用汉白玉精雕细琢而成，玉色洁白温润。佛像面容清秀，前额饰宝带，宝带上镶嵌红蓝宝石，细眼描眉，嘴唇涂朱，身穿袒右袈裟，衣纹描金，质感轻盈，右手下垂施触地印，左手平抬置于腹前，结跏趺坐于平台上。

　　清光绪末年，宝光寺真修和尚效法唐代玄奘，不避艰险，远赴印度次大陆和东南亚各个佛教国家游历学法。1906年，他从厦门泛海至缅甸，雇用当地能工巧匠，开采良玉，精心雕琢佛像，缅甸国王为其精诚感动，特捐银洋一千盾以助其事。佛像完工后，真修和尚又克服交通运输上的种种困难，历时两年，终于将佛像安全运回宝光寺，供奉于极乐堂内，接受海内外广大佛教徒的礼拜。

　　真修请回的这尊汉白玉佛像，不仅反映了缅甸玉工卓越的雕刻技艺，而且记录了一段中缅佛教文化交流的佳话，更见证了真修和尚南行求法的艰辛。这尊佛像蕴含了宝光寺僧人艰苦卓绝的求法、弘法精神，是一件难得的佛门至宝。

【清圆雕四方佛贴金木坐像】

藏品号：000219

年代：清

尺寸：通高34.5厘米

此件器物通体贴金，下部为镂空圆形莲花台座，上部圆雕四尊佛像。这四尊佛像形态相同，分别面向四方。据《金光明经·寿量品》四方佛为：东方香积世界的阿閦佛，南方欢喜世界的宝相佛，西方极乐世界的阿弥陀佛，北方莲花世界的成就佛。佛像面部丰满，双眼微阖，双耳垂肩，身穿"褒衣博带式"袈裟，胸前装饰"卍"字纹，腰系丝绦，双手施禅定印，结跏趺坐于莲座，座侧镂空，透雕荷叶。

此件木雕雕刻细腻、生动，既表现出了佛像的庄严、肃穆，又刻画出了莲花的摇曳多姿，展现了很高的雕刻工艺水准。

【清道教真武大帝铜坐像】

藏品号：000280

年代：清

尺寸：高27厘米

此尊铜像原有贴金，现已脱落殆尽。神像长发后披，双目微阖，双耳下垂，嘴部曾有三缕长髯现已残缺，右手上抬置于胸前，左臂斜置于左腿上，手掐印诀，身穿长袍，腰佩朝带，赤足，端坐，座已残失。

这是一尊典型的道教造像。真武大帝是从玄武信仰逐渐演化而来的道教尊神，受到宋代以来不少帝王的推崇，在民间拥有广泛的信徒。作为佛教寺院，宝光寺收藏的这尊道教神像，从某种程度上反映了佛、道二教的和谐关系，体现出宝光寺僧人对其他宗教的包容精神。

【民国石刻阿弥陀佛立像板】

藏品号：000039
年代：民国
尺寸：长45厘米、宽37.4厘米、厚0.8厘米

这件佛像板用江油所产青石雕刻而成，由江油窦圌山云岩寺住持僧遐龄赠送给宝光寺退隐方丈贯一老和尚。石板正面雕刻阿弥陀佛像一尊，佛像面带微笑，头后有背光，身穿袒右袈裟，左手置于腹部，手托一钵，右臂戴一钏，手下垂作"与愿印"，赤足，站立于莲花台上。石板背面刻一段金文体铭文行书落款，铭文为：

　　敬对扬天子／不显休，用作／文母外姞尊，／子子孙孙用之。静敦铭。／宝光堂上贯下一老和尚禅玩，窦圌山遐龄敬赠。

　　早在贯一荣任宝光寺方丈并传戒时，江油窦圌山云岩寺住持僧圣心曾送一套六方石屏，中间四方刻王羲之草书书法，两边两方刻圣心隶书贺联，其材质与雕工与此板相同。

　　这件文物记录了民国年间宝光寺高僧贯一和尚与江油窦圌山遐龄交往的一段佳话，见证了新都与江油两地佛教界的密切关系；佛像脽刻线条清晰流畅，铭文金文、行书兼具，书法优美。既是一件史料价值颇高的佛教文物，又是一件集佛教艺术、书法艺术于一体的艺术珍品。

【元至元光明禅师金银粉书华严经册页】

藏品号：000502

年代：元至元二十八年（1291年）

尺寸：外装帧纵30厘米、横15厘米，每页长25厘米、宽11厘米

　　这件华严经册页共5册，书写内容为于阗僧人实叉难陀译八十卷本《大方广佛华严经》的第二十一卷至第二十五卷，一卷一册。封页采用宋锦装裱，经名、品名、佛名、菩萨名及"圆觉""声闻"等字为金粉书，其他经文为银粉书。每页6行字，每行17字。每卷卷首绘华严三圣说法图，卷末题"至元二十八年岁次辛卯四月八日光明禅师惠月谨题"。经文书写精整，绘画线条流畅细腻，堪称佛门艺术珍宝。

　　光明禅师，元初著名高僧，终南山万寿寺住持，俗姓李，陇西人，西夏遗民，九岁出家，曾发大悲愿，要印制十二部《大藏经》，抄写《华严》《金觉》《莲华》《般若》等佛经。宝光寺收藏的这部金银粉书华严经册页，即是光明禅师抄写的众多佛经中的一种，原为80卷，经过数百年的岁月沧桑，仅残存下5卷。这5卷经书辗转多地，后为宝光寺所藏，在寺僧的精心保护下传承至今。

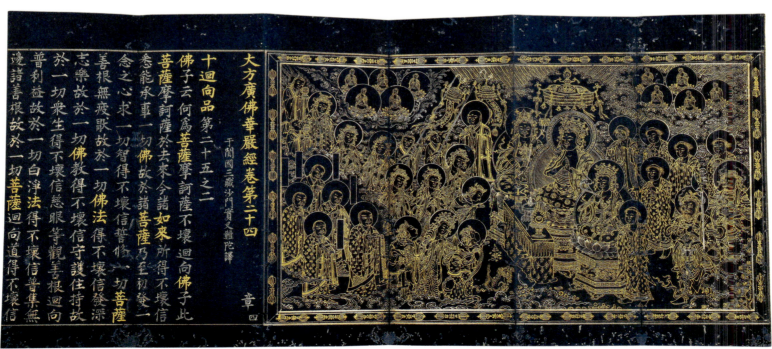

【清乾隆内府《大藏经》册页】

藏品号：000504
年代：清道光二十年（1840年）
尺寸：外函纵36厘米、横13厘米，册页高27厘米、宽12.8厘米

这部大藏经共366函，共计3661卷，7250本。函外套蓝布，面板正中贴纸条，上写楷书经名。每函约装经书10本，每本皆采用册页形式，而非常见的线装成册。封皮浅黄色，卷首绘释迦牟尼说法图，卷末盖"道光二十年造"红色印文，每页约有经文5行。经函按照"千字文"编号，安储于八个经柜内。经柜呈方形，六方足，四开门，门两侧各雕饰一条五爪银龙，并刻"千字文"经书序号，额板正中金书"钦赐龙藏"四字，左右门板上各饰一条金光灿烂的飞龙。

《大藏经》是汇集佛教所有经典而成的一部全书的总称，主要由经、律、论三部分构成，故又称为"三藏经"。我国历史上曾多次进行汉文佛经集结，完整流传至今的有《碛砂大藏经》《嘉兴大藏经》和《乾隆大藏经》等。《乾隆大藏经》，简称《清藏》或《龙藏》，是清代唯一的官刻汉文大藏经，始刻于雍正十三年（1733年），至乾隆三年（1738年）刊刻完成，主要供颁赐用，印刷数量很少，不足二百部，存世不多，较为珍稀。

宝光寺珍藏的这部《乾隆大藏经》，采用乾隆年间的经版印制而成，由道光皇帝颁赐，妙胜禅师从北京请回。这部藏经保存完整，对于研究《乾隆大藏经》的编纂、印制和流传，以及清代佛教与政治的关系，都具有重要意义。

【清巴利文贝叶经】

藏品号：000092

入藏年代：清末

尺寸：长48.5厘米、宽6厘米、页厚0.06厘米

　　是采用南亚特有的贝多罗树叶片刻写的。贝多罗树叶简称贝叶，故刻写的佛经简称贝叶经。此经共计131片，每片贝叶四边涂黄金，中间刻巴利文经文。此经放置于一个长方形的中式檀香木匣内，木匣面板雕刻云中四爪双龙纹，二龙之间有冉冉升起的太阳纹，喻佛法正在普照四方。

　　贝叶经是南传佛教经书的主要形式，发源于印度，迄今已有两千余年的历史。宝光寺所藏贝叶经是清光绪末年真修和尚游历印度次大陆和东南亚佛教国家时所获佛教圣物之一。1902年，真修游历至暹罗（今泰国），谒见暹罗国王，国王感其佛学精深，遂赠贝叶经一部以表尊敬之情。这部贝叶经见证了中泰两国的文化交流，见证了南传佛教与汉传佛教的互通有无，檀香木匣上的中国元素，则体现了佛教与汉文化的融合。

【清鱼水纹金地佛像巴利文经版】

藏品号：000093

入藏年代：清

尺寸：长55.5厘米、宽12.6厘米、页厚0.17厘米

　　这是一部南传佛教经版，共14张，盛于一个长方形木匣内。经版纸质，宽面页，制作精致考究，每片经版表面涂金，线描云纹等图案作为底纹，上有蕨笔墨书巴利文经文。木匣面板涂金，线刻佛像和鸟、鱼等图案，花纹繁复，线条纤细，佛像庄严。

　　南传佛教的经书材质主要有两种，一类是贝多罗树叶，另一类是棉纸。棉纸经书有宽面页式和连折叠式两种规格。宝光寺的这部巴利文经版属于宽面页式，为我们了解南传佛教经书的形态、书写方式、制作技艺，打开了一扇窗户。

【南朝梁普通六边形铭文天女花卉纹石柱形器】

藏品号：000002
年代：梁普通二年（521年）
尺寸：高28厘米

这件器物以质地较为坚硬的青石雕刻而成。分为上、中、下三段，上段为顶，呈穹窿形莲花状，层层刻莲瓣纹。中段为身，呈六面体，一面铭刻隶书文字两行，其余五面刻天女、象、鸟、花卉纹等纹饰，六面体下端均刻莲瓣纹。隶书铭文为：

于波罗波。于萨别粟他。三曼陀。／修钵黎帝。富隶那摩立。

下段为座，呈四面体，每面皆铭刻隶书文字，铭文为：

南无佛陀。／南无达摩。／南无僧伽。／南无室利。／摩诃提鼻／耶。摩诃毗／诃罗伽帝。／三曼陀。毗／尼伽帝。波／阿利那达。／鼓毕帝。摩／诃弥勒帝。／婆罗尼。／大梁普通／二年住持／玄明虔造。

石柱中、下段的铭文属于佛教"大吉祥天女咒"，此咒出自《金光明经》。佛教界认为，诵读《金光明经》，可以使国家获得四天王的佑护，从而实现国泰民安。这件石柱的制作或许与这种观念有关。此外，经幢是从唐代开始兴起的一种新型佛教石刻艺术，因其上多刻《尊胜陀罗尼经咒》，故又被称为"陀罗尼经幢"或"尊胜幢"。经幢形制的渊源究竟来自于何处，迄今还是一个谜。宝光寺的这件石柱在造型上与石刻经幢较为相似，为解决这一谜题提供了十分珍贵的实物材料。

【唐显庆神咒铭文佛像陶塔】

藏品号：000023
年代：唐显庆元年（656年）
尺寸：高52.3厘米

这件陶塔系宝光寺旧藏，红泥烧制而成。塔身呈四方形，分三层，每层皆有瓦楞，四角飞檐，塔顶有刹。第一层正面有一门洞，门洞两侧有"大唐显庆元年四月朔八日，张有良敬造"等铭文，背面有"敬造宝塔一座、释迦牟尼佛金身一躯，为亡母谢氏……"等发愿文字。第二层正面模印佛像三尊，其余三面有隶书铭文数行，铭文为：

解冤释结神／咒：／唵。齿临。金吒。／金吒。僧金吒。／我今为汝解／金吒。终不为／汝结金吒。唵。／强中强。吉中／吉。波罗会上／有殊利。一切／冤家离我身。／摩诃般若波／罗蜜。

第三层正面也模印佛像三尊，其余三面亦有隶书铭文数行，铭文为：

七佛灭罪真／言：／离婆离婆帝。／求诃求诃帝。／陀啰尼帝。尼／诃罗帝。毗／黎你帝。摩诃／伽帝。真陵乾／帝。莎婆诃。

"解冤释结神咒"出自《佛说解百生冤结陀罗尼经》，"七佛灭罪真言"出自北凉释法众译《大方等陀罗尼经》，据称这两种咒语具有使人消灭罪孽、平安吉祥、事事顺利、造福后世的效用。塔在佛教徒心目中更是具有崇高地位，人们认为造塔功德无量，可以让人获得不生边国、不受贫困、寿命长远、往生十方净土等殊胜果报。在这种信念的驱使下，无数信众投身于佛塔的兴建与维修中，许多大小各异的佛塔涌现出来。这件陶塔就是在这样的背景下制造出来的，塔身和铭文传递了唐代蜀地人民渴望平安幸福的心声。

【明建宝光塔砖】

藏品号：000011
年代：明
尺寸：长41厘米、宽20厘米、厚6.5厘米

此砖系近年维修宝光寺塔所得。砖体厚重，呈长方形，一面居中模印楷书"修宝光寺塔砖"六字。

宝光寺因宝光塔而得名，宝光塔在该寺占有十分重要的地位，历代宝光寺僧人都十分重视该塔的维护。宝光塔始建于唐代晚期，宋、明、清各代都曾培修。从铭文看，这块砖是专为培修宝光塔烧制的，是明代某次维修的遗物。虽然砖体厚重，并不精致，但它记录了宝光寺僧众对宝光塔的精心维护，其历史价值不可忽视。

【清乾隆兽钮花卉铭文铜钟】

藏品号：000005
年代：清乾隆三十年（1765年）
尺寸：高130厘米、口径113厘米

此铜钟大口，口外撇，弧顶，顶有三圆孔，正中有兽状钮。钟体外壁自上而下分为九层，依次一为云纹，二为卷花纹，三为米字纹兼花果纹，四为"佛日增辉，法轮常转，皇图巩固，帝道遐昌"颂词，五、七为造此钟的宝光寺从笑宗和尚到玉参和尚历代方丈、两序大众、十方信士的名讳及捐银数额等，六为菱花纹，八为吉祥云纹，九为卷花纹。

这口铸钟的捐资人多数来自宝光寺邻近地区，如新都、成都等地，也有来自外省，如陕西渭南府等地，其身份有政府官员、士绅富户，也有平民百姓、寺院僧侣，它反映出清时宝光寺的影响不但深入本地社会各个阶层，而且声名远播，已然是一座全国知名的大寺院。

【清乾隆千佛丝袈裟】

藏品号：000013
年代：清乾隆五十一年（1786年）
尺寸：长257厘米、宽115厘米

　　这件袈裟呈长方形，以大红丝绸绣制而成，故称"大红袈裟"。袈裟形态保存完整，图案清晰，颜色鲜亮。正面用金丝线分为25条纵向条块，每一条块又被横向分割为四长一短的五个小条块，每个小条块内刺绣有佛像，最中间一个纵向条块内，从上至下分别为孔雀明王像、三佛像和天王像，其余条块内刺绣罗汉和四天王像，罗汉神态各异，手中持不同法物；上、左、右三边刺绣"双龙戏宝"花纹，下边刺绣供盘、供果等图案。背面上部正中有一带钩，右侧中下部有一象牙环，环上雕刻吉祥花纹及"丙午神钩，口含明珠，位至公侯"等字。"丙午"即乾隆五十一年，公元1786年。

　　佛衣一般分为僧伽梨衣、郁多罗僧衣和安陀会衣三种。僧伽梨衣，又称大衣，用于礼拜以及出入王宫等盛大正式场合，又分为上、中、下三品；郁多罗僧衣，又称中衣，僧人在习诵佛经时穿着；安陀会衣，又称下衣，僧人日常贴身穿着。宝光寺收藏的这件袈裟属于上品僧伽梨衣，刺绣的佛教人物栩栩如生，工艺精湛，历经二百余年的岁月洗礼，尚能保存如此完整的形态，实属罕见珍宝。

【清乾隆双耳铭文三足铜香炉】

藏品号：000017
年代：清乾隆四十三年（1778年）
尺寸：高25.3厘米、口径13.5厘米

此铜香炉双弧形立耳，直口，束颈，鼓腹，圜底，三曲足，足端上钩如云状，古铜色素面。外底正中有楷书阳刻"乾隆戊戌"四字。清乾隆戊戌年为乾隆四十三年（1778年）。

说起明清时期的铜香炉，人们往往首先想到的是明宣德炉。的确，宣德炉选料考究，制作精良，造型古雅浑厚，是铜香炉中的佼佼者。尽管后代仿铸的宣德炉甚多，但与真品比较，皆相形见绌。但是，清代铜香炉也有其值得称道的地方，就宝光寺所藏的这件铜香炉来说，造型优雅，富于曲线美，但又不失端正、庄严之感，实可为清代铜香炉的典型代表。

【清乾隆蓝釉长颈瓷瓶】

藏品号：000024
年代：清乾隆年间（1736~1795年）
尺寸：口径14.5厘米、底径21.5厘米、高71厘米

此瓶直口，长颈，溜肩，鼓腹，平底，矮圈足，外部通体施蓝釉，内里和外底施白釉，底部有青花篆书款"大清乾隆年制"六字。

蓝釉瓷是瓷器中一种十分珍贵的品种，以钴料发色，烧制难度大，到元代时才由景德镇窑创烧成功。清代蓝釉瓷分为霁蓝釉、洒蓝、天蓝釉和青金蓝釉四种，其中霁蓝釉因主要用于祭祀，故又称为"祭蓝"。

宝光寺收藏的这件蓝釉瓷器属霁蓝釉瓷，器形高大、凝重，釉色均匀，年代明确，是一件难得的珍品，堪称清代蓝釉瓷器的杰出代表。

【清嘉庆心经铭文带盖紫砂钵】

藏品号：000018
年代：清嘉庆五年（1800年）
尺寸：通高10.7厘米、口径11.5厘米、腹径15.5厘米

这件紫砂钵盖浅弧顶，无钮，顶饰如意云纹，云纹内有一"寿"字纹。钵鼓腹，小平底，外腹铭刻一周《般若波罗蜜多心经》经文，末题"北崖陈维加制，嘉庆庚申日立"。

《般若波罗蜜多心经》，又称《摩诃般若波罗蜜多心经》，简称《心经》或《般若心经》，是大乘佛教徒日常背诵的佛经。该经译本很多，以唐代三藏法师玄奘的译本最为流行，这件紫砂钵腹部所刻的就是这个版本。此钵为清代宝光寺僧人的日常生活器皿，《心经》出现在这样的器皿上，反映了宝光寺僧人对修行的重视和坚持。

【清优昙花铜树】

藏品号：000253
入藏年代：清
尺寸：残高161厘米

这件铜树现残存五节，分为上下两个部分。上部为树主干和枝叶，现存两节主干，枝叶四出，下端叶片长而尖，上端叶片肥硕，主干顶端有花朵数枝，每朵花中皆有花蕊。下部为座，由上中下三层构成，下层作阶梯形圆盘状，有云状支足六个，中层作束腰状，表面装饰覆莲瓣纹，上层作叶片状。

优昙花，梵文音译"优昙钵罗花"的简称，传说此花三千年一开，而一旦盛开，就象征着转轮圣人降临人间，故一句被视为祥瑞灵异之花，佛国圣花。宝光寺的这件优昙花树，据说原是印度国王派遣使臣赠送给中国皇帝的珍贵礼品，道光年间妙胜禅师到北京迎请《乾隆大藏经》时，道光皇帝一并将优昙花铜树赐予宝光寺。它见证了宝光寺迎请《乾隆大藏经》的历史事件，反映了清朝皇室与佛教的密切关系，还承载着中印两个文明古国友好交往的重要信息。

【清同治重修明永乐尊胜幢】

年代：明永乐十一年（1413年）建，清同治二年（1863年）重修
尺寸：通高600厘米

经幢通体涂彩，由顶、身、座三部分构成。幢顶分三层，上层为六边形，正面铭刻"尊胜菩萨"四字，其余五边分别铭刻五方佛名号；中层作八边形，每边皆凿一龛，龛内有"天龙八部"护法神像，正北龛下刻有"尊胜幢"三个大字；下层略呈鼓腰形，周边雕刻"二十四诸天"护法神像，每像皆脚踏祥云。幢身为八面体柱形，每面刻有四行楷书铭文。幢座层次繁复，其上分别雕刻有飞龙、莲瓣、祥云等图案。

幢身铭文为：

西域尊者往东来，却被文殊化引开。东土若无尊胜咒，众生难以脱尘埃。/
佛顶尊胜陀罗尼咒：唵。嚼隆。娑诃。唵。捺麻发葛斡帝。萨哩斡。得啰卢迦卜啰谛。月沙瑟吒耶。/勃塔耶爹。捺麻荅。的牙塔。唵。嚼隆。嚼隆。嚼隆。杓讹塔耶。杓讹塔耶。月杓讹塔耶。月杓讹塔耶。哑/麻。萨蛮达。哑斡发。萨思范啰拿。葛谛葛葛拿。娑发斡。月述提。哑撒疆。贺都拎。萨哩斡。荅塔葛/达。苏葛荅。瓦啰斡捞拿。哑密哩达。哑撒释该而。马曷木得啰。曼特啰叭哭。哑曷啰。哑曷啰。马麻/蔼由而。伞塔啰尼。杓讹塔耶。杓讹塔耶。月杓讹塔耶。月杓讹塔耶。葛葛拿。娑发斡。月述提。乌失/尼沙。月捞耶。巴哩述铁。萨曷思啰。啰思弥。伞租爹敌。萨哩斡。荅塔葛达。哑斡噜结尼煞吒。巴啰/密达。巴哩卜啰尼。萨哩斡。荅塔葛达麻谛。荅摄蒲密。卜啰牒瑟吒谛。萨哩斡。荅塔葛达。赫哩达/耶。哑牒瑟吒拿。哑牒瑟吒谛。木得哩。木得哩。马曷木得哩。斡资啰葛耶。三曷达拿。叭哩述铁。萨/哩斡。葛哩麻。哑斡啰拿。月述提。卜啰牒聂。斡而达耶。马麻蔼由而。月述提。萨哩斡。荅塔葛达萨/麻耶。哑牒瑟吒拿。哑牒瑟吒谛。唵。摩尼。摩尼。摩诃摩尼。月摩尼。月摩尼。摩诃月摩尼。麻谛。麻谛。/马曷麻谛。麻麻谛。莎麻谛。荅塔葛达。蒲达戈道。巴哩述提。月思蒲吒。卜铁述铁。希希。捞耶。捞耶。/月捞耶。月捞耶。思麻啰。思麻啰。思范啰。思范啰。思范啰耶。思范啰耶。萨哩斡勃塔。哑牒瑟吒拿。/哑牒瑟吒谛。述铁。述铁。卜铁。卜铁。斡资哩。斡资哩。马曷斡资哩。莎斡资哩。斡资啰。葛而毗。捞耶/葛而毗。月捞耶。葛而毗。斡资啰。左辣葛而毗。斡资噜。忘范微。斡资啰。三范微。斡资啰。斡资哩尼。/斡资啰。发斡都。麻麻摄哩噐。萨哩斡。萨陲南。捞葛耶。巴哩述提。发斡都。萨陲弥。萨哩斡葛谛。巴/哩述提。释哲萨哩斡。荅塔葛达释哲羚。萨麻刷。萨颜都。卜铁。卜铁。悉铁。悉铁。勃塔耶。勃塔耶。月/勃塔耶。月勃塔耶。谋捞耶。谋捞耶。月谋捞耶。月谋捞耶。杓讹塔耶。杓讹塔耶。月杓讹塔耶。月杓/讹塔耶。萨蛮达。谋捞耶。谋捞耶。萨蛮荅。啰思弥。巴哩述提。萨哩斡。荅塔葛达。赫哩达耶。哑牒瑟/吒拿。哑牒瑟吒谛。木得哩。木得哩。马曷木得哩。马曷木得啰。曼特啰叭谛。莎诃。/

承斯善利，地狱受苦有情者，刀山剑树变化，皆成如意树，火团铁丸变成莲花，而为宝吉祥，地/狱解脱而能成正觉。承斯善利，饿鬼受苦有情者，口中烟焰烧身，速愿得清凉，观音手内甘/露自然，常饱满吉祥，饿鬼解脱而能成正觉。承斯善利，畜生受苦有情者，杀害、烧煮、楚毒等/苦皆远离，远离乘骑、愚痴，速得大智慧吉祥，畜生解脱而能成正觉。承斯善利，人间受苦有/情者，生时犹如摩耶右胁而降诞，愿具六根，永离八难，修福慧吉祥，人间解脱而能成正觉。/承斯善利，修罗受苦有情者，我慢颠狂拙朴，速疾令柔软、恶心、嫉妒、嗔恚、斗争，自调伏吉祥，修/罗解脱而能成正觉。承斯善利，天中受乐有情者，欲乐策勋，速发广大菩提心，天中受尽忧/苦自然，生欢悦吉祥，天中解脱而能成正觉。承斯善

利，十方独觉声闻者，弃捨小乘四谛十/二因缘行，进趣大乘四摄六度，修万行吉祥，二乘解脱而能成正觉。承斯善利，初地菩萨勇/识者，百福庄严，一切行愿皆圆满，顿超十地，证入一生，补处位吉祥，三乘速证，究竟成正觉。/

　　大明永乐十一年四月八日，紫霞主人心空原建。/

　　大清同治二年九月吉日，本寺住持真印培修。

　　此幢身铭文除落款外，其余文字皆出自译人不详的佛教经书《瑜伽集要焰口施食仪》，一反古代佛教经幢铭文多采用唐佛陀波利译《佛顶尊胜陀罗尼经》的做法，反映了佛教经幢艺术在明清时期的新发展、新变化。此幢对于探讨佛教经幢艺术的发展演变，研究古代"陀罗尼"经系以及与之相关的佛教仪轨，均具有重要的意义。

　　这件经幢颜色鲜明，雕工细腻，图案精致，文字镌刻工整，雕刻工艺水准很高，堪称古代石刻艺术精品。此幢原为明永乐十一年（1413年）宝光寺住持心空和尚所建，明末随同寺院毁于战乱，幢身断折，而幢顶和幢座完好。清同治二年（1863年）宝光寺住持自信和尚雇工重刻幢身补接，使之重新成为一个整体屹立于寺内，熠熠生辉，见证着宝光寺的新生与兴盛。

【清同治五彩铭文人物瓷茶杯】

藏品号：000145
年代：清同治年间（1862~1874年）
尺寸：通高10.1厘米

此件茶杯由盖、杯、托三个部分构成。盖面装饰仕女像和老翁像，仕女像左右有行书榜题，右为"曹大家"，左为"班惠班"，老翁像左右有行书榜题，右为"隐士"，左为"焦孝然"，盖顶有一直口杯形钮，内有朱文篆书底款"大清同治年制"。杯弧腹，圈足，外腹装饰仕女图，足内有朱文篆书底款"大清道光年制"。托圈足，有修补痕迹，内面右侧装饰仕女像，其旁有行书榜题"苏若兰"；左侧装饰男子像，其旁有行书榜题"李青莲"；上端装饰一朵盛开的莲花，其边缘有行书铭文"高力士，给事衣绯走深宫，王公贵戚呼为翁。宇文"十九字；下端有一四方回纹圈，内有行书"五彩相宜，广八寸，织得回文"十一字，末有一红色押印文。

佛教中有"禅茶一味"之说，主张僧人在喝茶的过程中要讲禅，通过茶来领悟禅的真义，实现茶道与禅学的合一。这套茶具即是清代晚期宝光寺僧人参悟"茶禅"的日常饮茶用具，系用不同时期的茶具组合而成，还保留有旧时的修补痕迹，体现了宝光寺僧人简朴的修行生活。

【清光绪铭文铜磬】

藏品号：000025
年代：清光绪四年（1878年）
尺寸：口径55.5厘米

铜磬弧腹，下腹有一折棱，圈底，底部均匀分布有四圆孔，外腹铸有两段楷书铭文，主要记录清代宝光寺第十一代方丈真印和尚率领受戒眷四大和尚、常住四大班首，为铸造铜磬的捐资情况。铭文为：

大清国四川西道成／都府新都县北门外／紫霞山三光寺／当代住持方丈上真下印／和尚，同两序大众，铸／造铜磬一口，大彻堂／药师佛座前应用。莲丛和尚、天宝和尚、星槎和尚、／智生和尚，／首座悟章师、／照空师、西堂我静师、后堂界超师、／堂主海宣师、界昆师，／各捐银壹两。／光绪四年岁次／戊寅佛诞日铸。

铜磬制作精良，历经百余年的岁月仍光亮如新，实为清代铜器珍品。它的铭文对探究古代佛教寺院序职设置提供了重要信息，具有一定的学术价值。

【清光绪紫檀木玉如意】

藏品号：000008
年代：清光绪二十七年（1901年）
尺寸：长58.5厘米

这柄如意主要材质为紫檀木，柄首呈心形，上镶嵌翠玉，玉面浅浮雕"松鹤呈祥"图案，松石间有双鹤飞翔。柄身呈"S"形，中间正面镶嵌倭角宝玉，玉面浅浮雕"丹凤朝阳"图案，下端为波涛，其上有冉冉升起的旭日和一只飞舞的凤凰，背面紫檀木表面刻有楷书铭文五行，铭文为：

云南省中兴筇竹寺宏法四次法裔梦佛本善，仝／云南腾越厅重兴宝峰寺宏法门人了性妙兴，敬／捐玉如意一柄、紫檀玻璃一套，供养／新都宝光常住，永存不朽。／大清光绪二十七年春正月吉旦。

柄尾略呈方形，镶嵌倭角方形宝玉，玉面浅浮雕"封侯拜印"图案：松枝挂一印，印下有一猴作摘印状，松石间还有一蜜蜂相随，取其"蜂""猴"的谐音"封侯"。柄尾末端系一穗。这三处玉面雕饰皆是民众喜闻乐见的吉祥图案。

如意，本是一种挠痒的工具，因寓意吉祥而为国人喜爱。在佛教中，如意是一种重要的祈吉法器。宝光寺所藏这件如意，体形巨大，可谓如意之王；图案雕刻精细，栩栩如生，可称艺术珍品；铭文记录了川滇两地佛教界的交往历史，图案将佛教文化与民间文化巧妙地结合在一起，反映了民众期盼吉祥的心声。

【清五戒牒木刻印版】

藏品号：000022

年代：清

尺寸：长109厘米、宽58厘米、厚2.4厘米

印版呈长方形，正面四周雕刻龙纹，中间上部刻榜题"五戒牒"三个大字，下部为戒牒文，主要叙述了戒牒的由来、用途、格式等。牒文为：

西蜀周唐勅建宝光禅寺戒坛。／

谨遵：／释迦如来坐菩提树下成无上觉，初结菩萨波罗提木，又谓孝顺父母师僧三宝。孝顺，至道之法，孝名为戒，亦名制，止若受佛戒。国王、王／子，大臣百官，比丘、比丘尼，优婆塞、优婆夷，一切人，非人等，但解法师语者，尽得受戒。源自肇于西乾，法流传于东震，由是唐土钦奉，／历朝／圣旨，佛教繁兴。按：唐麟德年，诏终南山宣律大师于净业寺建坛传戒；宝历、大中年，勅上都、东都、荆、杨、汴、益等州为僧尼传戒；宋祥符／年，诏天下诸路皆立戒坛，凡七十二所；明洪武年，钦奉／圣旨，天下寺院僧人愿要参方学道，或在城市山林传诵戒律，一切官员人等毋得禁止；又永乐年，传檄天下，行脚僧人依善知识住，参／禅学道，凡受戒者，若遇关津、把隘，官员人等不得阻当；又万历年，钦赐衣钵锡杖，就五台山传受千佛大戒。今我大清启运，／世祖皇帝尊崇佛教，广行善法，诏入内殿弘传佛戒；复赖／康熙皇帝深信内典，

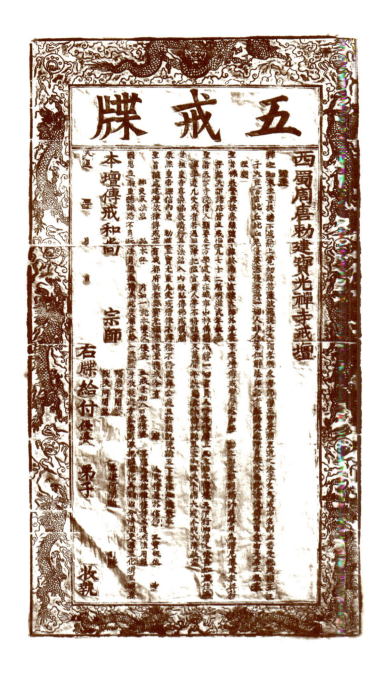

勅护三宝尤重，凡受戒僧，律不拜，俗不得跪拜，公庭只许问讯，晓喻天下，宗律知识钦奉／圣旨，随处建坛，依律传戒。兹有成都府新都县宝光禅寺建坛传戒，今有／○○府○○人氏，情原于信仰三宝，皈依○○寺／，○○师更取法名，于本年○○月初一，就本坛受优婆○○五戒，于初八日受优婆○○菩萨大戒，依律修持，永遵戒法，用报／国恩，并酬重德。诚恐不肖玩法，冒滥无稽，为此度牒，各给一道，随身收执，游方参学，关津、把隘据此为验，以分清浊，免辱至化，须至牒者。／

本坛传戒和尚○○。宗师○○。羯磨阿阇黎○○。教授阿阇黎○○。尊证阿阇黎○○。引礼○○。／

天运○○年○○月○○日，右牒给付优婆弟子○○收执。

戒牒是佛教内部的一种管理制度，是由僧官机构及传戒师签发给受戒僧尼和在家信徒，用以证明其所取得资格的凭证，一般要写明受戒人的法名、姓氏、所受戒名、受戒日期、传戒大和尚、羯磨师、教授师、尊证师等信息。这件五戒牒木印版反映了在家信徒受五戒的情况，为了解我国佛教的传戒制度提供了宝贵的实物依据。

【清同治护僧榜木刻印版】

藏品号：000028
年代：清同治十二年（1873年）
尺寸：长110厘米、宽56.2厘米、厚2厘米

印版呈长方形，正面四周刻龙纹，中间刻楷书书"护僧榜"文，上部为榜题"护僧榜"三个大字，下部为榜文，榜文主要叙述了顺治、康熙、雍正、乾隆四朝在维护寺僧权利方面的一些规定。榜文为：

钦命：梁武帝兴崇，至洪武十年三月十五日出给度牒，钦奉永乐五年五月初六日出给度牒。顺治十五年四月十五日，礼部尚书赵钦、吏部尚书许贺、兵部尚书徐／京、工部尚书刘志高、户部尚书林如申、巡边经历司亦同，奏准○○皇帝陛下○○圣旨，知会天下僧道二司，出给护僧榜文，凡天下一十三省布政按察、／各府州县庵观寺院各取一张，一切僧尼道姑、名山○○佛地等处，随僧筵寿庆祝。凡一切出家僧人，未旨请牌引文者，许令修行持斋，抄录护僧榜文／随身佩戴。钦奉○○圣旨在前通行，移文知会一十三省布政按察、各府州县、巡司哨保，不准毛头善及摇铃持杖、私斋设醮、假拜疏章，冒渎○○／上帝天宫，风雨不调，黎民有难，追荐宗先，滞累六亲眷属堕落地狱，不能出离苦海，扭锁到官，依律治罪，发边外充军。严禁火居道、白莲、天朱、三乘等教，／足蹬妻子，手抱孩儿，头带毛发，饮酒茹荤，使六亲眷属堕入地狱，万劫不离苦海。若是禅僧，身披如来戒衣，肩担锡杖，念佛一声，六亲眷属皆生西方极／乐世界。火居道、白莲、三乘、无为、皇极、宏阳、亲查等教不遵者，拿送到官，按律重究○○。康熙四十年四月十五日，游江南镇江府金山寺，钦奉○○／圣旨晓喻一十三省布政案察、各府州县官员、提典大小衙门，不许禅僧跪拜，只许问讯。钦奉○○圣旨晓喻文武官员，移文知会各府州县、各属／军民人等，不准毁骂禅僧道尼，如逆朕意者，按律治罪。钦奉○○圣旨晓喻四大名山城市乡村，任意僧道修行，结草为庵，讲经演教，劝化世人，／斋僧布施。若有度牒者，不许隐匿，若无度牒者，许令明僧抄录护僧榜文执照。奉○○旨晓喻各布政案察、衙门军官，若杀人等，不许强取僧人／银钱物件，按律治罪。奉○○圣旨晓喻禅门，许令一切僧道焚香宣读○○。雍正元年四月十五日，戒法侍郎李仪、钦天监李如格、礼／部尚书员顺、兵部尚书刘志林、户部尚书林如申、巡边经历司亦同，准奏○○皇帝陛下／圣旨，晓喻知会僧道二司，出给护僧榜文，凡天下一十三省布政案察、各府州县文武官员，移文知会各处官员、哨保、士民人等，不准擅入僧庙，冒犯山主；乘／凉拷火，图财害命，违律者斩；取财以及什物等件，许僧人到官，焚香宣读，钦奉○○圣旨拿送到官，按律治罪，杖一百，发边外充军，永不准归家。钦奉○圣旨晓喻各省官员，一切僧道，凡遇关津、渡口、把碍，人等不许阻拦，游方僧道随身佩带执照。如有不法之人，许令官员拿问究治施行。○○／当今陛下圣旨□文随身执照，须至榜者付给僧。恩赐通省各府州县庵观寺院佩身执照。／

乾隆五年二月十五日出给晓喻。／嘉庆元年三月十五日出给晓喻。／道光元年四月十五日出给晓喻。／同治十二年正月二十日，礼部誊黄出给晓喻。

勒赐江南金山寺奉旨传戒方丈预知／转奉。右给付草履、银四两八钱。右给付天下持戒僧人佩带。

对于"护僧榜"，古代世俗文献中极少记载，很可能是某些寺庙根据封建王朝的一些政令编制而成，反映了僧人试图借助世俗政府的力量维护自身合法权益的愿望。宝光寺收藏的这件护僧榜木印版是一件珍贵的佛教文物，为研究佛教与政治的关系提供了极为难得的实物材料。

【清宣统石刻舍利塔】

年代：清宣统元年（1909年）
尺寸：通高520厘米

这座舍利塔由三块巨石镂空雕成，为六面体亭阁式佛塔，由塔基、塔刹和塔身三部分构成。塔基为须弥座，塔刹为攒尖顶。塔身雕刻精细图案，分为两层，每层六角飞檐，檐角挂风铃，底层由十二根石柱支撑，外六柱雕刻飞龙，造型生动；内六柱中设双层木龛，上供释迦牟尼像，下供阿弥陀佛像；底层檐身和二层塔身精细地雕刻有以释迦牟尼佛故事为中心的各种人物、花卉和飞禽走兽。塔内供养有释迦牟尼佛舍利。这些舍利是清末真修和尚到斯里兰卡游历时，经过十二天的虔诚绕塔礼拜，最终感动国王亚巴乃那，为其所赐而得。此塔是清代宝光寺第十六代方丈世昌禅师为供奉舍利，专门聘请川西名工巧匠历时三年精雕细琢而成。

整个石塔雕刻玲珑剔透，塔身贴以黄金，并施以朱砂、石青、石绿等重彩颜料，显得金碧辉煌，耀眼夺目，雕刻艺术和装饰艺术水准极高，堪称清末石雕艺术的杰作。石塔至今仍矗立于宝光寺念佛堂内，熠熠生辉，述说着昔日石工的高超技艺以及真修和尚南亚游历的艰苦卓绝。

【清雕刻木鱼】

藏品号: 000026
年代: 清
尺寸: 长330厘米

　　此木鱼体型巨大, 呈长条柱状, 一端圆雕成兽首状, 另一端雕刻成鱼尾状, 中间身部表面雕刻鱼鳞。兽首浓眉, 鼓眼, 高鼻, 大鼻头, 嘴大张露齿, 上下各有两颗獠牙, 伸舌, 嘴含宝珠, 宝珠涂朱, 颈部有鬃毛。

　　在佛教寺院中, 木鱼通常有两种类型, 一种作长身鱼形, 俗称"梆"或"饭梆", 通常悬挂在寺院斋堂门外, 在僧众用斋饭时敲击, 故佛寺有"签响上殿 (做功课), 梆响过堂 (用斋饭)"的口头禅。另一种呈团鱼形, 腹部中空, 主要有两种用途: 一是诵经时调和音节, 二是外出化缘时使用。团鱼形木鱼的大小, 置于大殿的, 直径一般在100厘米左右; 置于案上的, 直径一般在30厘米左右; 持于手上的, 直径一般在15厘米左右。斋堂门外的木鱼长度一般在150厘米左右, 最长达300厘米。宝光寺斋堂的这件木鱼长度超过300厘米, 堪称木鱼之王。

【清狮钮敕赐方玉印】

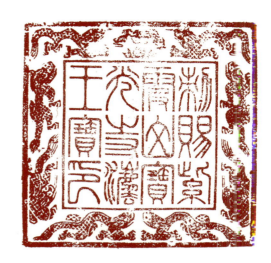

藏品号：000015
年代：清
尺寸：长11.3厘米、宽11.3厘米、高11.9厘米

　　玉印呈方形，狮形钮。狮四足蜷卧，回首，憨态十足。印面呈方形，四周绕以龙纹，印文为篆书阳文"敕赐紫霞山宝光寺法王宝印"，边为龙纹。

　　法王，本为对佛的尊称，后来被引申为对菩萨、阎王以及某些佛教领袖的称呼。这颗玉印体型大，晶莹剔透，质感温润，雕工细腻，是古代玉印中难得的佳品，在目前已公布的佛教印章中十分罕见。玉印为清廷所赐，它的工艺、材质、印文都暗示着清代宝光寺在全国佛教寺庙中的地位。

【清人面明咒铭文铜法器】

藏品号：000104
年代：清
尺寸：通长21.5厘米、通宽2.3厘米

　　此器呈长条形，一头如宝塔状，下有一人面，人面戴冠，高鼻，双眼圆睁，另一头作三角形，中间为扁平状柄，一面有阴刻楷书铭文"唵嘛呢叭迷吽"六字，另外一面饰交叉斜线纹。

　　法器上的六字在佛教中被称为"明咒"，又称"六字真言"或"六字大明咒"，是大慈大悲观世音菩萨咒，象征一切菩萨特别是大悲观世音菩萨的慈悲和加持。佛教徒认为，持念明咒，能够使人清除贪、嗔、痴、傲慢、嫉妒和吝啬这六种烦恼，堵塞六道之门，不堕入六道轮回，从而得以往生净土，达成正果。该咒语具有浓厚的佛教密宗特点。这件法器表明，宝光寺在佛学修行上具有主修禅学而又兼修密宗的特点。

【清五佛银冠】

藏品号：000107
年代：清
尺寸：高16.5厘米

这件佛冠用五片银片连缀构成。每片形态、图案相同，皆呈莲瓣状，图案分为内外两个部分，外部装饰联珠纹，内部又分为上下两个部分，上下之间以回纹相隔，上部正中有一个莲瓣形龛，龛内有一梵文，龛外四周透雕缠枝纹，其间杂以法轮、金刚杵、莲花、法螺等图案，龛下有一兽头，下部浅浮雕水波和群山图案。每片梵文皆不相同，代表五佛；下部群山象征佛教圣山须弥山。

五佛冠是藏密上师修法时所戴宝冠，用以象征五智如来，具有浓厚的佛教密宗色彩。宝光寺收藏的这件银冠，制作技艺高超，品相精良，图案繁复，既是佛门珍宝，又是艺术佳品。

【清圆雕石狮】

藏品号：000157-1
年代：清
尺寸：通高36厘米，座长19.3厘米、宽16.8厘米

狮子在佛教中象征智慧、法力，颇受尊崇，故佛说法称为"作狮子吼"，宝光寺方丈院称为"狮窟"。寺内珍藏的圆雕石狮、木狮有若干对。雄狮、雌狮的区别在于：雄狮右前足踏宝球，雌狮右前足抚幼狮。

此石狮表面糅黑漆，狮子侧首，大耳，双目圆睁，口衔绶带，颈系铃，尾上卷贴背，右前足上抚一幼狮，下为须弥座。狮身曾贴金。

在佛教艺术中，狮子是一种具有辟邪和护法神力的灵兽，一般有两种造型，一种形体偏大，形态威武雄壮，主要起镇守护卫的作用，另一种形体偏小，神态温顺，主要起听经护法的作用。这件石狮形体较小，憨态十足，符合第二种狮子的造型特征。

【清粉彩罗汉瓷瓶】

藏品号：000214

年代：清

尺寸：口径13厘米、底径15厘米、高45厘米

瓷瓶撇口，长颈，鼓腹，矮圈足，颈部饰头上有圆光的三尊女身菩萨像及若干罗汉像，肩部和上腹饰三尊头上有圆光的化身佛像和若干罗汉像，下腹饰四天王像与若干罗汉像。此瓷瓶人物皆线条流畅，栩栩如生，衣着、神态各异，颜色丰满，红、黄、蓝、绿、黑、粉彩皆备，构成一幅壮观的罗汉图谱。

中国的罗汉信仰从印度传入，五代时开始在各地流行，成为佛教信仰的一种重要形式。人们或是修建专门的寺庙佛堂来供奉罗汉，或是用绘画的方式表现罗汉形象，或是制作与罗汉有关的器物以传达对他们的信仰。这件罗汉瓷瓶属第三种信仰方式，是宝光寺在罗汉堂之外的又一罗汉艺术珍品。

【清光绪新都县文庙龙纹铜挂钟】

藏品号：000009
年代：清光绪五年（1879年）
尺寸：口径21厘米、高30厘米

铜挂钟口微内收，腹微鼓，平顶，顶部有一兽首桥形钮，腹下部有一箍，箍与口部之间分布有六个圆枚，枚间饰云气纹，腹上部亦有一箍，箍与顶之间饰云气纹，两箍之间面、背各有一开光，正面开光内有楷书铭文"光绪五年新都县文庙铸"十字，背面开光内有楷书铭文"信应钟钟陈璧光捐制"九字，左右两侧均饰云龙纹，龙昂首，双角，张嘴，四足，每足四爪，身躯弯曲，作腾飞状。

如此形制、大小、图案相同的铜挂钟，宝光寺共收藏有16件，属于一套铜挂钟，原为新都文庙的遗物，后移交宝光寺收藏。文庙是过去祭祀孔子的祠庙，是儒家的文化地位的象征，也是施行教化的重要场所。新都文庙始建于宋代，现已不存。宝光寺收藏的这套铜挂钟，让我们可以回想当年新都文庙钟鼓齐鸣时的宏大场面。

【清南极仙翁骑鹿铜熏炉】

藏品号：000210
年代：清
尺寸：通高35.5厘米

熏炉分段组合而成。主体为一仙鹿，鹿双角，侧首，站立于长条形台座上，左前腿上抬，似欲行走。鹿背中空，有四穿孔。鹿背上侧坐一仙人，仙人高额，面带微笑，颌下长须飘飘，身穿长袍，腰系丝绦，右手托一仙桃，左手垂置于腿上。鹿左前方有一仙鹤站立于松枝上，松枝与台座相连。鹿左后方有一仙童，仙童头扎双髻，面带微笑，上身穿肚兜，双手斜捧一卷书，赤足站立于方形台上，台上置扶疏摇动的梅花枝叶。

鹿背所坐仙人，是我国古代传说中的南极仙翁，也就是俗称的"寿星"。南极仙翁既是道教的重要神灵，也是民间喜闻乐见的神仙。这件熏炉是清代宝光寺的重要佛事用具，南极仙翁的出现，体现了宝光寺不拘门墙的开放精神，反映了佛教对民间文化的吸纳。熏炉造型优雅，人物形象生动，既有仙鹿的灵动，又有仙人、仙童的沉静，动静交融，实为佳构。

【清嘉庆培修无垢宝塔石刻碑】

藏品号：000483

年代：清嘉庆四年（1799年）

尺寸：高230厘米、宽109厘米

碑面刻行书铭文6行，每行满行14字。碑文保存完好，文字清晰，作者高明远以七言诗句描述了宝光塔的雄伟与神奇，记录了宋、明、清三代对宝光塔的维修。碑文为：

培修无垢宝塔落成／

秀峰昙云北郭前，残碑犹认晚唐年。／腹中舍利真奇也，顶上霞光岂幻然。赤岸南／屏名共寿（夹注：南郊有赤岸山），高台寺拱势相连（夹注：东郊有高台观）。宋明／两葺今重葺，历劫长新了凤缘。／

嘉庆四年己未春日，邑人静一高明远题。

无垢宝塔，即宝光塔，传说晚唐悟达国师重修该塔时，曾从塔基下挖掘出佛祖舍利，舍利大放光明照彻四方，故得此名。此塔从此成为宝光寺的象征，备受寺内历代僧人的珍视，时时加以培修，使之得以长立于天地之间。此通碑是为纪念清嘉庆四年（1799年）宝光寺维修宝塔落成而作。碑文书法俊美，文句优雅，记录了维修宝光塔的重要史实，是一件集史料性、文学性、艺术性于一身的古代碑刻珍品，对于研究宝光塔的历史具有重要意义。

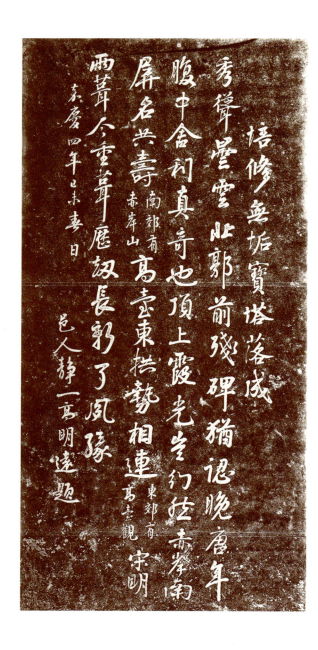

【清道光恭请龙藏碑序石刻碑】

藏品号：000492
年代：清道光二十五年（1845年）
尺寸：高224厘米、宽110厘米

该石刻碑碑面刻楷书铭文21行，每行满行46字，部分文字风化严重，漫漶不清。碑文记录了清道光年间祖德居士出巨资资助宝光寺迎请《乾隆大藏经》，扩建寺院，改善僧众生活的主要事迹。碑文为：

恭请龙藏碑序。／

宝光寺在新都县城北，创自周时，迄今二千余年，相沿不废，代有高僧主之。今之方丈，则／妙圣禅师也。师向在汉州开元寺，与祖德居士遇，相视莫逆，及师驻锡于此，居士以时过从，契好无间。师偶言：／"圣朝崇奖佛法，所刻全藏经文贮之于殿阁，凡直省丛林，但有请者，无不颁给。宝光为蜀中古刹，名与昭觉、草堂埒，顾未有藏／经，亦憾事也。"居士曰："何不请之于／朝？"师曰："道远而费烦，是大不易。"居士曰："易耳。"立出橐中金一千五百两，促其行，师遂诣京师，请经以还。寺僧数百人，居士图食指众多，特捐五百余金，置斋僧田若干亩；又念禅堂逼迮且垂坏，另拓数弓地扩而新之，并仿庐山故事，架莲社图／橼。二事所贯，又不下三千余金。师非有慕于居士也，而居士一意为之，独力任之。噫，异矣！释氏不耕不织、不工不贾，图因／能驱一世之人倾心布施，罄其所有而不惜！然而遇悭吝之夫，虽一文不舍也。居士视数千金不啻毫末，何独慷慨图图？／谓以此种福，而居士现是五福中人，无待于种；谓居士为师所转移，如昌黎之所谓"浮屠人善幻"者，而师质实清虚，图因／尝以一言相诱也。余闻佛家有夙缘之说，意者居士过去生中，与师夙有一段因缘，故身异性存，今生相遇，遂如磁之图／针，不觉恭敬赞叹，欢喜皈依，而因以有此种种功德。且释氏不耕不织，不工不贾，使天下尽皆悭吝之夫，则此图图图！图／者，居士具有夙根，在前世为佛弟子，在今世为大檀越，一入轮回，藉以护持三宝，亦未可知也。然则即此一端，而／佛法之所以相沿不废者，其亦有不可思议者欤？居士之乐施，出于至诚，师知其施不望报，亦不求名，第欲使后之住图图图／者知之，因道其徒丐余志之。然余窃有说焉，空门中一衲一钵，惟布施是赖。大众身持戒律，倘饱食安坐，不思精图、图图／固不之责，受者能无愧耶？此亦当头一棒也，觉路中人必有耳聋汗下者。居士，汉州人，卫千总职衔，姓李氏，名会图、图图／盖其法号云。／

赐同进士出身、前国子监司业、詹事府左春坊左赞善、翰林院检讨、国史馆纂修、文渊阁校理垫江李惺撰。／邑廪生宋涟书丹。／
传临济正宗第四十世宝光堂上月耀真元和尚、／传临济正宗第四十一世当代住持妙圣同两序大众公立。／
大清道光二十五年岁次乙巳黄钟月谷旦。

碑文中提到的祖德居士，即李会通，广汉人，曾任千总之职；月耀，为清代宝光寺第九代方丈；妙圣，又称妙胜，为第十代方丈。李会通为当时宝光寺的发展壮大做出了重要的贡献，为表达对李氏的谢意，宝光寺为其塑像一尊，供奉于藏经楼内，此像至今犹存，栩栩如生，向世人述说着他与宝光寺之间这段奇妙的缘分。

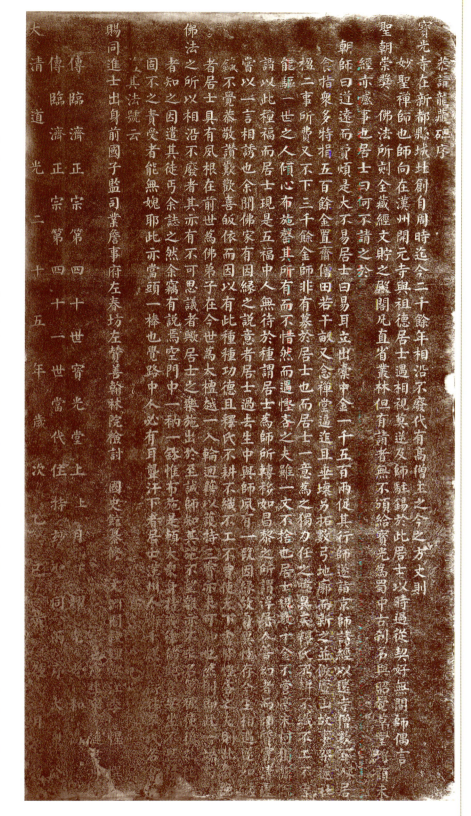

【清咸丰新都县宝光寺重修藏经楼功德石刻碑】

藏品号：000490

年代：清咸丰三年（1853年）

尺寸：高210厘米、宽86厘米

该石刻碑碑面刻行书铭文23行，每行满行60字。碑文保存较为完整、清晰，记述了清道光末年至咸丰初年，宝光寺为更好地收藏《乾隆大藏经》而进行的一次藏经楼改扩建工程。碑文为：

新都县宝光寺重修藏经楼功德碑序。／

粤自光腾舍利，霞山邀玉辇之临；势涌浮图，雪岭作银屏之拱。剩乾符之殿础，苔绣鳞皴；竖永乐之石幢，梵文虹绕。旁连赤岸紫光，偕紫翠常迎；近控清江白／社，与白沙互映。为圆觉栖真之所，第一禅林；开声闻演妙之场，无双法界。非有华严楼阁，远摹忉利之天；何由炳耀经函，悉贮娜㜌之地？宝光寺者，新都／治北之古刹也。凌虚宝塔，阿育王构造分支；特赐玺书，知元师勒居卓锡。至赵宋，易名大觉；迨有明，更拓宏观。宰相捐赀，愿充檀越；状元留咏，遂辟桂湖。极三宝之护／持，精蓝巨丽，胡众魔之肆劫，流寇为灾。遗宇堵以俏存，失招提之旷奥。洪惟我／朝，丕振颓纲，俱维坠纽，宏宣象教，大启鹫林。笑宗密剪棘披荆，宝山载峙；恢彰阃度规相矩，杰阁斯成。属有愿之未酬，遽伤恒化；识方兴之勿替，用俟将来。观兹福地砥平，长垣／云蠹。缁门济济，戒德峻而弥坚；绀宇洗洗，常住丰而更安。倘大乘之弗备，即内典之终虚。于是妙胜大师矢驾愿轮，务追遐轨，于道光十二年壬辰之春，直赴凤城，恭求／龙藏。横担椰栗，肩挑栈道之云；踏破芒鞋，足蹋神州之雨。捧琅函而载道，一路皆香；得宝册以归林，四众咸仰。凡三百六十有六函，通六千三百六十一卷。非夫翘勤自积，精苦逾深／者，未能如是克恢嗣法，永奠神居也。惟是骈栱叠炉，年深渐蚀；大亲细桷，日久难支。恐说法之堂倾，楞严奚度？惧贝多之树倒，㜌乳频浇。尔乃大发菩提，广祈善果。檀施争布给孤独／长者纷来；兜率重新耆闍崛，然灯续照。雕甍画栋，穷造化之规模；方镜圆珰，极人天之巧妙。虹梁架迥，无舂而藻井舒花；虬柱凌空，不暝而松簷积雾。由是苍蝇反止，远镇琼阶；白马驮／来，长排宝轴。聚诸天花而散其处，如是我闻；于一毛孔出无数云，难为人说。中塑大士一尊，颜容湛粹，相好端严。洞辟珠瞳，如观百亿；丛伸金臂，普拯大千。面面颜黎，灵光四彻；重重笃／㜌，异馥齐薰。离下界之尘气，罡风语锋；听六时之梵呗，大海潮音。当夫晴昼献花，偪来鹿女；晚凉徒钵，如引象王。凄风动而慈树鈿森，瑞雪零而悲花玉照。四时欢喜，郁单越音乐和／鸣；万象包容，摩诘室须弥尽纳。日丸月镜，东西饰肃赫之仪；惠岸木义，左右列威严之侍。若论当头棒喝，大狮子㖷息无声；试思竖指衣传，天龙禅凭虚示法。自道光二十八年鼎／新，越四载，咸丰元年工竣，阔九楹，高五十余尺，东西增建堂合，左曰静照，右曰同本。两翼齐舒，悉向蜂台、托足；七层对衬，居然鹫岭分身。莫不拾级朝真，梯云睹奥。牙签偶动，／和万叶以琤瑽；金字标题，用千文而表记。读完一藏，为精进之头陀；募集十方，了本来之心愿。夫经忏尤资象设，固佛教之昭垂；而工程岂易鸠僝，乃神斤之默运。阿罗汉环／居左界，更齐五百灵踪；阎浮提具此奇观，岂是寻常思议。昔者金山留笔，尚永镇乎沙门；今则宝座铺经，譬同升于车帝。孰堪上坐？惟迦叶宏阐宗风；长念观音，信波／罗是无等咒。纵使化行天竺，铁围难挟以西飞；须知声彻／帝阍，瑶笈曾经夫北贲。继二何五张之盛，姓名悉勒诸贞珉；肇双树八正之传，福感永标于益部。赞曰：／

始康北麓，军屯西陲；爰有古刹，唐末是基。朝霞常紫，昼尘不淄；天王列卫，帝释来仪。秘笈初襄，经楼重建，美哉奂轮，烁乎硕曼。沸耳雷琅，荡心霞绚；倬汉为章，／昂霄耸殿。是资众善，构此宏图。盘蝇顿栀，蹲□衔铺。炉芬兰郁，壁香树涂。礼佛得所，散花有因。善种滋培，福胜颖顾。野秀环青，林烟凑垩。天风语铃，日讲／宣铎。证最上乘，皆大欢跃。／

时／

咸丰三年岁在癸丑仲冬月一阳生日，成都宾谷秦印烺敬撰并书。

此通碑记录了宝光寺藏经楼的兴建，是研究宝光寺建筑的珍贵史料；该文文笔优美，文辞流畅，碑文书法俊美，行书中带有楷意，笔势如行云流水，美书录美文，实为碑中精品，值得珍视。

【清咸丰宝光寺罗汉堂记石刻碑】

藏品号：000482

年代：清咸丰九年（1859年）

尺寸：高210厘米、宽85厘米

碑面刻楷书铭文14行，每行满行35字。碑文保存较为完整、清晰，主要记录了清代宝光寺第十代方丈妙胜禅师创建罗汉堂的艰辛，介绍了宝光寺罗汉堂在全国佛寺罗汉堂中的地位。碑文为：

宝光寺罗汉堂记。/

罗汉之塑五百尊，自南宋净慈寺始也。时天子驻跸临安，南北讲和，将相多豪富。亦足以见/当日之晏安江沱，犹夫东晋已。今天下罗汉堂有五，常州之天宁，浙江之净慈、灵隐，由累朝/敕建；陕西之景胜，抚军毕秋帆捐建于乾隆世也；湖北之归元，富民李本忠捐建于道光世/也。新都宝光，则妙胜禅师募捐自建于咸丰元年。于是海内罗汉堂有六。非天下太平之久，/三川无桴鼓之惊，莫由臻斯胜也。然二年冬，粤匪陷武昌，毁归元，新都适足补归元之缺，而/不能有六也，岂天亦若有成数以限之欤？且景胜建于抚军，归元建于富民，皆资大力者为/之。妙胜禅师尝以壮年走京师，南游净慈、灵隐及天宁，袖其图像，由武当越房竹西归，凡三/十年，而归成巨构。以天下观之，既见罗汉堂之不常有；以师言之，又见成此者之不易。传曰：/有其举之，莫敢废也。住持兹山者，能与净慈、灵隐、天宁、景胜同其不废焉，庶不负创始之勤/劳欤。/

成都府新都县教谕、汉安刘景伯撰，/成都府学、增生魏超儒书。/

咸丰九年岁次己未孟夏月佛诞日立。

此通碑文字书写清整、秀丽，记录了宝光寺兴建罗汉堂的过程，既是一件探寻我国罗汉信仰和宝光寺罗汉堂历史的珍贵史料，又是一件不可多得的清代书法艺术珍品。

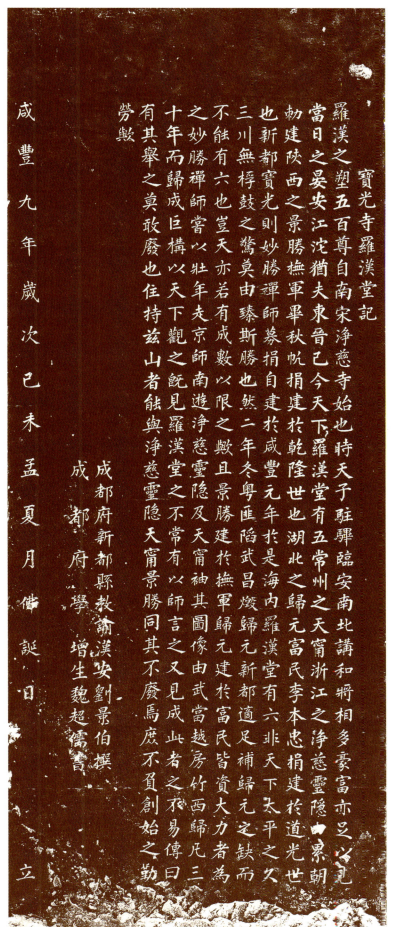

【清光绪自信和尚塔铭石刻碑】

藏品号：000486
年代：清光绪八年（1882年）
尺寸：高222厘米、宽137厘米

该石碑碑面铭刻行书铭文31行，每行满行约44字，碑文保存较好，作者雪堂禅师用俊美的书法、流畅的笔调，翔实地记录了清代宝光寺第十一代方丈自信禅师一生的主要功德，既介绍了他对佛法的弘扬、戒法的传授，也赞扬了他在主持扩建或重修新都宝光寺、成都大慈寺、彭州龙兴寺等古寺过程中的重要贡献。碑文为：

自信和尚塔铭。雪堂含澈撰并书。／

光绪八年正月四日，宝光寺圆光方丈，以法师自信和尚生平善行，请铭于塔。未几，圆光示寂，继席／道帆方丈复申圆光之请。和尚与先师云坞同为妙圣老人法裔，又为澈教戒威仪导师，义不容辞。按状，／和尚讳真印，字莲丛，自信其号也，彭县人，姓王，父讳彬，母张氏，兄弟四人，伯、仲、叔皆力耕。和尚幼独清奇，少长，喜闻／佛法。年二十，以前芳院明钰禅师戒律精严，依之剃发。越三年，赴宝光月耀长老受戒。时道光十三年癸巳，适／妙公由阙请经还寺，月公先时退隐，以方丈待妙公，公力辞不获，乃嗣而主之。和尚于堂中朝夕礼拜华严经典，／妙公深契之，引初祖不立文字之旨，令其参悟，闻钟声豁然有省。妙公曰："此非究竟，还有向上事。"十六年丙申，妙公请／和尚职维那。十八年，发志南游，至扬州，谒古灯长老，参领妙谛。十九年乙亥，至定海，礼普陀大士，复回常州，谒恒赞、雪／岩两长老，了悟华严法义。二十年庚子，旋蜀，妙公请职堂主。二十二年壬寅，遂将正法眼藏付之。频年请主方丈，属谢／不敏。咸丰八年戊午，妙公西归。越明年，李、蓝乱蜀，众涣散，和尚收而主之，于冬夏二季遵制开期，成就来学。十一年辛／酉，建七佛殿。同治二年癸亥，贼氛炽甚，建尊胜殿、念佛堂，培福感塔。三年甲子，接主郫县东林、义林二寺（夹注：新都之白马、王楼二庙)，买斋／田共三百余亩。五年丙寅，至省城，见大慈寺香火冷落，访知为康熙间主僧所败，悟成请和尚兴为十方丛林。为嘉其／意，出金三千余两，赎取地土，殿堂一一重新之，陆续建观音、千佛、接引、大雄四殿，禅、观、戒三堂，经楼、方丈、山门及僧房数／十间，暨东胜街佃铺、客院三百余廛。阅九年工竣，费约三万金，于省会招提中为巨观。是役也，虽有真乘力任其劳，宏／照、了全左右其事，而经营调度皆和尚一人。其所以有成者，盖成都将军崇文勤公，素重行履，故护持威力有加焉。／其后复接河池寺，得田八十余亩，以资饘粥。光绪二年丙子，彭县龙兴寺雪峰方丈病羸，启和尚分力主之。念龙兴为／预知禅师建塔道场，经傅静甫司马与檀越诸山，开建十方丛林，普奠长老善行于先，心全雪峰，继主于后，功久未记，为／修观佛楼及方丈、左右廊庑，费约四千金。自此主席三寺，每年仍以二季开演戒期，阐扬宗旨。和尚平生善行，及不可／思议功德，大略如是。光绪五年己卯九月，以老辞退，令新戒圆光主持方丈。至十二月初四日酉时，吉祥而逝，距生于／嘉庆十一年戊辰四月十二日酉时，世寿七十有二，僧腊五十有二，主席二十二年，传戒三十余次，得戒弟子二千余／人。传法嗣绍儒、碧云、圆光、源恩、道帆，以光绪八年壬午仲冬谷日，建肉身塔于宝光西南隅。铭曰：／

七佛垂光，九峰钟祥。笃生我师，濛水之阳。回向三宝，皈依清凉。环顾大块，托迹前芳。受紫霞戒，礼华严堂。心空万法，／行住安详。一拳一喝，为栋为梁。（夹注：和尚以华严法义，请于常州雪岩禅师，师曰："华严为诸佛菩萨圆成性海大法，今此之问，其为希有，将来必为我佛栋梁。")须弥易纳，芥子难藏。以精进力，作大愿王。维持世界，／开建道场。传说戒律，独启慈航。令彼众生，（夹注：蓝、李之难，和尚语众曰："当传授佛戒，以消逆焰而摄沉沦。"故冬夏俱为戒会)同免红羊。大慈复振，龙兴重扬。／功圆德满，果证西方。慧灯不昧，万古攸长。／

文殊院退隐悟修、方丈法基，昭觉寺方丈明照，草堂寺方丈心泰，罗汉寺方丈我静，龙藏寺方丈戒琢，太平寺方丈戒树，／临济正传宝光寺方丈道帆同两序真淳、道行、凤定、真全、真雨、法海、智兴、性敏、道林、正能、定魁、惟生、妙祥、仁材、广种、／广法、隆师、了义、广润、照安、宗澄、心满、广泽、悟昶、海眼、了凤、隆森、传法、戒莲、演畅、常照、真宽、定华、本月、宏韬、如学、真桂、／果是、隆高、清泰、识清、正乾、祥奎、悟性、源辉、师成、慧圆、明空、海云、心开、海量、明济、圣智、仁端、如是、性昭、宽亮、本烈、宗和、／海印、福润、通怀、悟成、觉福、慧仙、道慧、界三、本悟、宗鉴、通真、常闻、继湛、性亮、真枢、如正、知妙、悟品、果山、通镜、圆炉、香元、／常乐、海修、觉辉、古林、源林、觉明、慧智、广厚、性义、洪暄、广莹、圣定、祖亮、真顺、超正、照喜、圣文、照性等泐，新繁李正发镌字。

碑文作者雪堂含澈，清代晚期新繁龙藏寺方丈，蜀中著名诗僧。此通碑既是正确理解宝光寺在四川佛教界的影响与地位，认识宝光寺、大慈寺和龙兴寺等古寺现存部分古建筑始建年代的珍贵史料，又是研究诗僧雪堂禅师的文学修养、书法艺术，探寻清代四川佛教文学的重要文学作品，是一篇颇具价值的四川清代晚期佛教文献资料。

光緒八年正月四日寶光寺圓光方丈以塔師一自信和尚坐平生行誼命徒畫師繪寶公遺光示余世系

和尚諱真甲寧蓬叢自信其號也彭縣人姓王文諱積母張氏兄弟四人伯仲早殤季即和尚母受孕十二年始

佛涇年二十以前芳院明鍾禪師故律精嚴依之薙髮越三年赴寶光月耀忠老受戒如內申禪師道北四十三

……

【清光绪宝光寺方丈铭心石刻碑】

藏品号：000007

年代：清光绪二十二年（1896年）

尺寸：高133厘米、宽236厘米

该石刻碑碑面四边刻花卉、几何纹等图案，中间铭刻楷书碑文，共55行，每行满行30字。碑文保存良好，文字清晰。碑文分为前后两个部分，前半部分为清代宝光寺第六代方丈了纯禅师带领僧众于乾隆四十三年（1778年）所立寺规，后部为第十四代方丈真秀禅师偕同僧众于光绪二十二年增补的寺规，对宝光寺方丈的产生、方丈权利的制约、僧众的老病赡养问题等都作了比较详尽的规定。碑文为：

宝光方丈铭心碑记。／

原夫先圣建丛林，纳广众，举名位，提纪纲，无非令正法久住，弘道利生，使人人／超于无上妙道也，故推有道德衲子，命之曰"长老"。当是席者，担荷诚难，非可苟／窃名位，要在洁己，临众公正无私，专以利人、利物为念，始堪克绍祖庭，众心感／悦。如宝光古刹，自唐宋以来，悟达国师、圆悟勤祖，潜修密证，载之传灯。迨我／盛朝御宇，化洽幽明。康熙之初，笑祖驻锡，尔祖印真，至乾隆中，则恢老人中兴，玉老／人修建，递代继席守成之功，巨钟炳载。纯自四十一年接理，见诸舛错，不符前／规，第愧力弱无能，惟赖职事辅弼，二三年间，始除内外弊患，丛林庶可安静。尤／虑积久弊生，情实日凿，势有安危之系，不得不杜渐防危于未然也，爰邀同派／公议条规四则，勒碑永志。不过因时剔弊，俾后之继席得人，职司克效。惟冀贤／良广集，黾勉遵行，期祖庭经大传远，道脉绵长，即斥我罪我，吾曷敢辞责也。谨／序。／

一、住持方丈并法眷人等，不得招徒削发，如违逐出。凡为主者，果能惠德相济，／中外皈敬，上下和悦。一任住席，如或疏怠徇私，乖违法道，理所难容，众议另举。／

一、方丈退院，例应秋收新旧交接，以免奸卖谷米之弊，不得负债累寺。如负有／债，退院人自还，不与常住相干。／

一、举方丈，最要勤行佛道，谦恭惠物，在堂老炼功行，笃实参学，见事明理者，凭／众公举，不得固却。如若嘱托权势，私窃名位者，逐出。／

一、退院后，即是了事人也，或在本堂隐住，或退隐小院，不得付嘱传法，引坏后／昆。凡在堂职事，亦不得私付，混乱佛法，察出，授、受并摈。设若在外另兴道场者，／听从付受。铭曰：／

宝光常住，开辟历祖。佛事楗椎，遵先依古。宗律精严，勤行勿负。／接物利生，克纯祖武。访贤纳谏，出手扶树。虎穴魔宫，直入不顾。／愿后住持，履道是务。韦驮证明，龙神鉴护。／

皇清乾隆四十三年四月佛诞日，传临济正宗第三十七世主席了纯同两序立。／

因碑剥蚀，于嘉庆三年季秋，住持悟玉同众公议重镌。／

夫理由事治，道在人宏。立法虽良，守成必慎。宝光常住，历代老人经营尽萃，无／法不善，惟重得人。凡当事者，必遵循不怠，乃克永济，若有差误，因果非虚。恐后／懈弛，日久弊生，继增数则，以警将来。／

一、住持传法，必在位日久，有功有德，交代后方可付法。不准多付，亦不得未交先／付。纵开建他方者，来祖庭请法，须考验其人，不得妄传。／

一、现住持不得添接小庙及他方另开丛林。如要开建，必须交明，常住得人，退院／后方可。然常住不准帮垫分厘，只随情贺喜而已。／

一、交住持一脉授受，不准分歧，须在平日详察众论，细心拣择，久久考验，以得人／为要，切忌轻忽。／

一、无端不得大兴土木，添造殿堂。如兴大工，必凭众商可否，不得妄自兴作，以累／常住。

一、住持三年，必将常住押租债账，凭众清算，以查盈亏。若无故累债，众议另换，不／准授受传法。大众慈悲，如在堂住，另觅幽静，退思补过，只单钱四千文，概无帮／费。然无弊者，照旧住持，大众不得借故寻疵。／

一、住持交替，须凭众将常住账目算明，什物照薄点清，不得含糊。有不清处，查出，／凭众举罚。／

一、退院后，只是清修养道，既已交付有人，任其施展，无大故，不得每事牵掣，而承／任者亦须尽道。／

一、照旧规，退院在堂者，每年单钱六千文，每月零用钱壹千文；若不在堂，只单钱／四千文。又，现住持者，单钱四千文。／

一、班首、执事在堂多年，至年老不能随众，送清静之所，贴耆旧单，单钱四千文，派／人随侍。／

一、随众久至年老者，送清众单，单钱三千文，饮食茶饭，香灯师代为经理。／

一、病僧送如意寮，随派一妥僧经理汤药，司执者必须随时照料，当要尽心；如贫／乏者，医药常住付给。／

一、亡僧茶（"茶"当为"茶"——编者识）毗，不论有无，照常住恒规，如班首念经三日，执事二日，随众一E，经师九位。

以上各条，当永遵行，尽美尽善。因果若错，解脱何由？勉之慎之，恳切盼切。／

光绪二十二年岁次丙申夏月吉日，住持真秀同两序大众公立。

    碑文中提到了宝光寺历史上许多为寺院发展做出过杰出贡献的高僧。悟达国师，晚唐著名高僧，曾驻锡于宝光寺，是唐代宝光寺的开山祖师；圆悟，字克勤，北宋晚期著名高僧，曾住持宝光寺，开创了宋时宝光寺的极盛时代；笑祖，即笑宗禅师，清代宝光寺中兴第一代方丈，宝光寺在他的管理下从明末清初的战火中重生；尔祖，即尔生禅师，第二代方丈，宝光寺在他的带领下粗具规模；恢老人，即恢彰禅师，第四代方丈，在他的主持下，宝光寺的建筑规模和社会影响力日益扩大。

    碑文所载寺规，反映出宝光寺方丈的产生以选贤任能为原则，而且方丈在行使职权时，如传戒授法、土木工程兴建、经济账目等，须接受寺院僧众的监督，一旦德行出现重大问题就会被罢免。方丈卸任退院后，不能干扰肘掣继任方丈。民主的意味颇为浓厚。所谓"铭心"者，就是希望后世僧众能够牢记并遵行这些规定。

    按照寺院财富的属性区分，我国古代的寺院有两种制度，一种为子孙庙，寺庙财富为私有，属于某僧或某系僧人的私有财产；另一种为十方丛林，寺院财富为公有，属于寺院僧人集体所有。按照方丈的产生办法，十方丛林又分为选贤丛林、戒眷丛林和法券丛林三种类型，选贤丛林的方丈，是由寺僧采取民主协商的办法，从广大僧人中选出的贤能者；戒眷丛林的方丈，是从本丛林受戒僧人中推举德高望重者；法券丛林的方丈，由原方丈在《寺院法券》中载明的嗣法弟子依次担任。

    此通碑表明，宝光寺属于选贤丛林。这种方式保证了宝光寺历经千年而法嗣绵延不绝，故时至今日全寺僧人仍珍视此碑，牢记先辈的训诫，将其放置在祖堂附近加以精心保护。此碑对于研究宝光寺的组织方式，探寻我国佛寺的制度建设，均具有极其重要的价值。

附录
Appendix

宝光寺营建年表

唐开元二十九年（741年）以前，宝光寺建成。
唐会昌五年（845年），宝光寺毁于"会昌灭法"。
唐广明二年至中和二年间（881~882年），悟达国师（知玄）建宝光塔，并重建宝光寺。
北宋大观三年（1109年）左右，圆悟国师（克勤）禅师扩建宝光寺。
明永乐十一年（1413年），心空方丈建"佛顶尊胜陀罗尼咒"经幢。
明正德年间（1506~1521年），杨廷和、杨慎父子等捐资维修、扩建宝光寺。
明末清初（1644年左右），宝光寺毁，仅宝光塔留存。
清康熙九年（1670年），笑宗印密禅师重建宝光寺。
清康熙十一年（1672年），建笑宗印密禅师墓塔。
清雍正六年（1728年），建尔生超能禅师骨塔。
清乾隆二年（1737年），建禅室、经堂。
清乾隆十四年（1749年），建藏经楼。
清乾隆五十五年（1790年），建字库。
清嘉庆四年（1799年），建二山门，培修宝光塔。
清道光十年（1830年），改建二山门为前殿，建云水堂、客堂。
清道光十五年（1835年），重建山门殿。
清道光十八年（1838年），建普同塔、莲社堂。
清道光二十年（1840年），重建禅堂（大澈堂）。
清道光二十八年至咸丰元年（1848~1851年），重建藏经楼，建东、西方丈。
清道光二十九年至咸丰元年（1849~1851年），建罗汉堂。
清咸丰二年（1852年），建"天台胜境"牌坊。
清咸丰八年至九年（1858~1859年），重建大雄宝殿。
清咸丰十一年（1861年），建七佛殿。
清同治二年（1863年），建天王殿，于寺东另建莲社堂（即念堂），修复"佛顶尊胜陀罗尼咒"经幢。
清同治十一年（1872年），培修宝光塔。
清光绪十三年（1887年），重建戒堂（万寿戒堂）。
清光绪三十一年至三十三年（1905~1907年），造第二舍利塔。
民国八年（1919年），东庑被焚。
民国九年（1920年），重建东庑的五观堂、客堂，建钟楼。
民国十年（1921年），维修西庑的戒堂，建鼓楼。
民国二十八年（1939年），重建念佛堂。
民国三十六年（1947年），另建祖堂（原祖堂位于东庑，即今之药师殿。）
1966~1976年间，拆毁普同塔。
1980年，重建"庐山遗迹"牌坊。
1985~1986年，重建普同塔。
1991年，维修罗汉堂。
1992年，修复罗汉堂塑像，建"罗汉堂"门楼。
1993年，维修宝光塔，改佛塔周围的砖围栏为石围栏。
1994年，建文物库房。
2004~2005年，建文物精品馆。
2008年，宝光塔在"5·12"汶川大地震中受损。
2009~2010年，修复宝光塔。

主要参考文献

[1] 冯修齐.《宝光寺》[M]成都：四川出版集团、四川人民出版社，2004.

[2] 冯修齐.《晨钟暮鼓——佛教礼仪》[M]成都：四川出版集团、四川人民出版社，2004.

[3] 冯修齐.《龙藏古寺》[M]成都：四川人民出版社，2001.

[4] 段玉明.《中国寺庙文化》[M]上海：上海人民出版社，1994.

[5] 俞剑华.《中国美术家人名辞典》[M]上海：上海人民出版社，1992.

[6] 谢振斌.《新都宝光寺念佛堂壁画揭取及复位》[J]四川文物，1997(5).

[7] 《碛砂大藏经》第38册[M]北京：线装书局，2005.

[8] 《嘉兴大藏经》第19册[M]台湾：新文丰出版有限公司，1987.

[9] 《乾隆大藏经》第32、36、119册[M]台北：传正有限公司，1997.

[10] 《续藏经》第104册[M]台北：新文丰出版公司，1994.

[11] 《清实录》第15册[M]北京：中华书局，1985.

[12] 梁思成.《梁思成全集》第3卷[M]北京：中国建筑工业出版社，2001.

[13] 刘敦桢.《刘敦桢文集(三)》[M]北京：中国建筑工业出版社，1987.

[14] 白化文.《汉化佛教法器服饰略说》[M]北京：商务印书馆，1998.

[15] 白化文.《汉化佛教与佛寺》[M]北京：北京出版社，2011.

[16] 刘淑芬.《灭罪与度亡——佛顶尊胜陀罗尼经幢之研究》[M]上海：上海古籍出版社，2008.

[17] 贺世哲.《敦煌图像研究·十六国北朝卷》[M]兰州：甘肃教育出版社，2006.

[18] 李富华，何梅.《汉文佛教大藏经研究》[M]北京：宗教文化出版社，2003.

[19] 费泳.《中国佛教艺术中的佛衣样式研究》[M]北京：中华书局，2012.

[20] 四川省文物考古研究院编著.《四川文庙》[M]北京：文物出版社，2008.

[21] 王菡.《元代杭州刊刻〈大藏经〉与西夏的关系》，国家图书馆编《国家图书馆同人文选》第4辑[M]北京：国家图书馆出版社，2009.

[22] 顾伟康.《禅净合一溯源》[M]上海：上海社会科学院出版社，2012.

[23] 中国建筑工业出版社编.《佛教建筑：佛陀香火塔寺窟》[M]北京：中国建筑工业出版社，2010.

后记
Acknowledgements

《宝光寺》的编撰工作，凝聚着集体的智慧与心血。

在中华文化传承与创新的历史时期，为了挖掘、整理和弘扬新都宝光寺悠久的历史文化，在新都区委、区政府的直接领导下，在宝光寺全体僧众的全力协助下，由四川博物院、四川大学博物馆科研规划与研发创新中心牵头，组织了强有力的学术团队和编写班子，历经近一年的辛勤努力，终于完成了这本图文并茂、雅俗共赏的大型画册，旨在将宝光寺之精粹与世人共享。

本项目的顺利实施，始终得到了中共新都区委常委、宣传部部长、统战部部长刘怒海，新都区民宗局局长何江林和宝光寺住持意寂大和尚的关怀、指导和大力协调。在项目立项论证过程中，四川博物院盛建武院长也给予了指导与帮助。四川大学历史文化（旅游）学院院长霍巍教授和中华书局西南编辑所主任张苹策划全书纲要，并具体协调、组织了全书的文稿撰著、图片拍摄和书稿审定、编辑出版等各项工作。

本书各章节写作分工如下：段玉明、刘亮、何江林撰写总论；马睿在马晓亮、何江林、冯修齐撰稿基础上撰写了建筑文化部分；罗汉堂部分由段玉明、王大伟、马睿合力撰写；寺藏书画由陈长虹撰写；寺藏文物由周克林撰写。马睿承担了全书的统稿工作，冯修齐审订了全书，续成法师核对了有关宝光寺的部分文史资料，郑红、蓝海审校了全文。全书的英文翻译由毛堃承担，Carol修润编辑。在英文稿审校过程中，香港城市大学中国文化中心主任郑培凯教授、四川大学博物馆李晓涛副教授均提供了有益的修改意见。

本书主要摄影师有冉玉杰、李德华、刘祥松、王泽川、霍大清、李劲、胡小流、赖武等诸位先生。在本书编辑设计过程中，从几十位摄影师拍摄和提供的一万多张图片中筛选取用了这些照片。

张苹和康燕女士承担了全书设计与排版工作；林雪红、张书承担了本书的装帧设计工作。本书的部分插图承蒙著名书画家戴卫先生慨允，采用了他的作品。续成和崇法两位师父不辞劳苦协助拍摄大量的寺藏书画和器物，此外，在全书的工作过程当中，还有无数僧众为本书的工作团队提供了无私的帮助和支持，恕不一一列举，但皆感铭于心！

值此之际，我们谨向上述单位和个人表示衷心的感谢！并期望通过本书的出版发行，能够让宝光寺这座千年名寺宝华永驻、光耀千秋！

《宝光寺》编委会

2013年9月30日

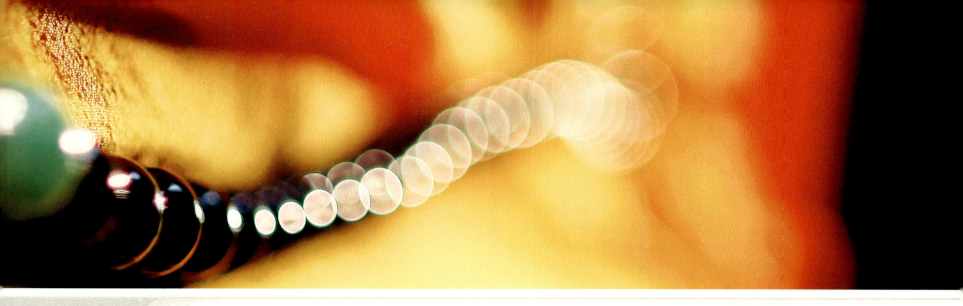

The album *Baoguang Monastery* is the result of collective wisdom and effort.

In order to explore, organize and carry forward the historical and cultural heritage of Baoguang Monastery, guided by the Xindu District leadership and supported by monks of Baoguang Monastery, the Sichuan Museum and the Center for Research Planning and Innovation of the Sichuan University Museum have organized a strong academic and writing team to finish this comprehensive picture album of Baoguang Monastery with one-year arduous effort.

From beginning to end, the project has been supported by Master Yiji, abbot of Baoguang Monastery, Mr. Liu Nuhai, director of Xindu District Publicity Bureau, and Mr. He Jianglin, director of Xindu District Ethnic and Religious Affairs. In the feasibility study process, the project also received instructions and help from Mr. Sheng Jianwu, curator of the Sichuan Museum. Prof. Huo Wei, dean of the School of History and Culture of Sichuan Universty, and Ms. Zhang Ping, chief editor of the Southwest Office of Zhonghua Book Company, jointly drafted the outline of the book and organized the writing, photo-taking, reviewing, editing and publishing for this book.

The Introduction has been written by Mr. Duan Yuming, Mr. Liu Liang and Mr. He Jianglin; the Architectural Art by Ms. Ma Rui based on the previous research results of Mr. Ma Xiaoliang, Mr. He Jianglin and Mr. Feng Xiuqi; the Arhat Hall jointly by Mr. Duan Yuming, Mr. Wang Dawei and Ms. Ma Rui; the Calligraphic and Painting Works by Mr. Chen Changhong and the Artifacts by Mr. Zhou Kelin. The review of the whole book has been done by Mr. Feng Xiuqi, the verification of the historical data related to Baoguang Monastery by Master Xu Cheng, the compilation of all chapters by Ms. Ma Rui, the proofreading by Mr. Zheng Hong and Mr. Lan Hai. The translation of the book has been completed by Mr. Mao Kun and polished and edited by Mr. Carol. During the reviewing and proofreading of the English version, we have received very constructive suggestions from Prof. Mr. Cheng Pei-kai, director of the Center for Chinese Culture of Hong Kong City University and Associate Prof. Mr. Li Xiaotao of Sichuan University Museum.

The pictures in the book have been selected from over ten thousand photos taken or provided by scores of photographers including Mr. Ran Yujie, Mr. Li Dehua, Mr. Liu Xiangsong, Mr. Wang Zechuan, Mr. Huo Daqing, Mr. Li Jing, Mr. Hu Xiaoliu and Mr. Lai Wu.

Ms. Zhang Ping and Ms. Kang Yan have undertaken all the designing and type-setting of the book and Ms. Lin Xuehong and Mr. Zhang Shu the graphic design. At the courtesy of the generous permission of famous painter and calligrapher Mr. Dai Wei, some of the illustrations in the book have adopted his works. Master Xucheng and Master Chongfa have also made great efforts in assisting the photographing of a large number of paintings and calligraphic works and artifacts collected by the monastery.

In publishing this book, we want to express our sincere thanks to all those who have helped us in different ways and hope to record the history and glory of this thousand-year-old monastery for future generations.

The Editorial Committee of *Baoguang Monastery*
30 July, 2013

图书在版编目(CIP)数据

宝光寺：汉英对照/《宝光寺》编委会编著.－北京：
中华书局，2013.9
 ISBN 978-7-101-09581-4

Ⅰ.①宝…Ⅱ.①宝… Ⅲ.①寺庙－介绍－成都市－
汉、英 Ⅳ.①K928.75

中国版本图书馆CIP数据核字(2013)第205630号

四川博物院 四川大学博物馆科创中心 策划

BAOGUANG SI

《宝光寺》编委会 编著

责任编辑	张 苹
助理编辑	操圣宁 杨绍婷
出版发行	中华书局
	(北京市丰台区太平桥西里38号 100073)
	http://www.zhbc.com.cn
	E-mail: zhbc@zhbc.com
印 刷	雅昌文化(集团)有限公司
	0755-8336-6138
成品尺寸	260mm×330mm
印 张	31
字 数	200千
版 次	2013年12月第1版
印 次	2013年12月第1次
书 号	ISBN 978-7-101-09581-4
定 价	1960.00元